水泥混凝土路面加铺
薄层混凝土罩面关键技术

龙丽琴　张东长　贾学明　编著

人民交通出版社股份有限公司
北京

内 容 提 要

本书是作者及其研究团队对20多年来开展的水泥混凝土薄层罩面科研、设计、咨询以及工程应用成果的全面总结。全书共分为8章,在分析研究国内外水泥混凝土路面加铺薄层混凝土罩面技术的基础上,重点介绍了原水泥混凝土路面的检测与评价,水泥混凝土路面薄层混凝土罩面的有限元分析,薄层混凝土罩面的材料开发及路用性能检测评价,水泥混凝土界面处治技术与层间黏结材料的开发研究,以及水泥混凝土路面薄层混凝土罩面的施工技术、工程应用情况及现场检测等。

本书可供从事道路工程科研、设计与施工的人员参考。

图书在版编目(CIP)数据

水泥混凝土路面加铺薄层混凝土罩面关键技术 / 龙丽琴,张东长,贾学明编著. — 北京 :人民交通出版社股份有限公司,2022.6

ISBN 978-7-114-17944-0

Ⅰ.①水… Ⅱ.①龙…②张…③贾… Ⅲ.①水泥混凝土路面—加铺层—混凝土—路面面层—技术 Ⅳ.①U416.216

中国版本图书馆CIP数据核字(2022)第076067号

Shuini Hunningtu Lumian Jiapu Baoceng Hunningtu Zhaomian Guanjian Jishu

书　　名:水泥混凝土路面加铺薄层混凝土罩面关键技术
著 作 者: 龙丽琴　张东长　贾学明
责任编辑: 牛家鸣
文字编辑: 闫吉维
责任校对: 孙国靖　魏佳宁
责任印制: 刘高彤
出版发行: 人民交通出版社股份有限公司
地　　址: (100011)北京市朝阳区安定门外外馆斜街3号
网　　址: http://www.ccpcl.com.cn
销售电话: (010)59757973
总 经 销: 人民交通出版社股份有限公司发行部
经　　销: 各地新华书店
印　　刷: 北京交通印务有限公司
开　　本: 787×1092　1/16
印　　张: 10.5
字　　数: 256千
版　　次: 2022年6月　第1版
印　　次: 2022年6月　第1次印刷
书　　号: ISBN 978-7-114-17944-0
定　　价: 90.00元

前　言

Foreword

路面在使用一段时间以后，其表面功能将会不断地降低。为了恢复路面的功能，国内外学者进行了大量的薄层罩面技术研究，另外，在路面的改造中也经常遇到路面需要加铺薄层罩面的问题。概括起来，分为以下几种类型：水泥混凝土路面加铺水泥混凝土路面（简称"白+白"）、水泥混凝土路面加铺沥青路面（简称"白+黑"）、沥青路面加铺沥青路面（简称"黑+黑"）、沥青路面加铺水泥混凝土路面（简称"黑+白"）。

国内对薄层水泥混凝土（简称"混凝土"）罩面的研究主要集中在两个方面。一方面是对破损的沥青路面进行薄层混凝土修复，即基于柔性支撑上的薄层混凝土罩面。根据笔者项目研究成果可知，该类薄层混凝土罩面厚度可以达到5~10cm。为了减少板内荷载内力，通常板的平面尺寸较小，适宜接缝间距0.6~1.8m。长安大学曾铺筑了我国第一条超薄混凝土路面试验路，通过试验路的观测和分析，对超薄混凝土路面的施工技术、使用性能和在我国的适应性进行了研究。另一方面是对混凝土路面的局部修补，如采用胶乳水泥混凝土或砂浆，对混凝土路面的麻面、错台、接缝挤碎、坑槽等破损进行薄层（20~50mm）快速修补。

对于薄层混凝土罩面，国外已做了大量的研究，并通过试验路取得了一定的成功。目前，水泥混凝土路面加铺薄层混凝土罩面工程主要存在以下几个问题亟待解决：

（1）路面状况评价不合理。

（2）旧水泥混凝土板脱空。

（3）层间黏结强度不足。

（4）路基沉降段水泥混凝土板整体沉陷。

(5)复合式路面结构缺乏相关试验检测方法。

本书是作者依托重庆市科技攻关项目“刚性路面薄层水泥混凝土罩面快速维修关键技术研究”(立项编号:CSTC2013YYKFC30001)、广东交通科技项目“高速公路路基沉陷段水泥混凝土路面超薄混凝土罩面技术研究”、广东交通科技项目“水泥混凝土路面新型填缝料的研制”、四川省科技厅交通科技计划项目“山区公路水泥混凝土路面大修关键技术研究”(基金编号:2014SZ0165)的研究成果,结合试验路的修筑实践和观测结果,对水泥混凝土路面加铺薄层混凝土罩面的关键理论与技术进行的系统总结,旨在解决制约其推广应用的主要问题。

自2006年起,本书作者及其团队经过一系列课题的研究,基本形成了旧水泥混凝土路面检测与评价技术,研发出高伸长率、低模量单组分室温硫化型硅橡胶的低成本高性能有机硅填缝料,研制出新旧水泥混凝土界面黏结剂并提出使用该黏结剂进行界面黏结的施工方法,提出一整套公路水泥混凝土路面薄层罩面修复设计及施工方法。近些年,这些理论和技术在重庆、四川、广东等地得到了推广和应用,获得了较好的社会经济效益,并不断得到完善。本书在已有研究成果的基础上,立足于混凝土板上加铺薄层水泥混凝土面层,解决高速公路路基沉陷段薄层水泥混凝土路面罩面的关键技术,主要内容包括旧水泥混凝土路面的评价技术、旧混凝土板的界面处治技术、混凝土板层间黏结技术、薄层混凝土罩面快速检测技术、薄层早强混凝土的修筑技术等。

作　者

2021年6月

目　录

Contents

第1章　绪　　论

水泥混凝土路面加铺薄层混凝土罩面，是指在原有水泥混凝土路面上加铺新路面，即将原有路面作为基层，上层铺筑新的水泥混凝土路面，形成复合式路面。我国于1928年修筑了第一条水泥混凝土路面，至今已有90多年历史。水泥混凝土造价相对较低，且资源丰富，在初期发展比较迅速，但是水泥混凝土路面也存在一些弊端，如平整度较差、噪声大、改建困难等。为此，道路修建者开始研究新型的水泥混凝土路面、复合式路面。

在我国，对于沥青路面上加铺沥青面层已有规范可依，对水泥混凝土路面上加铺沥青面层也有了相当多的较为成熟的研究，而在水泥混凝土路面上加铺薄层混凝土罩面，国内还鲜有工程实例。从传统的刚性路面设计方法来看，这样薄的水泥混凝土面层很容易破坏。而且在我国城市道路或是其他等级的道路上，交通量都很大，增长也很快，车辆轴载常常严重超载。大部分路面下铺设的是高强度的半刚性基层，与国外结构有很大不同，在这些条件下的路用性能如何，甚至是否应该增加或进一步减小薄层水泥混凝土罩面(UTW)厚度，抑或参照国外所认为的最小厚度，也需进行试验和理论的研究。

对于水层混凝土路面加铺薄层混凝土罩面，也就是“白+白”薄层罩面技术，还很少开展相关研究。“白+白”技术研究一旦取得突破，将大幅度降低罩面造价，同时能够充分利用现有的路面剩余强度，做到经济实用。

在高等级公路的一些桥头、填方、滑坡等路段，由于路基工后沉降等原因导致混凝土路面板整体下陷，使路面的平整度下降，严重影响到行车的质量和安全。且路面板的沉降量是路线沿纵向渐变，采用常规的混凝土罩面，结构层太薄，容易产生损坏，如采用沥青层加铺，将影响到路面的外观和结构的统一。目前，传统的方法是挖除沉陷的混凝土板，然后浇筑新的混凝土面板，以达到路面的设计高程。该方法工期太长，严重影响到高等级公路的运营，而且将完好的混凝土面板挖除掉既是资源的浪费，又将对环境产生二次污染。本书的研究内容是对现有水泥混凝土路面进行必要的处理后加铺薄层混凝土结构层。对于水泥混凝土复合式路面，国外大多进行了力学分析和计算，提出了半经验公式，本书不再介绍双层混凝土的理论计算方法，而是主要介绍双层混凝土板检测、有限元分析和层间黏结等技术与研究。

1.1　国内外研究现状

路面在使用一段时间以后，其表面功能将会不断地降低。为了恢复路面的功能，国内外的学者进行了大量的薄层罩面技术研究。

在美国，薄层水泥混凝土罩面大量应用在州际公路的出入口匝道、城市道路全路段、低交通量的乡村道路、市内巴士车道、专用航空飞机停机坪及汽车停车场等区域。薄层水泥混凝土罩面发展的10多年来，美国已经开展了不少研究，如施工技术、路用性能评价和维修技术，足尺试验对层间黏结性的研究以及短期内性能的评价、在可控的加载与环境条件下的应力应变反应，芯样的抗压强度的相关影响因素（如材料类型、加铺位置和高宽比等）、材料对层间接触的影响，加速加载试验的弯沉测量、影响弯沉变化的因素、动态与静态弯沉的比较等相关的试验性质。

1991年9月，为了检验薄层混凝土路面的使用性能，美国在肯塔基州（Kentucky）的路易维尔（Louisville）修筑了第一段薄层混凝土路面试验段。试验段路面面层采用90mm和50mm两种厚度。对试验段进行了加速加载试验，加载采用每天400～600辆标准轴载次数，每5天半作为一个加载周期，共加载观测了13周，其加载频率相当于美国其他低交通量道路、街道和停车场轴载次数的20～100倍。通过连续观测发现，厚度为50～90mm的薄层混凝土罩面路面可以承受低交通量道路、居民区街道和停车场的典型交通荷载。

1998年，美国联邦公路管理局（FHWA）和美国混凝土路面协会（ACPA）联合着手研究薄层混凝土罩面，在弗吉尼亚（Virginia）美国联邦公路管理局修筑了116m长的薄层混凝土罩面测试段进行相关研究。这项科研的目的是：①评价薄层混凝土罩面在可调节的车轮荷载和温度下的性能。②研究薄层混凝土罩面不同设计方案体现的性能。③测定加铺罩面的响应曲线来证实罩面的力学模型，从而预测薄层混凝土罩面的承载能力。

荷载试验段于1998年5月开始，到1999年11月完成阶段1，标准轴载次数约19.5百万次。2000年4月，两条出现裂缝的试验路使用快速修补技术替换，在随后的3个月内加载400000次标准轴载。美国联邦公路管理局工作人员在最终报告中得出，该科研取得令人满意的效果，可为薄层混凝土罩面设计提供数据。

美国混凝土路面协会分别在1995年7—8月和1996年7—8月两次对1992—1995年修筑的薄层混凝土罩面路面试验段中的10个典型段落进行了路况调查与评价。调查得出的主要结论为：参照PAVER系统准则，大部分路段（9/10）评定为优良，保持着良好的状态；在交通荷载没有意外变化的情况下，10个路段的PCI值下降到55（等级为好）之前，可以服务8～10年；路面主要破损是角隅裂缝、纵向裂缝和断板，但大部分裂缝（94%）严重程度较低，不影响路面的使用，裂缝宽度均小于0.5mm；PCI值最大的路段，其板块尺寸最小，且在沥青下卧层。1998年，美国联邦公路管理局和美国混凝土路面协会签订协作研究与发展协议，共同研究薄层混凝土罩面路面，在各州和地方道路机构推广使用薄层混凝土罩面路面。

根据美国混凝土路面协会的调查，美国田纳西州业已实施了69项薄层混凝土罩面工程。1992年，在两条道路的交叉口铺筑了厚3.5in（1in＝0.0254m）的薄层混凝土罩面，罩面一直保持良好状态。1993年在查塔努加市对于两条道路的交叉口用薄层混凝土罩面进行了修补，铺筑了面积200yd^2（1yd^2＝0.8361m^2）、厚3in的混凝土罩面，在10年期间该罩面保持良好的性能。1993年佐治亚州交通局在85号州际公路上的一所载货汽车称重站铺筑了薄层混凝土罩面。这是因为超载的载货汽车行驶造成路面片状剥落，对于损坏的沥青路面段曾用薄层混凝土罩面做了修补。自从1993年铺筑了薄层混凝土罩面后，由于在混凝土罩面以下的沥青路面剥落，从而导致少量混凝土板破碎。该州把破碎的混凝土板清理出去，然后铺上快凝混凝土修补用材料，当天下午就开放了交通。美国混凝土路面协会在报告中还提到了复合路面的概念，现在已扩展到包括铺筑于沥青路面上的较厚的混凝土罩面。混凝土和沥青之间的黏结性可使两层路面整体式动作,并且共同分担荷载。由于黏结性的原因,混凝土的中和轴由板的中部向其底部移动。中和轴就是中心点,在该处板的上层部分的压缩荷载向板的下层部分移动。

伊阿华州一条建于1931年的水泥混凝土路面公路,先采用了沥青罩面,后又在沥青罩面上铺筑了薄层混凝土罩面,其厚度为3.5~4.5in。这项工程的三分之一是在铺筑薄层混凝土罩面前把沥青面层进行磨铣,三分之一是在薄层水泥混凝土罩面下铺筑规定厚度的沥青层作为隔离层使用,另外的三分之一在铺筑混凝土罩面前没有做明显的表面处理。到2002年,美国共313个薄层混凝土罩面工程完工。

我国开始应用水泥混凝土路面较晚。1928年我国修筑了第一条水泥混凝土路面公路,位于浙江奉化溪口镇,采用日本进口水泥。1936年中国水泥大约半数采用国外进口,唐山成立了第一家引进德国技术设备生产水泥的公司。1940年左右,日本在天津和沈阳督造了少量水泥混凝土路面。新中国成立后,随着社会经济发展,我国水泥混凝土路面得到迅速发展。因为水泥混凝土路面造价相对沥青路面较低,且资源相较沥青丰富,秉着节约能源、降低污染、保护环境、可持续发展的原则,各国开始更多地青睐水泥混凝土路面,但是水泥混凝土路面也存在着一些弊端。为此,道路修建者开始研究复合式路面。复合式路面经历了由双层普通水泥混凝土(PCC/PCC)路面到碾压混凝土为基层、沥青混凝土为面层(RCC/AC)路面的过程。

RCC/PCC(碾压混凝土/水泥混凝土)复合式路面,是出现得最早的复合式路面。其下层一般采用当地简易材料铺筑,称为经济型混凝土;上层采用符合规定要求的具有强度高、耐磨性好、抗滑性好的高等材料进行铺筑。此种复合式路面结构可以充分地利用当地的材料进行修筑,节约资源和造价。1893年,美国首先修筑了RCC/PCC路面,瑞士于1927年也修建了此种形式的复合式路面,苏联也将此种路面作为发展地方道路的重要途径。我国在"七五"期间对复合式混凝土路面也做了一定的研究,在河南、陕西等省修筑了复合式水泥混凝土路面。

1959年同济大学对水泥混凝土薄层作为铺砌层的路面结构设计原则进行了初步讨论,该研究引用了柯岗的刚性路面设计理论。1978年以后,交通部以及上海交通大学开始了关于我国水泥混凝土路面设计理论和设计方法的研究,并取得了许多成果,这些成果收录于我国《公路水泥混凝土路面设计规范》(JTG D40—2011)中。但是早期研究均围绕单层水泥混凝土路面,对于双层板水泥混凝土路面的研究涉及甚少。从20世纪80年代开始,西安公路学院的王秉纲、戴经梁、胡长顺,东南大学的黄晓明、邓学钧以及空军工程学院冷培义、余定选等对双层板水泥混凝土路面设计理论、设计方法进行了研究。

1980年西安公路学院王秉纲、戴经梁研究了结合式双层板水泥混凝土路面的板厚计算问题。认为双层板水泥混凝土路面两层板处于完全黏结状态,下层板与地基处于光滑连接状态,下层板与弹性板空间只存在垂直方向作用力,两层板之间存在垂直方向作用力与切向力。列出下板的边界条件以及连续条件代入轴对称空间问题一般解中,方程中具有两个位置参量——下面板水泥混凝土板底垂直方向应力和切向力。为求出下面板水泥混凝土板中性面的位置量,列出上面板水泥混凝土板的边界条件以及连续方程。将上面板水泥混凝土板边界条件以及连续条件代入轴对称空间问题一般解,得到结合式双层板水泥混凝土路面应力解方程。利用计算机得到此种计算方法中所需的相关参数表,在以后的应用中通过查表即可得到各面板水泥混凝土板应力求解过程所需的参数值,方便了计算。

1981年西安公路学院王秉纲、戴经梁研究了弹性地基上结合式、分离式、半结合式三种黏结状态下双层板水泥混凝土路面,轴对称荷载应力作用下板的应力反应。将不同黏结状态下的双层板等效成单层板,计算出板的抗弯刚度以及当量厚度,借鉴薄板理论中单层板应力弯矩、挠度计算公式,从理论层面推导出了各黏结状态下路面板的应力计算公式,辅以有限元计算软件,绘制出结合式、分离式弯曲应力诺谟图。对于半结合式黏结状态下双层板水泥混凝土路面进行计算时,由于两层板界面处受力情况十分复杂,为了简化计算假定切向力从结合式双层板到分离式双层板呈线性变化,认为分离式时结合系数为0,结合式时结合系数为1。研究结果表明,当部分结合式双层板间切向力呈直线变化时,其路面内应力与位移也呈直线关系。对于不同黏结状态下的双层板水泥混凝土路面中性面,认为双层板分离式时两个中性面分别位于各板中面,随着两板结合两中性面逐渐靠近,当两板处于完全黏结状态时,两板各自中性面重合为一个中性面。此研究于1984年戴经梁通过室内模型试验进行校核,发现试验所得数据与理论计算结果最大相差5%左右。

随后,研究人员主要针对处于结合式、分离式状态的双层板水泥混凝土路面受力情况进行研究。1986年王秉纲、戴经梁采用将下面板水泥混凝土板等效为与上面板水泥混凝土板模量相同的板的方式,对双层板水泥混凝土路面结合式、分离式进行了研究。主要研究了不同黏结状态下路面板的抗弯刚度、中性面计算公式。1992年研究人员开始采用厚板理论,将两薄板等刚度换算为一厚板,再根据水泥混凝土路面设计规范,借助有限元软件进行计算。该方法提出了三条假设:层与层之间完全连续,与地基光滑接触;作用在弹性半空间地基上;地基分层且地基深处位移为零。1993年胡长顺、王秉纲、戴经梁研究水泥混凝土路面水泥混凝土加厚层设计理论方法时提出了等刚度换算法,与前面计算方法,给出了不同结合状态下模式化的加厚层设计方法。空军工程学院冷培义、余定选等也对双层板水泥混凝土路面作出研究。

2005年长安大学与陕西省铜川公路管理局联合在国道210线旧水泥混凝土路面局部沉陷变形的处治中,推广应用了薄层水泥混凝土技术,使用效果良好。在浙江省新昌县新大线旧路改建中,浙江省绍兴市公路管理局通过和长安大学的技术合作,修筑了长500m的薄层水泥混凝土罩面技术应用研究试验路段。在该试验段的修建中,确定了新大线薄层水泥混凝土罩面的合理板块尺寸;并根据当地的施工及气候条件,选择了满足试验段要求的薄层水泥混凝土原材料和配合比;顺利完成了试验路的薄层水泥混凝土罩面施工,取得了薄层水泥混凝土在浙江绍兴地区的研究应用经验。在薄层水泥混凝土路面使用中发现,薄层水泥混凝土路面可以应用在一般公路的旧沥青混凝土路面和水泥混凝土路面养护维修及建设中,初期使用效果良好,后期养护维修方便,可以节约建设和管理成本,寿命期内的综合经济效益较好。

1.2 研究现状分析

在我国,对于沥青路面上加铺沥青面层已有规范可依,对水泥混凝土路面上加铺沥青面层也有了相当多的较为成熟的研究,而在水泥混凝土路面上采用薄层水泥混凝土罩面,国内还鲜有工程实例。

国内对薄层罩面层的研究主要集中在以下两个方面:一是对破损的沥青路面进行薄层混凝土修复,即基于柔性支撑上的薄层混凝土罩面,根据报道,该路面可以达到5~10cm厚,但为了减少板内荷载内力,通常板的平面尺寸较小,适宜接缝间距0.6~1.8m。长安大学也曾铺筑了我国第一条薄层混凝土路面试验路,通过试验路的观测和分析,对薄层混凝土路面的施工技术、使用性能和在我国的适应性进行了研究。另一方面,集中在混凝土的局部修补,如采用胶乳水泥混凝土或砂浆,对混凝土路面的麻面、错台、接缝挤碎、坑槽等破损进行薄层快速修补的技术。

对于层间黏结,国内的研究现状表明,刚性基层水泥混凝土路面层间存在界面层的观点是一致的,然而界面层的强度是否低于面层和刚性基层或半刚性基层,没有具体的试验数据,仅是理论推断;层间界面层的强度随着水泥龄期的增长是如何变化的,目前还处于探索阶段;层间界面层断裂破坏后,温度变化引起层间相互作用和层间接触形式又是如何,也处于探索阶段;国外的研究现状表明,贫混凝土基层水泥混凝土路面采用层间加固(如德国)或层间分离(如美国),水泥混凝土路面的使用寿命均较长,而介于层间加固与层间分离的路面结构(如比利时),路面破损较为严重,使用寿命较短,但在贫混凝土基层与水泥混凝土之间增设沥青混凝土柔性隔离后,路面使用寿命较长(如比利时)。

关于双层板水泥混凝土路面中性面变化情况,研究人员也做了相关研究,最早为西安公路学院王秉纲教授等,后来谈至明也做了研究。两者研究类似,认为双层板水泥混凝土路面从分离式状态的两个中性面,随着两板黏结状态逐渐向结合式状态靠近,两个中性面也逐渐靠近,当两板处于完全结合状态时两中性面重合。该模型关于中性面位置变化假设并不满足中性面基本方程。郑传超教授提出了 Z 模型,该模型从中性面基本方程出发,分析了不同黏结状态下中性面位置变化情况。假定板中弯拉应力分布沿厚度方向呈折线。从两板结合式、分离式时上板底、下板顶受力情况,认为双层板水泥混凝土路面中性面个数与两板所处的黏结状态以及两板受力有关,得出半黏结状态下双层板路面具有一个或两个中性面。对于双层板的力学计算,国内外研究现状表明,首先双层板的温度应力计算和荷载应力计算是相对独立的,即面板受到的应力是温度应力和荷载应力的简单叠加,此与实际情况不尽相同;其次,目前的层间接触形式和结合系数比较理论化,难以指导工程实际;第三,随着有限元分析方法和计算机技术的发展,复杂边界条件下的弹性地基板荷载应力和温度应力都可得到满意的数值解。

薄层水泥混凝土罩面作为旧路面修复技术已在国内外被广泛使用,并在实体工程应用中取得良好的效果。薄层水泥混凝土路面主要应用于低速交通和车辆频繁起动或制动路段及低交通量或较轻载重的道路路面,如城市道路、交叉口、停车场及低交通量国道、二级公路及乡村公路等,但应用到新建道路的研究很少。对薄层水泥混凝土罩面的研究主要采用经验法,通过试验和有限元确定其设计参数,力学研究不多。已有不少学者利用有限元对薄层水泥混凝土罩面进行了计算分析,对薄层水泥混凝土罩面多种情况下荷载应力、温度应力、临界荷位、破坏形式及结构设计进行了不少研究,提出许多应力计算公式、设计方法及临界荷位位置和主要破坏形式,但到目前尚无公认的统一的应力计算公式和设计方法。

第2章　水泥混凝土路面路况调查评价与决策

2.1　概　　述

路面质量状况的评价和相应的维修技术研究于20世纪60年代始于北美，之后日本、英国和德国相继推出了适用于本国的路面评价模型及其相应的维修设备。我国从“七五”期间开始研究路面状况评价模型。经近20年的研究与实践，认为采用路面状况指数（PCI）来评定混凝土路面的破损是比较适宜的，并将PCI纳入《公路水泥混凝土路面设计规范》（JTG D40—2002）。只是由于混凝土路面材料变异的复杂性，路面“破损”与“完好”之间的模糊性以及荷载作用的随机性等因素，给业内理论工作带来了很多困惑。

PSI是依据美国AASHO试验路的观察结果提出的路面使用性能回归评价模型。PSI方法是开创性的成就，在世界公路界独领风骚几十年。此后，加拿大、日本、中国及美国其他工程机构相继提出了类似的评价模型。这类评价模型由于其基础数据来源于某一试验或某一地区的观察样本，而且受专家评分的影响，应用有一定的区域局限性。在理论上存在普遍性差的缺点，路面的实际状况与评价结果也有一定差距。近年来，理论界普遍认为目前采用的评价方法存在不足，不断有人对评价模型、评价方法进行研究，开始用模糊理论来建立路面状况的评价模型，如灰色聚类路面使用评价模型，模糊综合评价方法、神经网络和遗传算法对现有评价模型的改进等，这些方法在理论上都优于回归模型，更加适应路面破损的模糊性、非线性等特征。

由于我国公路管理体制的特殊性，现行管理、设计、养护、施工质量检验评定规范都涉及水泥混凝土路面使用性能评价，但由于各规范制定部门对评价的目的和评价结果的使用各有侧重，因此其评价方法和评价指标体系不统一，也不完善、许多重要问题都还有待实践探索和理论研究。

2.2　水泥混凝土路面损坏的分类和分级

对路面损坏进行正确、科学的分类和分级有助于便捷有效地进行病害调查，也是建立科学的路面使用性能评价指标体系的关键，是路面养护和维修工作的决策依据。

各种路面损坏都有一产生和发展的过程。在这个过程中，处于不同阶段的损坏，对于路面使用性能有不同程度的影响。因此，为了区别同一种损坏对路面使用性能的不同影响程度，对各种损坏须按其影响的严重程度划分等级。

根据病害发生原因、表现形态、对使用性能的影响和对应的处理措施等因素，考虑路面养护施工设计方面的要求，并从评价指标设置不重不漏原则出发，参考《公路技术状况评定标准》(JTG 5210—2018)所规定的新的损坏分类分级方法,将水泥混凝土路面病害分成三大类:结构性损坏、功能性损坏、强度损失。

2.2.1　结构性损坏

路面的结构性损坏状况,反映了路面结构在行车和自然因素作用下保持完整性或完好的程度,影响着现有路面的承载能力和使用寿命。

在诸多结构性损坏中,根据损坏模式和影响程度的不同可划分为断裂类、接缝损坏类、板底脱空三大类。

2.2.2　功能性损坏

功能性损坏是指降低或消减路面功能性能的损坏,路面服务能力、平整度和抗滑性能下降,降低路面的使用品质。主要表现在对路面行驶质量、安全性能等方面的影响。

行驶质量的下降主要体现在路面平整度的下降。平整度损坏除了受结构性损坏影响外,还表现在以下方面:坑洞、露骨等。

安全性损坏主要指抗滑性能的减弱,表现为路面磨损等方面的破坏。

功能性损坏通过对路面的平整度和横向力系数的测定来反映其损坏程度。

2.2.3　强度损失

强度损失主要指混凝土的实际弯拉强度达不到设计弯拉强度(标准值),致使路面板的抗折性能下降;造成强度损失的主要原因是施工未能按设计要求做,路面混凝土质量未达到设计要求。

2.2.4　水泥混凝土路面破损类型

水泥混凝土路面损坏分为11项。

1)破碎板

破碎板应按板块面积计算,损坏程度应按下列标准判断:

(1)轻:板块被裂缝分为3块以上,破碎板未发生松动和沉陷。

(2)重:板块被裂缝分为3块以上,破碎板有松动、沉陷和唧泥等现象。

2)裂缝

裂缝应为板块上只有一条裂缝的情况,检测结果要用影响宽度(1.0m)换算成损坏面积,损坏程度应按下列标准判断:

(1)轻:裂缝窄、裂缝处未剥落,缝宽小于3mm,一般为未贯通裂缝。

(2)中:边缘有碎裂,裂缝宽度在3~10mm之间。

(3)重:缝宽、边缘有碎裂并伴有错台出现,缝宽大于10mm。

3)板角断裂

板角断裂应为裂缝与纵横接缝相交,且交点距板角小于或等于板边长度一半的损坏,并按断裂板角的面积计算。损坏程度应按下列标准判断:

(1)轻:主要裂缝宽度小于3mm。

(2)中:主要裂缝宽度在3~10mm之间。

(3)重:主要裂缝宽度大于10mm。

4)错台

错台应为接缝两边出现的高差,应按长度(m)计算,检测结果应用影响宽度(1.0m)换算成损坏面积,损坏程度应按下列标准判断:

(1)轻:轻度应为接缝两侧高差在5~10mm之间。

(2)重:重度应为接缝两侧高差大于10mm。

5)拱起

拱起应为横缝两侧板体高度大于10mm抬高,损坏应按拱起涉及板块的面积计算。

6)边角剥落

边角剥落应为沿接缝方向板边上出现的碎裂和脱落,裂缝面和板面成一定角度,应按长度(m)计算。检测结果应用影响宽度(1.0m)换算成损坏面积,损坏程度应按下列标准判断:

(1)轻:板边上的碎裂和脱落。

(2)中:板边上的碎裂和脱落,接缝附近水泥混凝土有开裂。

(3)重:板边上的碎裂和脱落,接缝附近水泥混凝土有开裂,开裂深度超过接缝槽底部。

7)接缝料损坏

接缝料损坏应按长度(m)计算,检测结果应用影响宽度(1.0m)换算成损坏面积,损坏程度应按下列标准判断:

(1)轻:填料老化、不密水,尚未剥落脱空,未被砂、石、土等填塞。

(2)重:三分之一以上接缝出现空缝或被砂、石、土填塞。

8)坑洞

坑洞应为板面出现直径大于30mm、深度大于10mm的坑槽,损坏应按坑洞或坑洞群的包络面积计算。

9)唧泥

唧泥应为板块接缝处有基层泥浆涌出,损坏应按长度(m)计算,检测结果应用影响宽度(1.0m)换算成损坏面积。

10)露骨

露骨应为板块表面细集料散失、粗集料暴露或表层疏松剥落,损坏应按面积计算。

11)修补

修补应为裂缝、板角断裂、边角剥落和坑洞等损坏的修复。块状修补应按面积计算,裂缝类的条状修补应按长度(m)乘以0.2影响宽度计算。长度大于5m的整车道修复不计为路面修补损坏。修补范围内再次发生的损坏,应按新的损坏类型计算。

2.3 水泥混凝土路面路况调查与检测方法

2.3.1 检测与调查内容

公路技术状况检测与调查应包括路基、路面、桥隧构造物和沿线设施四部分内容。路面检测与调查应包括路面损坏、路面平整度、路面车辙、路面跳车、路面磨耗、路面抗滑性能和路面结构强度七项内容。

2.3.2　检测与调查单元

路面检测以1000m路段为基本检测或调查单元。高速公路、一级公路路况数据按上行方向(桩号递增方向)和下行方向(桩号递减方向)分别检测,二、三、四级公路可不分上、下行。采用快速检测方法检测路面使用性能评价所需数据时,每个检测方向至少检测一个主要行车道(通常指单车道全幅路面、双车道双向混合行驶的全幅路面、双车道双向分车道行驶的上行或下行车道、四车道双向分车道行驶的外侧车道、六车道双向分车道行驶的中间车道、八车道双向分车道行驶的中间两个或多个车道)。弯沉和强度检测每3~5块板至少检测一次,每次检测两处的弯沉值,即接缝处和板中部的弯沉,接缝处的弯沉用以计算接缝传荷系数,板中部的弯沉用以计算基层顶面当量回弹模量。

2.3.3　检测与调查方法

水泥混凝土路面评价系统主要针对某条路线的路况进行评价,以确定路段(地点)需要采取的养护措施,或为路面改建设计提供依据,所以调查工作应沿整个调查路段逐板进行。调查工作采用目测和仪器检测的方法,路面损坏状况检测宜采用自动化的快速检测方法,条件不具备时,可人工检测。高等级公路一般车流量大、车速快,为了减少对交通的影响以及保证检测人员的安全并提高路况调查与评价效率,宜采用快速检测设备进行路况调查。

2.4　水泥混凝土路面路况评价指标

2.4.1　评价指标体系基本架构

1)指标体系建立的原则

建立水泥混凝土路面评价指标体系,是确定路面使用性能评价范围、原则和具体指标的层级、数量等框架结构问题的工作;如果没有一套科学合理的框架结构,就可能会造成层级之间、指标之间的重叠或混乱。所以,良好的指标体系应具有简明、易操作及可重复使用的特征;同时,良好的评价指标体系应该内容完整、定义具体、形式独立、口径一致、更新及时,具有完整性、协调性及比例性的特征。

2)指标体系基本架构

参考现行设计、施工质量检验、养护管理规范对水泥混凝土路面使用性能评价所设指标体系。水泥混凝土路面评价指标体系可分为四个层次,从上到下分别为综合指标层、分项指标层、基本指标层、调查指标层(包括调查指标要素),适用于全面系统地评价水泥混凝土路面使用状况及技术状况。

3)指标体系说明

路面使用综合状况采用路面技术状况指数(PQI)进行评价,PQI反映了路面结构潜力的大小,PQI范围为0~100,值越大,说明路面使用状况越好,路面破损越少,路面剩余寿命越长。

水泥混凝土路面技术状况评价包括路面损坏、路面平整度、路面磨耗和路面抗滑性能五项内容。有刻槽的水泥混凝土路面不应做路面磨耗评定。

2.4.2 评价标准

各分项指标和综合指标的值域均为0～100。

路面使用性能各级指标分为五个等级:优、良、中、次、差。路面使用性能综合指标和各分项指标评价等级按表2-1规定的标准确定。

使用性能及分项评定标准 表2-1

评价等级	优	良	中	次	差
PQI及各分项指标	≥90	≥80,<90	≥70,<80	≥60,<70	<60

"优"表示路面平整,路面没有或有少量裂缝,除了灌缝外通常不需要修复,根据路面技术状况可做磨耗层恢复等预防养护;"良"表示路面基本平整,有一定数量的裂缝和少量变形类损坏,除了灌缝和坑槽修补外,还可根据交通状况等进行必要的功能性修复;"中"表示路面平整度不良,路面上有较多的裂缝和变形类损坏,有结构性和功能性修复需求;"次、差"表示路面上同时存在功能性损坏和结构性损坏,路面上有大面积的裂缝类、变形类及其他类损坏,路面需要结构性修复。路面结构性修复、功能性修复及预防性养护方案,需要统筹考虑路面技术状况、路面结构、养护历史、技术等级、交通轴载、用户费用、资金投入等多方面因素,基于路面管理系统,通过全寿命周期费用分析科学决策。

2.4.3 评价方法

评价方法包括基础数据(调查指标要素)的获取、数学计算(或综合)方法的确定、参数(权重)的确定等内容。

路面使用性能指数(PQI)按下式计算:

$$PQI = w_{PCI}PCI + w_{RQI}RQI + w_{PBI}PBI + w_{PWI}PWI + w_{SRI}SRI \tag{2-1}$$

式中: PCI——路面破损状况指数;

RQI——路面行驶质量指数;

PBI——路面跳车指数;

PWI——路面磨耗指数;

SRI——路面抗滑性能指数;

w_{PCI}、w_{RQI}、w_{PBI}、w_{PWI}、w_{SRI}——PCI、RQI、PBI、PWI、SRI在PQI中的权重,按表2-2取值。

PQI分项指标权重 表2-2

路面类型	分项权重	高速、一级公路	二、三、四级公路
水泥混凝土路面	w_{PCI}	0.50	0.60
	w_{RQI}	0.30	0.40
	w_{PBI}	0.10	—
	$w_{SRI(PWI)}$	0.10	—

注:采用式(2-1)计算PQI时,路面抗滑性能指数SRI和路面磨耗指数PWI应二者取一。

1)路面损坏状况指数(PCI)

$$PCI = 100 - a_0 DR^{a_1} \tag{2-2}$$

$$DR = 100 \times \frac{\sum_{i=1}^{i_0} w_i A_i}{A} \tag{2-3}$$

式中:DR——路面破损率(%);

a_0——10.66;

a_1——0.461;

A_i——第 i 类路面损坏的累计面积(m^2);

A——路面检测或调查面积(m^2);

w_i——第 i 类路面损坏的权重或换算系数,可按表2-3取值;

i——路面损坏类型,包括损坏程度(轻、中、重);

i_0——损坏类型总数,水泥混凝土路面取20。

水泥混凝土路面结构性损坏类型当量系数表　表2-3

类型(i)	损坏名称	损坏程度	计量单位(m^2)	权重 w_i(人工调查)	权重 w_i(自动调查)
1	破碎板	轻	面积	0.8	1.0
2		重		1.0	
3	裂缝	轻	长度×1.0m	0.6	1.0
4		中		0.8	
5		重		1.0	
6	板角断裂	轻	面积	0.6	1.0
7		中		0.8	
8		重		1.0	
9	错台	轻	面积	0.6	10
10		重		1.0	
11	拱起		面积	1.0	1.0
12	边角剥落	轻	面积	0.6	10
13		中		0.8	
14		重		1.0	
15	接缝料损坏	轻	长度×1.0m	0.4	6
16		重		0.6	
17	坑洞		面积	1.0	1.0
18	唧泥		长度×1.0m	1.0	10
19	露骨		面积	0.3	0.3
20	修补		面积或长度×0.2m	0.1	0.1(0.2)

自动化检测时,A_i 应按式(2-4)计算:

$$A_i = 0.01 \times GN_i \tag{2-4}$$

式中:GN_i——含有第 i 类路面损坏的网格数;

0.01——面积换算系数,一个网格的标准尺寸为0.1m×0.1m。

2)路面行驶质量指数(RQI)

路面平整度采用路面行驶质量指数评价,按下式计算:

$$RQI = \frac{100}{1 + a_0 e^{a_1 IRI}} \tag{2-5}$$

式中:IRI——国际平整度指数(m/km);

a_0——模型参数,高速、一级公路采用0.026,其他等级公路采用0.0185;

a_1——模型参数,高速、一级公路采用0.65,其他等级公路采用0.58。

3)路面抗滑性能指数(SRI)

路面抗滑性能采用路面抗滑性能指数评价,可按下式计算:

$$SRI = \frac{100 - SRI_{min}}{1 + a_0 e^{a_1 SFC}} + SRI_{min} \tag{2-6}$$

式中:SFC——横向力系数;

SRI_{min}——标定参数,采用35.0;

a_0——模型参数,采用28.6;

a_1——模型参数,采用-0.105。

4)路面跳车指数(PBI)

$$PBI = 100 - \sum_{i=1}^{i_0} a_i PB_i \tag{2-7}$$

式中:PB_i——第i类程度的路面跳车;

a_i——第i类程度的路面跳车单位扣分,按表2-4的规定取值;

i——路面跳车类型;

i_0——路面跳车总数,取3。

路面跳车扣分标准 表2-4

类　型　i	跳车程度	计量单位	单位扣分
1	轻度	处	0
2	中度		25
3	重度		50

5)接缝传荷能力和板底脱空状况调查评定

依据《公路水泥混凝土路面设计规范》(JTG D40—2011),水泥混凝土加铺层结构设计时,还需对旧混凝土层的接缝传荷能力和脱空进行调查。旧混凝土面层板的接缝传荷能力和板底脱空状况应采用弯沉测试法调查评定,弯沉测试宜采用落锤式弯沉仪。

测定接缝传荷能力的试验荷载应采用设计轴载的一侧轮载,将荷载施加在邻近接缝的路面表面,实测接缝两侧边缘的弯沉值。按式(2-8)计算接缝的传荷系数。

$$k_j = \frac{w_m}{w_i} \times 100 \tag{2-8}$$

式中:k_j——接缝传荷系数(%);

w_m——未受荷板接缝边缘处的弯沉值;

w_i——受荷板接缝边缘处的弯沉值。

接缝传荷能力评价时，按 k_j 的大小将接缝传荷能力分为5个等级，如表2-5所示。

接缝传荷能力等级　　表2-5

接缝传荷能力等级	优良	中	次	差
接缝传荷系数 k_j(%)	≥80	60~80	40~60	<40

板底脱空可根据面层板角隅处的多级荷载弯沉测试结果，并综合考虑唧泥和错台发展程度以及接缝传荷能力进行判别，也可采用雷达、声波检测仪器检测板底脱空状况。

2.4.4　旧混凝土路面结构参数调查

1)旧混凝土面层厚度

旧混凝土面层厚度的标准值可根据钻孔芯样的量测高度按式(2-9)计算确定。

$$h_e = \overline{h_e} - 1.04 s_h \tag{2-9}$$

式中：h_e——旧混凝土面层量测厚度的标准值(mm)；

$\overline{h_e}$——旧混凝土面层量测厚度的均值(mm)；

s_h——旧混凝土面层厚度量测值的标准差(mm)。

2)旧混凝土弯拉强度标准值

旧混凝土面层的弯拉强度标准值可采用钻孔芯样的劈裂试验测定结果，按式(2-10)和式(2-11)计算确定：

$$f_r = 1.87 f_{sp}^{0.87} \tag{2-10}$$

$$f_{sp} = \bar{f}_{sp} - 1.04 S_{sp} \tag{2-11}$$

式中：f_r——旧混凝土面层的弯拉强度标准值(MPa)；

f_{sp}——旧混凝土面层的劈裂强度标准值(MPa)，可通过钻芯取样试验确定；

$\bar{f}_{sp}$——旧混凝土面层的劈裂强度测定值的均值(MPa)。

3)旧混凝土面层的弯拉弹性模量

旧混凝土面层弯拉弹性模量标准值可按式(2-12)计算确定：

$$E_c = \frac{10^4}{0.09 + \dfrac{0.96}{f_r}} \tag{2-12}$$

式中：E_c——旧混凝土面层的弯拉弹性模量标准值(MPa)；

f_r——旧混凝土面层的弯拉强度标准值(MPa)。

4)旧混凝土面层的当量回弹模量

旧混凝土路面基层顶面的当量回弹模量标准值，宜采用落锤式弯沉仪(设计荷载100kN、承载板半径150mm)量测板中荷载作用下的弯沉曲线，按式(2-13)和式(2-14)确定：

$$E_t = 100e^{3.60+24.03w_0^{-0.057}-10.63\mathrm{SI}^{0.222}} \tag{2-13}$$

$$\mathrm{SI} = \frac{w_0 + w_{300} + w_{600} + w_{900}}{w_0} \tag{2-14}$$

当采用落锤式弯沉仪的条件受限时，也可选择在清除断裂混凝土板后的基层顶面进行梁式弯沉测量，或者根据基层钻芯的材料组成及性能依经验确定。

2.5 水泥混凝土路面综合性能模糊评价

由于评价目的不同,所采用的评价方法也多种多样,如加权平均法、层次分析法、模糊评价法、灰色评价法、可拓评价法等,这些评价方法各有特点。模糊评价法是应用模糊集合理论对系统进行综合评价的一种方法,主要是解决评价问题中存在的模糊性,特别适合定性信息较多的评价问题。模糊评价法是对受多个因素影响的事物作出全面评价的一种有效的综合评价方法,它突破了精确数学的逻辑和语言,强调了影响事物因素中的模糊性,较为深刻地体现了事物的客观属性。模糊评价法首先应建立问题的因素集和评判集,然后分别确定各因素对评判级别的隶属度向量,最后通过模糊综合评判得出评价结果。

路面综合性能评价的目的是为路面养护维修提供依据。路面综合性能评价指标包括路面使用性能评价和路面结构性能性能评价。采用模糊物元评价的方法,即通过上述检测的路面破损状况指数 PCI、路面抗滑能力 TD、平整度 IRI、路面断板率 DBL、路面基层承载能力、板底脱空等情况,采用路面性能模糊物元评价的方法,对路面进行综合评估。

2.5.1 确定路面性能的复合模糊物元

任何事物都可以用"事物、特征、量值"这三个要素来加以描述,以便对事物作定性和定量分析与计算。用这些要素组成有序三元组来描述事物的基本元,即称为物元。如果其量值具有模糊性,便形成了"事物、特征、模糊量值"的有序三元组,这种物元被称为模糊物元,记为:

$$R = \begin{bmatrix} & M \\ C & \mu(x) \end{bmatrix} \tag{2-15}$$

式中:R——模糊物元;

M——事物;

C——事物 M 的特征;

$C\mu(x)$——与事物特征 C 相应的模糊量值,即事物 M 对其特征 C 相应量值 x 的隶属度。

2.5.1.1 隶属度确定

对于路面性能评价,分类参数实测值均具有离散性,当观测次数较多时,可近似认为这些观测数据对同一类别的隶属函数为正态型,即:

$$\mu(x) = \exp\left[-\left(\frac{x-p}{q}\right)^2\right] \tag{2-16}$$

式中:p——经典域物元 C_i 所对应的评价类别 M_j 的量值范围的平均值,

$$p = \frac{a+b}{2} \tag{2-17}$$

此外,经典域物元量值范围(a,b)的边界值是从一种级别到另一种级别的过渡值,也是一种模糊边界,应同时属于对应的两种级别,即两种级别的隶属度相等,因此有:

$$\exp\left[-\left(\frac{a-b}{2q}\right)^2\right] = 0.5, q = \frac{|a-b|}{1.665} \tag{2-18}$$

对于第 j 个评价因素的第 i 个特征(评价指标分数)相应量值 $x_{ji}(j=1,2,\cdots,m;i=1,2,\cdots,n)$

根据规范及国内外研究现状,可将评价指标等级划分为优、良、中、次、差5级,各指标及其范围见表2-6。

评价指标及分级　　表2-6

评价目标A	评价指标B	评价因素C	评价等级C				
			优	良	中	次	差
A:路面性能	B1:路面使用性能	C1:路面破损状况PCI	100~85	84~70	69~55	54~40	40~20
		C2:路面行驶质量RQI	100~90	89~80	79~70	69~59	59~0
		C3:路面抗滑性能TD	1~0.8	0.7~0.6	0.5~0.4	0.3~0.2	0.2~0
	B2:路面结构状况	C4:路面断板率DBL	0~1	2~5	6~10	11~20	21~40
		C5:接缝传荷系数 K_j	100~90	90~80	80~60	60~40	40~0
		C6:板底脱空率 T	0~3	3~5	5~10	10~20	20~40

根据表2-6中各评价指标的分级范围及公式:

$$p=\frac{a+b}{2},\exp\left[-\left(\frac{a-b}{2q}\right)^2\right]=0.5,q=\frac{|a-b|}{1.665}$$

计算得到 p 和 q,将实测值及 p、q 值代入式(2-19):

$$\mu(x)=\exp\left[-\left(\frac{x-p}{q}\right)^2\right]\tag{2-19}$$

得到模糊复合物元中评价量值 M 对应的评价因素 C 的相应量值的隶属度 $\mu(X_{ji})$。

2.5.1.2 确定关联系数

1)关联变换

关联函数 $K(x)$ 用于可拓集合,隶属度函数则用于模糊集合;二者所含的元素 x 均属中介元,区别在于关联度函数较隶属度函数多一段有条件可以转化的量值范围。在经典域与节域重合的条件下,关联函数和隶属度函数二者等价,可以互换,只要确定其中任一函数,另一个函数也随之确定。

当确知关联函数中某一特定值 x_{ji} 时,便可以求出其相应的函数值,称此函数值为关联系数,由隶属度函数 $\mu(x_{ji})$ 确定,则有:

$$k_{ji}=\mu_{ji}=\mu(x_{ji}),(j=1,2,\cdots,m;i=1,2,\cdots,n)\tag{2-20}$$

关联系数 k_{ji} 与隶属度 μ_{ji} 可以互相转换,这种转换被称为关联变换。根据关联变换,把各个隶属度转换为相对应的关联系数,据此建立关联系数复合模糊物元,记为 R_k,即:

$$R_k=\begin{bmatrix} & M_1 & M_2 & \cdots & M_m\\ C_1 & k_{11} & k_{12} & \cdots & k_{1m}\\ \vdots & \vdots & \vdots & & \vdots\\ C_n & k_{n1} & k_{n2} & \cdots & k_{nm}\end{bmatrix}\tag{2-21}$$

2)关联度

关联度是两事物之间关联性大小的度量。若按关联变换求出的关联系数进行加权平均,则可得到第 j 个比较事物 M_j 与标准事物 M 之间的关联度,用 K_{oj} 表示,即:

$$K_{oj} = W^{k_{ji}}, (j = 1,2,\cdots,m; i = 1,2,\cdots,n) \tag{2-22}$$

考虑到路面性能评价中各指标相互影响的关系，本章计算时采用 $M(\cdot,+)$ 运算模式。设 R 表示 m 个关联度所组成的关联度复合模糊物元，则：

$$R = R_w \cdot R_k = \begin{bmatrix} & M_1 & M_2 & \cdots & M_m \\ K_j & K_1 & K_2 & \cdots & K_m \end{bmatrix} \tag{2-23}$$

将实测值及代入式 $k_{ji} = \mu(x_{ji})$，可确定模糊复合物元 R。

2.5.1.3 确定权重

运用综合评价方法对路面性能作出评价，这一过程涉及4项关键工作：①影响因素分析及评价指标体系的设计；②样本数据的获取；③各指标重要程度的辨识（即权重的确定）；④综合评价方法。其中，对指标权重的确定显得尤为重要，往往影响到评价结果的客观性。本书将主观赋权法和客观赋权法结合起来确定评价指标的权重，以求更客观全面地反映问题的实际情况。

本书通过AHP法与熵值法相结合为熵权，综合确定路面性能各指标因素的权重。

1）AHP法

采用AHP法进行指标权重分析的基本步骤如下：

（1）构造层次结构模型

应用AHP法分析确定指标权重时，首先应该建立一个递阶层次结构模型，将一个目标分解成为几个方面（指标），也可以理解成一个目标是由几个方面构成的。模型应该层次分明、关系清晰，表现在同一层次下各元素应能够比较全面地反映所隶属的目标，元素之间应该具有较强的独立性。一般用于AHP法的递阶层次模型包括目标层、准则层（指标层）、方案层（措施层）三部分。

用于交通项目评价指标权重分析的AHP法递阶层次结构模型，由于既不现实，也无必要形成专家群组对数百项交通科技项目按照两两比较的原则建立的方案待选集，因此结构模型中一般不包括方案层。

（2）专家群组决策

专家群组决策质量的高低直接决定指标权重的合理与否。为了保证专家群组决策质量，必须做好两方面的工作：①选择的专家对决策对象非常熟悉，专家的质量与数量具有足够的代表性；②专家意见调查表设计合理，一方面便于专家的理解，另一方面能够充分反映专家的真实想法。

（3）构造判断矩阵

根据所设计的专家意见调查表和选取的标度方法，将专家意见调查表的内容按照因素比较的顺序组装成为用于权重分析的判断矩阵A。判断矩阵需要“忠实”地反映专家意见表中的实际内容，其关键在于选取合理的标度方法来如实地反映专家的思维判断。

（4）一致性检验与指标权重

判断矩阵A完成后，计算其特征值，然后根据特征值计算其一致性指标CI，并根据判断矩阵的阶数查表得出RI值，就可以计算得到一致性比率CR，如果CR<0.1，一致性检验通过，否则需要重新调整判断矩阵。一致性检验通过之后，计算判断矩阵按模最大的特征值所对应的

特征向量，对其进行归一化之后就得到了指标权重。

①建立层次结构

在 AHP 方法中，首先要建立决策问题的递阶层次结构模型。通过调查研究和分析，弄清决策问题的范围和目标、问题包含的因素、各因素之间的相互关系，然后将各因素按照它们的性质分成若干层，构成递阶层次结构。

②构造判断矩阵

建立起递阶层次结构模型后，上下层之间各因素的隶属关系就被确立了，问题即转化为层次中的排序计算方法。在排序计算中，每一次的排序又可简化为一系列成对因素的判断比较，并根据一定的比率标度将判断定量化，形成比较判断矩阵。用方根法或和积法计算判断矩阵的最大特征根 λ_{max} 及其对应的特征向量 W。此特征向量就是各评价因素的重要性排序，也即权重的分配。将 λ_{max} 所对应的最大特征向量归一化，就得到 $B_1, B_2, \cdots, B_m$ 相对于 A 的权重值。

一般来说，决策者判断一致性的难度是随着判断矩阵的阶数增加而增大的。为了度量判断矩阵是否具有满意的一致性，还需引入判断矩阵的平均随机一致性指标。

2）熵值法

熵值法是指用来判断某个指标的离散程度的数学方法。在信息论中，熵是对不确定性的一种度量。信息量越大，不确定性就越小，熵也就越小；信息量越小，不确定性越大，熵也越大。根据熵的特性，我们可以通过计算熵值来判断一个事件的随机性及无序程度，也可以用熵值来判断某个指标的离散程度，指标的离散程度越大，该指标对综合评价的影响越大。

（1）确定 x_{ji}。

（2）指标的标准化处理：异质指标同质化。

由于各项指标的计量单位并不统一，因此在用它们计算综合指标前，我们先要对它们进行标准化处理，即把指标的绝对值转化为相对值，从而解决各项不同质指标值的同质化问题。

（3）计算第 j 项指标下第 i 个指标的比重。

（4）计算第 j 项指标的熵值。

（5）计算第 j 项指标的差异系数。对第 j 项指标，指标值的差异越大，对方案评价的左右就越大，熵值就越小，定义差异系数。

（6）求权值。

（7）计算各 x_{ji} 的综合得分。

3）模糊物元评价

由 AHP 法和熵值法综合得到的熵权 θ_i 构成熵权复合物元将模糊复合物元 $R_{6\times5}$ 及熵权复合物元 R_θ，按照 $M(\cdot, +)$ 运算，即先乘后加，得到关联度复合物元 R。

2.5.2 现场检测与模糊评价

2.5.2.1 四川省道 103 线眉山段检测情况

四川省道 103 线眉山段起点桩号 K46 + 014，止点桩号 K105 + 545，全长 59.531km。该路采用二级公路技术标准，双向两车道，设计速度 40km/h，路基宽度一般路段为 12.0m。水泥混凝土路面，路面结构为：25cm 厚水泥混凝土板（设计弯拉强度 5.0MPa）+ 水泥稳定砂砾基层 + 天然级配砂砾调平层 + 早期沥青路面结构。选择 K61 + 000 ~ K62 + 000 进行现场检测。

1)路面损坏调查

笔者对103线试验段路面损坏情况进行了逐块调查,然后按《公路水泥混凝土路面养护技术规范》(JTJ 073.1—2001)和《公路技术状况评定标准》(JTG 5210—2018)的方法分别计算断板率(DBL)和路面损坏状况指数(PCI)。其结果见表2-7。

路面破损状况评价结果(K61~K62) 表2-7

分段起讫桩号	车　　道	路面损坏状况指数 PCI	断板率 DBL	评 价 等 级
K61+000~K62+000	下行	73.5	2.17	良
	上行	56.9	6.21	中

2)路面抗滑性能检测

路面抗滑性能采用构造深度检测,路面构造深度采用人工铺砂法测定,1km范围内选取6处,每处取3次试验结果的平均值作为试验结果,精确至0.01mm。见表2-8。

路面构造深度数据结果(K61~K62) 表2-8

检测桩号及部位	直径1(mm)	直径2(mm)	平均直径(mm)	构造深度(mm)	平均值(mm)
3	300	320	310	0.33	0.30
	350	320	335	0.28	
	320	340	330	0.29	
5	400	380	390	0.21	0.21
	385	380	382.5	0.22	
	415	360	387.5	0.21	
10	490	500	495	0.13	0.17
	430	400	415	0.18	
	420	385	402.5	0.20	
52	400	400	400	0.20	0.21
	380	390	385	0.21	
	390	400	395	0.20	
57	450	480	465	0.15	0.17
	430	410	420	0.18	
	400	450	425	0.18	
61	490	480	485	0.14	0.15
	465	450	457.5	0.15	
	440	470	455	0.15	

根据《公路水泥混凝土路面养护技术规范》(JTJ 073.1—2001),评价结果见表2-9。

路面抗滑能力评价结果(K61~K62) 表2-9

分段起讫桩号	车　　道	构造深度(mm)	评 价 等 级
K61+000~K62+000	下行	0.21	次
	上行	0.19	差

3）路面行驶质量检测

路面行驶质量检测采用道路多功能检测系统。该设备为道路自动检测设备，测速快，精度高，目前被认为是较为理想的道路多功能无损检测设备。

可测定机场跑道、滑行道和道路表面的构造深度、车辙深度；路面横坡和纵坡、曲率半径；国际平整度指数（IRI）。检测结果见表2-10。

路面行驶质量评价结果（K61～K62） 表2-10

评定路段		平均值（m/km）	行驶质量指数	评价等级
K61+000～K62+000	下行	7.0	48.3	差
	上行	7.8	37.0	差

4）路面承载能力检测

水泥混凝土路面钻取6个芯样，3个为一组进行抗压及劈裂强度试验，检测结果见表2-11。

水泥路面强度检测结果（K61～K62） 表2-11

试样编号	取芯位置及方向	芯样实测厚度（mm）	芯样尺寸（mm）		破坏荷载（kN）	抗压强度（劈裂强度）（MPa）
			直径	高度		
23块板	右边1号	抗压	146.36	151	813.7	48.4
46块板	左边3号	抗压	147.25	150.24	515.48	30.3
73块板	左边6号	抗压	146.26	151.01	787.25	46.9
24块板	左边2号	劈裂	146.89	150.89	128.8	3.7
47块板	右边4号	劈裂	147.11	150.47	145.1	4.2
72块板	右边5号	劈裂	146.58	150.49	157	4.5

从现场检测结果来看，混凝土强度满足设计要求。

5）路面接缝传荷能力调查

旧混凝土板的接缝传荷能力是采用落锤式弯沉仪进行检测，检测频率为每10m一点，全线分左右幅检测，根据检测结果选择有代表性的路段进行接缝传荷能力评价。计算结果见表2-12。

接缝传荷能力检测评价结果（K61～K62） 表2-12

里程桩号（下行）	受荷板边缘弯沉（1/100mm）	未受荷板边缘弯沉（1/100mm）	接缝传荷系数 k_j
K61+003	6.81	6.22	91.3
K61+085	6.19	5.85	94.5
K61+131	21.59	20.53	95.1
K61+144	13.91	12.64	90.9
K61+252	12.17	11.34	93.2
K61+268	10.06	9.42	93.6
K61+379	17.03	16.56	97.2
K61+388	10.14	9.49	93.6
K61+496	9.2	8.64	93.9

续上表

里程桩号 （下行）	受荷板边缘弯沉 （1/100mm）	未受荷板边缘弯沉 （1/100mm）	接缝传荷系数 k_j
K61 +504	8.13	7.48	92
K61 +515	6.72	5.93	88.2
K61 +628	6.31	5.97	94.6
K61 +641	6.14	5.74	93.5
K61 +749	6.67	6.4	96
K61 +768	6.29	6.07	96.5
K61 +880	3.91	3.72	95.1
K61 +892	4.55	4.45	97.8
K61 +900	7.04	6.59	93.6
传荷系数平均值	93.8		
传荷系数标准差	2.27		
变异系数 C_v	2.4		
里程桩号 （上行）	受荷板边缘弯沉 （1/100mm）	未受荷板边缘弯沉 （1/100mm）	接缝传荷系数 k_j
K61 +021	10.94	10.2	93.2
K61 +134	8	7.56	94.5
K61 +246	9.9	9.44	95.4
K61 +358	7.1	6.7	94.4
K61 +370	10.4	9.69	93.2
K61 +490	6.2	5.75	92.7
K61 +502	4.68	4.21	90
K61 +614	4.14	3.75	90.6
K61 +626	6.75	6.47	95.9
K61 +740	10.1	10.04	99.4
K61 +749	5.08	4.79	94.3
K61 +801	4.42	4.11	93
K61 +811	4.49	4.17	92.9
K61 +819	4.32	3.96	91.7
K61 +928	8.63	8.03	93.1
K61 +936	6.85	6.32	92.3
K61 +950	4.59	4.23	92.2
传荷系数平均值	93.5		
传荷系数标准差	2.17		
变异系数 C_v	2.3		

从检测结果来看,抽检的两路段接缝传荷能力均为优良。根据评价的选段原则和以上两段的评价结果可以看出:该路段的接缝传荷能力较好。

6)路面脱空检测

(1)检测方法

雷达测试小组沿路线方向设置了4条测线,上下行方向各两条,均沿有可能发生断板和脱空的混凝土面板中心线进行布置,测线偏移面板纵缝线50cm的距离。雷达测线布置如图2-1所示。

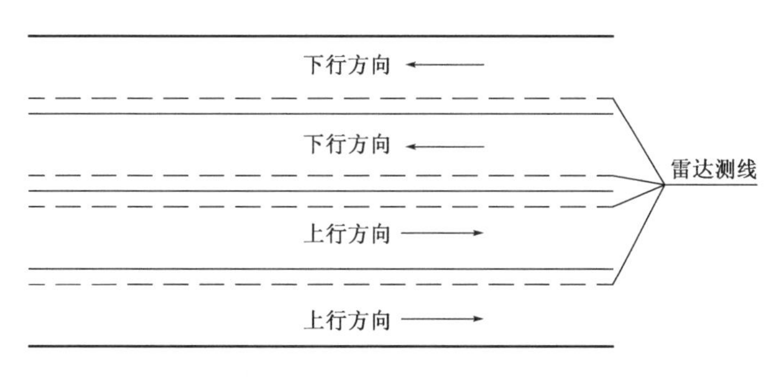

图2-1　测线布置示意图

(2)雷达测试结果分析

①雷达检测对象的定义

本次地质雷达探测共测试了四条测线,对于路面已经破损而板下脱空的情形,不作为脱空考虑。对于路面完整而水泥混凝土板下见明显脱空时,作为板底脱空统计。

②雷达检测缺陷示意图

图2-2和图2-3为地质雷达测试结果图,分别代表了完整无缺陷路面、面板脱空等情况。图2-2为完整路面的地质雷达测试图像,从图像可以看出,雷达信号表明层间反射清晰,层面厚度均匀,说明板下填筑质量和路面均无缺陷。图2-3为面板接缝处脱空反射图,从图中可以看出由于面板下存在脱空病害,导致电磁反射波信号发生变化,导致层面反射波信号不连续。

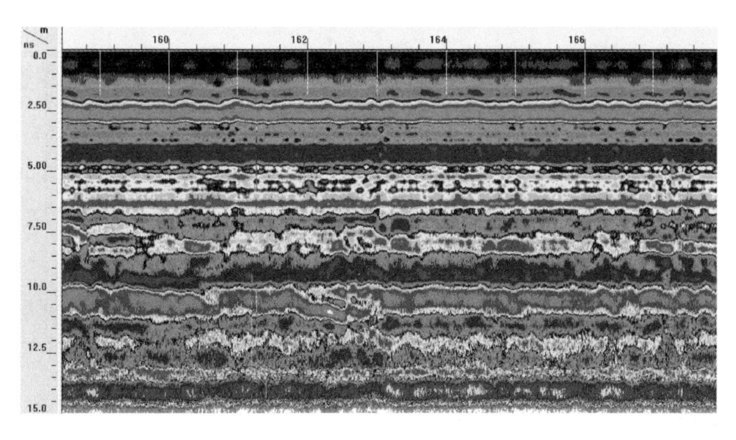

图2-2　路面完整未脱空路面检测图

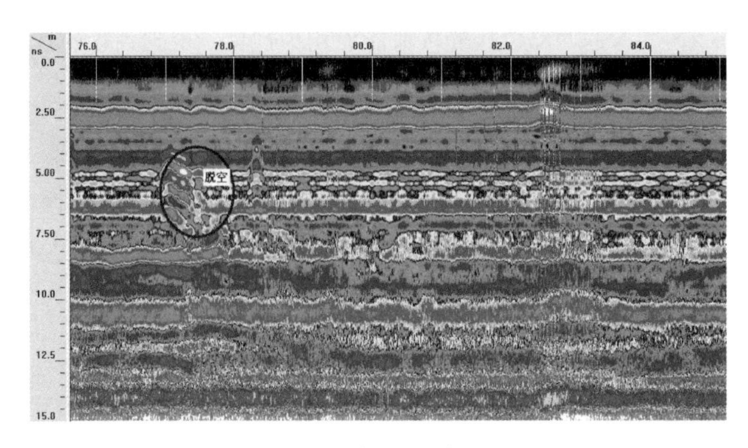

图 2-3　路面板下脱空

③雷达测试结果

通过对雷达测试数据的分析处理，得到了测试路段的路面脱空的具体位置，其检测结果详见表 2-13。

水泥混凝土路面脱空检测结果（K61 ~ K62）　　表 2-13

方　向	车　道	脱空桩号	脱空长度(m)	备　注
上行	内侧板	K61 + 106 ~ K61 + 109	3	
上行	外侧板	K61 + 157 ~ K61 + 159	2	
上行	外侧板	K61 + 222 ~ K61 + 223	1	
上行	内侧板	K61 + 336 ~ K61 + 338	2	
上行	外侧板	K61 + 577 ~ K61 + 578	1	
上行	外侧板	K61 + 600 ~ K61 + 604	4	
上行	外侧板	K61 + 614 ~ K61 + 615	1	
上行	外侧板	K61 + 634 ~ K61 + 635	1	
上行	外侧板	K61 + 646 ~ K61 + 648	2	
上行	外侧板	K61 + 836 ~ K61 + 837	1	
上行	外侧板	K61 + 856 ~ K61 + 857	1	
脱空率	5.2			评价等级为良
下行	外侧板	K61 + 111 ~ K61 + 112	1	
下行	外侧板	K61 + 128 ~ K61 + 129	1	
下行	外侧板	K61 + 150 ~ K61 + 152	2	
下行	外侧板	K61 + 325 ~ K61 + 326	1	
下行	外侧板	K61 + 533 ~ K61 + 534	1	
下行	外侧板	K61 + 832 ~ K61 + 833	1	
脱空率	2.4			评价等级为优

7）水泥混凝土路面模糊物元评价

（1）模糊物元确定

根据上述检测结果，103 线眉山段 K61 ~ K62 路面各评价因素实测值见表 2-14。

眉山103线各评价因素实测值 表2-14

桩号	路幅	C1:路面破损状况 PCI	C2:路面行驶质量 RQI	C3:路面抗滑能力 TD	C4:路面断板率 DBL	C5:接缝传荷能力 K_j	C6:板底脱空率 T
K61 ~ K62	下行	73.5	48.3	0.21	2.17	93.8	2.4
	上行	56.9	37.0	0.19	6.21	93.5	5.2

根据式(2-19),可得到模糊物元的隶属度$\mu(x_{ji})$,见表2-15和表2-16。

眉山103线各评价因素隶属度$\mu(x_{ji})$(K61 ~ K62左幅) 表2-15

评价因素C	优	良	中	次	差
C1:路面破损状况 PCI	0.012	0.841	0.154	0.000	0.000
C2:路面行驶质量 RQI	0.000	0.000	0.000	0.001	0.754
C3:路面抗滑能力 TD	0.000	0.000	0.000	0.641	0.432
C4:路面断板率 DBL	0.000	0.579	0.003	0.002	0.002
C5:接缝传荷能力 K_j	0.852	0.000	0.000	0.000	0.000
C6:板底脱空率 T	0.779	0.169	0.056	0.012	0.005

各评价因素隶属度$\mu(x_{ji})$(K61 ~ K62右幅) 表2-16

评价因素C	优	良	中	次	差
C1:路面破损状况 PCI	0.000	0.003	0.692	0.250	0.006
C2:路面行驶质量 RQI	0.000	0.000	0.000	0.000	0.956
C3:路面抗滑能力 TD	0.000	0.000	0.000	0.368	0.570
C4:路面断板率 DBL	0.000	0.104	0.573	0.052	0.011
C5:接缝传荷能力 K_j	0.779	0.000	0.000	0.000	0.000
C6:板底脱空率 T	0.015	0.368	0.556	0.069	0.014

根据以上结果,得出眉山103线模糊复合物元$R_{6\times5}$:

$$
(\text{下行})R_{6\times5} = \begin{bmatrix} & M_1 & M_2 & M_3 & M_4 & M_5 \\ \text{PCI} & 0.012 & 0.841 & 0.154 & 0 & 0 \\ \text{RQI} & 0 & 0 & 0 & 0.001 & 0.754 \\ \text{TD} & 0 & 0 & 0 & 0.641 & 0.432 \\ \text{DBL} & 0 & 0.579 & 0.003 & 0.002 & 0.002 \\ K_j & 0.852 & 0 & 0 & 0 & 0 \\ T & 0.779 & 0.169 & 0.056 & 0.012 & 0.005 \end{bmatrix} \tag{2-24}
$$

$$
(\text{上行})R_{6\times5}=\begin{bmatrix} & M_1 & M_2 & M_3 & M_4 & M_5 \\ \text{PCI} & 0 & 0.003 & 0.692 & 0.250 & 0.006 \\ \text{RQI} & 0 & 0 & 0 & 0 & 0.956 \\ \text{TD} & 0 & 0 & 0 & 0.368 & 0.570 \\ \text{DBL} & 0 & 0.104 & 0.573 & 0.052 & 0.011 \\ K_j & 0.779 & 0 & 0 & 0 & 0 \\ T & 0.015 & 0.358 & 0.556 & 0.069 & 0.014 \end{bmatrix} \tag{2-25}
$$

(2)熵值法评价因素计算

根据表2-15 和表2-18 确定各评价因素隶属度$\mu(x_{ji})$,采用式$y_{ij}=\frac{x_{ij}}{\sum_{i=1}^{m}x_{ij}}$,得到$Y_{ij}$,计算结果见表2-17、表2-18。

各评价因素 Y_{ij}(K61 ~ K62 下行)　　表2-17

评价因素 C	优	良	中	次	差
C1:路面破损状况 PCI	0.012	0.835	0.153	0.000	0.000
C2:路面行驶质量 RQI	0.000	0.000	0.000	0.001	0.999
C3:路面抗滑能力 TD	0.000	0.000	0.000	0.597	0.403
C4:路面断板率 DBL	0.000	0.988	0.005	0.003	0.003
C5:接缝传荷能力 K_j	1.000	0.000	0.000	0.000	0.000
C6:板底脱空率 T	0.763	0.166	0.055	0.012	0.005

各评价因素 Y_{ij}(K61 ~ K62 上行)　　表2-18

评价因素 C	优	良	中	次	差
C1:路面破损状况 PCI	0.000	0.003	0.728	0.263	0.006
C2:路面行驶质量 RQI	0.000	0.000	0.000	0.000	1.000
C3:路面抗滑能力 TD	0.000	0.000	0.000	0.392	0.608
C4:路面断板率 DBL	0.000	0.141	0.774	0.070	0.015
C5:接缝传荷能力 K_j	1.000	0.000	0.000	0.000	0.000
C6:板底脱空率 T	0.015	0.360	0.544	0.068	0.014

(3)熵值法评价因素权重计算

根据式:$e_j=-k\sum_{i=1}^{m}y_{ij}\ln y_{ij}$,$h_j=1-e_j(j=1,2,\cdots,m;i=1,2,\cdots,n)$

得到 C1 ~ C8 的信息熵值及差值h,最后计算各评价因素的权重W_i。见表2-19 和表2-20。

各评价因素 Y_{ij}(K61~K62 下行) 表 2-19

评价因素	信息熵值:$e_j=-k\sum_{i=1}^{m}y_{ij}\ln y_{ij}$	$h_j=1-e_j$	$W_i=\frac{h_i}{\sum_{i=1}^{n}h_i}$
C1:路面破损状况 PCI	0.304	0.696	0.146
C2:路面行驶质量 RQI	0.006	0.994	0.209
C3:路面抗滑能力 TD	0.418	0.582	0.122
C4:路面断板率 DBL	0.048	0.952	0.200
C5:接缝传荷能力 K_j	0.001	0.999	0.210
C6:板底脱空率 T	0.460	0.540	0.113

各评价因素 Y_{ij}(K61~K62 上行) 表 2-20

评价因素	信息熵值:$e_j=-k\sum_{i=1}^{m}y_{ij}\ln y_{ij}$	$h_j=1-e_j$	$W_i=\frac{h_i}{\sum_{i=1}^{n}h_i}$
C1:路面破损状况 PCI	0.155	0.845	0.177
C2:路面行驶质量 RQI	0.000	1.000	0.210
C3:路面抗滑能力 TD	0.415	0.585	0.123
C4:路面断板率 DBL	0.448	0.552	0.116
C5:接缝传荷能力 K_j	0.000	1.000	0.210
C6:板底脱空率 T	0.621	0.379	0.080

(4)权重确定

根据 AHP 法和熵权法各自确定的权重,按式 $\theta_i=\frac{W_iW'_i}{\sum_{i=1}^{m}W_iW'_i}$确定熵权 θ_i,见表 2-21 和表 2-22。

各评价因素权重(K61~K62 下行) 表 2-21

评价因素	AHP 法	熵值法	熵权 $\theta_i=\frac{W_iW'_i}{\sum_{i=1}^{m}W_iW'_i}$
C1:路面破损状况 PCI	0.12	0.146	0.100
C2:路面行驶质量 RQI	0.40	0.209	0.477
C3:路面抗滑能力 TD	0.22	0.122	0.153
C4:路面断板率 DBL	0.04	0.200	0.046
C5:接缝传荷能力 K_j	0.15	0.210	0.180
C6:板底脱空率 T	0.07	0.113	0.045

各评价因素权重(K61~K62 上行) 表 2-22

评价因素	AHP 法	熵值法	熵权 $\theta_i=\frac{W_iW'_i}{\sum_{i=1}^{m}W_iW'_i}$
C1:路面破损状况 PCI	0.12	0.177	0.122
C2:路面行驶质量 RQI	0.40	0.210	0.483
C3:路面抗滑能力 TD	0.22	0.123	0.155

续上表

评价因素	AHP 法	熵值法	熵权 $\theta_i = \frac{W_i W'_i}{\sum_{i=1}^{m} W_i W'_i}$
C4:路面断板率 DBL	0.04	0.116	0.027
C5:接缝传荷能力 K_j	0.15	0.210	0.181
C6:板底脱空率 T	0.07	0.080	0.032

(5)模糊物元评价

表2-21 和表2-22 得到的熵权构成熵权复合物元:

$$(\text{K61} \sim \text{K62 下行})R_\theta = [0.100 \quad 0.477 \quad 0.153 \quad 0.046 \quad 0180 \quad 0.045]$$

$$(\text{K61} \sim \text{K62 上行})R_\theta = [0.122 \quad 0.483 \quad 0.155 \quad 0.027 \quad 0181 \quad 0.032]$$

将模糊复合物元 $R_{6\times5}$ 及熵权复合物元,按照 $M(\cdot, +)$ 运算,即先乘后加,得到关联复合物元 R:

$$(\text{K61} \sim \text{K62 下行})R = \begin{bmatrix} & M_1 & M_2 & M_3 & M_4 & M_5 \\ K & 0.190 & 0.118 & 0.018 & 0.099 & 0.426 \end{bmatrix}$$

$$(\text{K61} \sim \text{K62 上行})R = \begin{bmatrix} & M_1 & M_2 & M_3 & M_4 & M_5 \\ K & 0.141 & 0.015 & 0.118 & 0.091 & 0.552 \end{bmatrix}$$

由于 M1、M2、M3、M4、M5 分别对应的分级为优、良、中、次、差,而 K61 +000 ~ K62 +000 上行路段的路面性能对应 M5(差)的关联度最大,根据最大关联度原则,K61 +000 ~ K62 +000 上下行路段的路面性能评价等级属于“差”。

(6)路面检测评价与模糊随机评价的比较

将水泥混凝土检测评价与模糊随机评价进行比较,其结果见表2-23。

各评价因素　　表2-23

桩号	路幅	PCI		RQI		TD		DBL		K_j		T	
		数值	等级	数值	等级	数值	等级	数值	等级	数值	等级	数值	等级
K61 ~ K62	下行	73.5	良	48.3	差	0.21	次	2.17	良	93.8	优	2.4	优
	上行	56.9	中	37.0	差	0.19	差	6.21	中	93.5	优	5.2	中

从以上的结果可以看出每个分项指标的评价等级,但缺乏对各个分项指标的综合评价,这使得维修决策缺乏依据,本项目采用模糊物元对上述分项指标进行综合评价,评价结果为差,这与路面调查结果相符,从现场来看,路面破损较为严重,尤其是上行,路面破碎板较多。

2.6 水泥混凝土路面使用寿命分析

路面板的使用寿命一般是指标准车辆轴载(BZZ-100)累计作用次数,为比较不同重量的轴载在路面破坏时累计作用次数,假定交通组成全由某一重量的轴载组成,分别计算各级轴载的累计作用次数作为它们的使用寿命。利用路面板弯拉应力分析,可反算出不同脱空面积及不同荷载作用下路面板的使用寿命,现以路面板纵缝边缘中点处的弯拉应力进行使用寿命的推算。以下分两种情况进行分析:①只考虑车辆荷载的作用,不考虑温度应力的影响;②从最不利情况考虑,考虑温度疲劳作用及车辆荷载的共同作用的影响。

2.6.1　不考虑温度疲劳应力影响时路面板使用寿命分析

计算参数为:水泥混凝土路面板厚度 $h_c=22\text{cm}$,弹性模量 $E_c=30000\text{MPa}$,混凝土设计弯拉强度 $f_r=5.0\text{MPa}$;基础当量回弹模量 $E_s=100\text{MPa}$。

路面板不产生断裂破坏的条件是:

$$\sigma_p \leqslant f_r \tag{2-26}$$

式中:f_r——混凝土设计弯拉强度(MPa),取 $f_r=5.0\text{MPa}$;

σ_p——荷载疲劳应力(MPa),

$$\sigma_p = k_r k_f k_c \sigma_{ps} \tag{2-27}$$

式中:σ_{ps}——纵缝边缘最大弯拉应力(MPa);

k_r——应力折减系数,因纵缝处为设拉杆平缝,所以取 $k_r=0.87$;

k_f——疲劳应力系数,$k_f=N_e^{0.057}$;

k_c——重交通的综合系数;

由 $\sigma_p=f_r$ 可得:

$$0.87\times N_e^{0.057}\times 1.20\times \sigma_{ps} = 5.0 \tag{2-28}$$

可推导出得不考虑温度疲劳作用的路面板使用寿命公式:

$$N_e = \left(\frac{4.789}{\sigma_{ps}}\right)^{17.544} \tag{2-29}$$

式中:N_e——路面板使用寿命,即某级轴载的累积作用次数(轴次)。

路面板使用寿命计算结果见表2-24。

不考虑温度应力影响时路面板使用寿命(轴次)　　表2-24

荷载(kN)	脱空面积(cm^2)				
	0	20×20	40×40	60×60	80×80
100	66045647	1040720	42138	4471	438
120	2700402	42422	1720	153	18
140	180901	2836	115	10	1
160	17284	274	11	1	<1
180	2192	35	1	<1	<1
200	346	5	<1	<1	<1
220	65	1	<1	<1	<1
240	14	<1	<1	<1	<1

由不考虑温度应力时路面板使用寿命的分析可知,板底脱空及重载对混凝土路面的使用寿命影响很大,随着脱空面积及轴载的增大,路面板的使用寿命会急剧下降,当路面板脱空面积为0、车辆轴载为100kN时,路面板可承受100kN重的轴载累计作用次数为66045647次,若保持路面板脱空面积为0不变,当轴载增加到240kN时,路面板仅能承受240kN重的轴载累计作用次数为14次,路面板即产生断裂破坏,可见超重车辆对路面板的使用寿命影响是非常

大的。若保持车辆轴载 100kN 不变,脱空面积由 0 增大到 80cm × 80cm 时,路面板可承受 100kN 重的轴载累计作用次数从 66045647 次迅速下降到 438 次,可见板底脱空也会缩短路面板的使用寿命。那么,在脱空及重载偶合状态下,路面板的使用寿命更会加速降低,从表 2-24 可见,共用 13 处累计作用次数低于 1 次,即此时路面板已产生了极限破坏。

2.6.2 考虑温度疲劳应力影响时路面板使用寿命分析

计算参数为:水泥混凝土路面板厚度 $h_c = 22\text{cm}$,弹性模量 $E_c = 30000\text{MPa}$,混凝土设计弯拉强度 5.0MPa;基础当量回弹模量 $E_s = 100\text{MPa}$。

路面板不产生断裂破坏的条件是:

$$\sigma_p + \sigma_{tr} \leqslant f_r \tag{2-30}$$

式中:f_r——混凝土设计弯拉强度(MPa),取 $f_r = 5.0\text{MPa}$;

σ_p——荷载疲劳应力(MPa);

σ_{tr}——温度度疲劳应力(MPa),

$$\sigma_{tr} = k_t \sigma_{tm} \tag{2-31}$$

式中:σ_{tm}——纵缝边缘中点在最大温度梯度时的温度应力(MPa);

k_t——温度疲劳作用次数。

$$\sigma_{tm} = \frac{\alpha_c E h_c T_g}{2} B_x \tag{2-32}$$

式中:B_x——温度应力系数。

以下计算路面板的温度疲劳应力。

混凝土结构的相对刚度半径为:

$$r = 0.537 h_c \left(\frac{E_c}{E_t}\right)^{\frac{1}{3}} \tag{2-33}$$

$$r = 0.537 \times 22 \times \left(\frac{30000}{0.35 \times 100}\right)^{\frac{1}{3}} = 112.2(\text{cm})$$

由 $L/r = 5/1.122 = 4.456$,可得温度应力系数 $B_x = 0.55$。

路面板纵缝边缘中点在最大温度梯度时的温度应力为:

$$\sigma_{tm} = \frac{\alpha_c E h_c T_g}{2} B_x = \sigma_{tm} = \frac{1 \times 10^{-5} \times 30000 \times 0.22 \times 86}{2} \times 0.55 = 1.561(\text{MPa}) \tag{2-34}$$

温度疲劳作用系数:

$$\begin{aligned} k_t &= \frac{f_r}{\sigma_{tm}}\left[a\left(\frac{\sigma_{tm}}{f_r}\right)^c - b\right] \\ &= \frac{5}{1.561} \times \left[0.841 \times \left(\frac{1.561}{5}\right)^{1.323} - 0.058\right] \\ &= 0.392 \end{aligned}$$

因此,温度疲劳应力为:

$$\sigma_{tr} = k_t \sigma_{tm} = 0.392 \times 1.561 = 0.612(\text{MPa})$$

由 $\sigma_p + \sigma_t = f_r$ 可得：

$$0.87 \times N^{0.057} \times 1.20 \times \sigma_{PS} + 0.612 = 5.0 \tag{2-35}$$

可推导出考虑温度疲劳作用的路面板使用寿命公式：

$$N_e = \left(\frac{4.203}{\sigma_{PS}}\right)^{17.544}$$

式中：N_e——水泥混凝土路面板使用寿命，即车辆轴载的累计作用次数（轴次）；

σ_{PS}——纵缝边缘最大弯拉应力（MPa）。

考虑温度疲劳作用时路面板使用寿命计算结果见表 2-25。

考虑温度应力影响时路面板使用寿命（轴次） 表 2-25

荷载(kN)	脱空面积(cm^2)				
	0	20×20	40×40	60×60	80×80
100	6688900	105401	4268	453	44
120	273489	4296	174	16	2
140	18321	287	12	1	<1
160	1751	28	1	<1	<1
180	222	4	<1	<1	<1
200	35	<1	<1	<1	<1
220	7	<1	<1	<1	<1
240	1	<1	<1	<1	<1

当考虑温度应力影响时，路面板使用寿命下降更快，当路面板脱空面积为 0、轴载为 100kN 时，路面板可承受 100kN 重的轴载累计作用次数为 6688900 次，若保持路面板脱空面积为 0 不变，当车辆轴载增加到 240kN 时，路面板仅能承受的轴载累计作用次数为 1 次。若保持车辆轴载为 100kN 不变，脱空面积由 0 增大到 80cm×80cm 时，路面板承受 100kN 轴载的累积作用次数从 6688900 次下降到 44 次。由此可见，路面板在温度、脱空及重载几种不利因素的共同作用下，路面板极易产生极限破坏，使用寿命大大缩短，从表 2-25 中可见，共有 18 处累计轴载作用次数低于 1 次，比不考虑温度应力影响时多出了 5 处极限破坏点。由《公路水泥混凝土路面设计规范》（JTG D40—2011）可知，公路水泥混凝土路面设计基准期为 30 年，其设计理论是基于路面板的疲劳破坏，即在板底无脱空及无超重车的状况下，路面使用期达到 30 年后，其荷载疲劳应力及温度疲劳应力之和超过了水泥混凝土设计弯拉强度 5.0MPa，此时路面板才产生疲劳破坏，但从以上分析可知，路面板在脱空及重载作用下，受力状况已急剧恶化，路面的使用寿命远未达到设计期限就产生了断裂破坏，许多部位甚至是极限破坏。

2.7 水泥混凝土路面薄层混凝土罩面维修决策

在原有水泥混凝土路面上进行水泥混凝土薄层罩面处治，其主要目的是改善旧混凝土面层的表面功能，或者提高其承载能力或延长其使用寿命，确保道路行车安全及舒适性。由于水泥混凝土薄层的厚度较薄，旧面层的接缝和发展性裂缝都会反射到加铺层上。所以，只有当旧混凝土路面结构性能良好,其损坏状况和接缝传荷能力均评价为优时,才能采用加铺水泥混凝土薄层。其旧水泥混凝土路面的技术状况需要满足以下条件:

(1)旧水泥混凝土路面破损状况指数(PCI)评定等级为"优良",且不存在破碎板;如局部存在破碎板时,须对破碎板进行挖除后与加铺层整体浇筑。

(2)单块面板范围内不能存在一条以上裂缝,且裂缝严重程度不能为"严重";如局部存在严重裂缝时,须对裂缝进行处治再加铺薄层罩面。

(3)旧水泥混凝土路面的接缝传荷能力评定等级为"优",路面板下不存在脱空病害。

2.7.1 决策系统

养护决策采用决策树的形式进行,决策流程框图如图2-4所示。

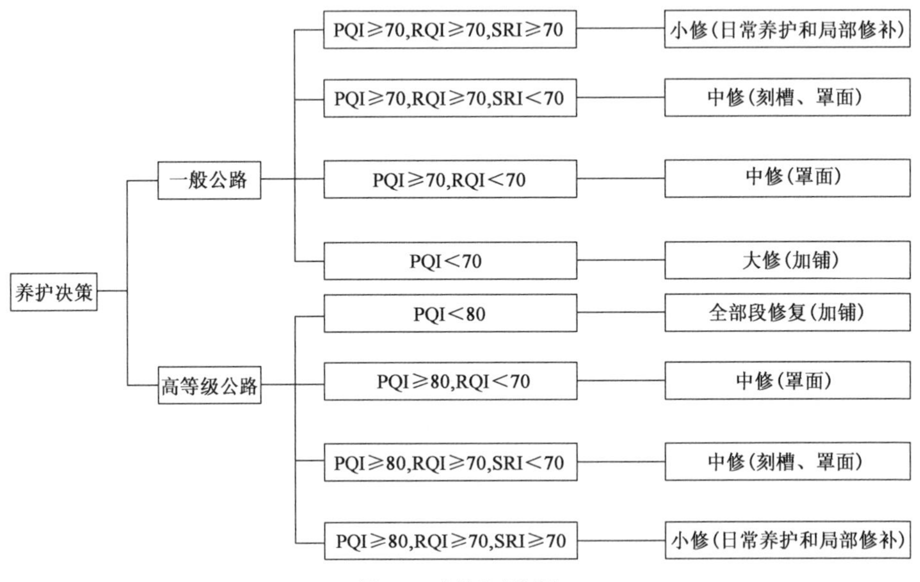

图2-4 决策流程框图

根据《公路水泥混凝土路面养护技术规范》(JTJ 073.1—2001)和《公路技术状况评定标准》(JTG 5210—2018)的规定,高等级公路和二级及二级以下公路养护维修方案抉择的评价指标标准有所不同,因此路面全线评价及方案建议分高等级公路和二级及二级以下公路两种情况进行。

2.7.2 养护与维修技术

根据混凝土路面的破损评价结果,维修方案选择改建加铺或局部维修。在加铺方案中,除根据交通量和使用年限进行结构计算外,重点是对旧路的稳定处治;在局部维修方案中重点是快速维修工艺和与旧路的相容性问题。

1)接缝养护技术

填缝料应满足:与水泥混凝土板缝壁具有较好的黏结力,当混凝土板伸缩时,填缝料能与混凝土壁黏结牢固,而不致从混凝土缝壁上拉脱,且具有较高的拉伸率,能随混凝土板胀缩而伸缩,而不致被拉断;耐热及耐嵌入性好,在夏季高温时,填缝料不发生流淌,砂石杂物不易嵌入,保证混凝土板伸胀不受阻:具有较好的低温塑性,在冬季低温时,不发生脆裂,仍具有一定的延伸性;耐久性好,在野外恶劣的气候条件下,能在较长时间内保持良好的使用性能,不过早发生老化;施工方便,价格适中。

缩缝施工时,为保证清缝质量,对杂物充填较多的纵缝,必须用切缝机切割,其他缝也应用铁钩对杂物和老化的填料进行清理,然后用高压气体吹净。对加热型填缝料材料,按规定进行熔化,使其具有较好的流动性,加热温度不宜过高、过低,时间不宜过长,以避免材料老化或流动性较差。沿缝方向均匀浇灌加热后的填缝料至接缝填满为止,灌缝深度至少应大于1.5cm。灌缝应在路面干燥及路面板下没有积水时进行,保证填料与缝壁黏结牢固且不被高压水剥离、挤出。根据填缝料性质,做好施工交通控制工作,待填缝料冷却后开放交通,以免其被行车粘掉。胀缝如在高温季出现拱起和爆裂现象,则应根据不同情况采用切宽胀缝以释放能量,填筑柔性材料代替切除部分。切割宽度可视拱起面板的长度和碎裂的混凝土面板的范围而定。

2)裂缝处治技术

水泥混凝土路面裂缝宽度不一,处治时要根据具体情况采用相应的技术措施。缝宽不足0.5mm的非扩展性表面裂缝,采用压注灌浆法;局部性裂缝,且缝口较宽时,采取扩缝灌浆法;对贯穿全厚的裂缝,采用条带罩面法。

3)错台处治

对出现错台的板块,先采用压浆调整,恢复平顺,调整后仍有高差,且错台量小于10mm,可用建筑磨平机打磨掉高出的部分或人工凿除高出部分,凿除(打磨)宽度一般为10~30cm。错台量大于10mm的,在低的一侧用沥青砂或细粒式沥青碎石衬平,衬平长度按高差的1%~2%;也可用聚合物水泥砂浆薄层修补。修补前应用钢丝刷将原路面清理干净。

4)破碎板块修补

采取换板方式处理水泥混凝土路面严重破碎板,即挖除整块破碎板,然后浇筑水泥混凝土,板厚与原面板厚度一致,但一般不宜小于24cm,否则可采用钢筋混凝土进行修复。板角断裂等破损采用局部修补方式,即对板角断裂的部分凿除成正方形或矩形,在原板壁上加装传力杆后,在凿除位置浇筑混凝土。

5)脱空板处治技术

路面使用期间出现的裂缝、破碎板几乎都与板底脱空有关,即使一些当时看来既没有破碎又没有裂缝的板块,其板底仍可能存在脱空,这种病害较隐蔽,但其危害性却非常之大。在路面修复中,若脱空板若不处理,即使加铺层达到20cm以上,也无法防止反射裂缝的出现。空板的处治可采用钻孔灌浆法。

第3章 薄层混凝土罩面有限元分析

3.1 概 述

国内的研究现状中,对于半刚性基层或刚性基层水泥混凝土路面层间存在界面层的观点是一致的,然而界面层的强度是否低于面层和刚性基层或半刚性基层,没有具体的试验数据,仅是理论推断;层间界面层的强度随着水泥龄期的增长是如何变化的,目前还处于探索阶段;层间界面层断裂破坏后,温度变化引起层间相互作用和层间接触形式又如何,也是处于探索阶段。为了比较不同层间处理措施对路面受力的影响,需展开层间相互作用的力学特性研究。鉴于贫混凝土基层的刚度大、板体性好,在其上加铺水泥混凝土面层,路面结构可模型化为弹性地基上由基层和面层组成的双层板,国内外有研究分析了双层板的层间结合形式,并给出了层间结合式、层间分离式部分结合式模型的应力和位移公式。

层间结合式双层板的荷载应力计算,将双层混凝土板换算为等刚度的单层板,然后计算下层板的荷载应力和温度应力;层间分离式双层板的荷载应力则分别计算上层板和下层板的荷载应力,但仅考虑上层板温度应力,总应力值为荷载应力和温度应力之和。然而分离式双层板在温度翘曲和轴载共同作用下,上层板的总应力并不是分别计算翘曲应力和荷载应力之后的简单叠加。有研究表明,面板翘曲时,水泥混凝土面板可能仅部分与基层完全接触,部分与基层分离,在路面行车荷载作用下,现场实测面板底面的拉应力远大于温度应力和荷载应力的简单叠加。

水泥混凝土面层在温度变化时产生胀缩变形,若贫混凝土基层限制了水泥混凝土面层的变形,则在基层与面层之间产生剪切应力,该剪切应力为一对大小相等、方向相反的作用力与反作用力。由于贫混凝土基层与水泥混凝土面层的强度差异,两者弹性模量的不同,故在相同的层间剪切应力作用下,层间的位移将不一致,可得贫混凝土基层直接铺筑在水泥混凝土面层上,层间接触形式为满足古德曼(Goodman)模型的部分结合式。

部分结合式古德曼模型的结合系数介于0~∞之间,层间的剪切应变难以测得,因此古德曼模型仅是一个理论模型,难以指导工程实际,且难以测定层间的结合系数。因此,设计规范仅提供了结合式和分离式双层混凝土板的荷载疲劳应力与温度疲劳应力的计算公式,却没有给出层间部分结合式的计算公式。

采用弹簧模型虽然可以计算部分结合式双层板的荷载应力,然而由于弹簧模型的法向刚度和切向刚度测定较为麻烦,也只能作为一种理论方法,难以指导工程实际,加之在贫混凝土基层与水泥混凝土面层之间存在界面层,该界面层厚度很薄,难以测得界面层的强度,进而给弹簧模型的计算结果带来较大的误差。

就力学模型而言,水泥混凝土路面属于弹性地基板三维连续体系,只有经过一系列简化假定和复杂的数学推演,才能建立以解析法为基础的应力分析方法。弹性地基板理论的研究虽已有百年历史,挠度和应力的解析解却主要局限于无限大板的情况,Winkler 地基上矩形板的解析解近年才出现。Westergaard 的板中、板边和板角应力计算公式,长期以来得到路面界的广泛采用,但其板边公式也仅在十几年前才得到确证,而板角公式至今尚无严密的论证。这种应力分析法无法反映许多工程结构中的实际问题,具有一定局限性。

随着有限元分析方法和计算机技术的发展,各种复杂边界条件下弹性地基板的应力都可得到满意的数值解,为混凝土路面结构分析提供了强有力的工具。本书研究中,为使薄层罩面设计理论与方法同现行规范接轨,仍采用弹性半空间地基板理论为基础进行应力分析。但由于薄层罩面板厚度薄,与普通水泥混凝土路面和复合式路面存在较大差异,且施工工艺、实际使用状况等也存在差别,在模型建立时,应区别对待,尽可能模拟薄层加铺路面的实际工作状况。

在薄层加铺路面结构力学计算中,采用弹性半空间地基上有限尺寸四边自由板,假定旧混凝土路面各结构层之间为连续接触,且板与地基之间为紧密黏结状况,同时考虑到实际可操作性,重点对完全连续和接触两种状况进行应力计算与分析。

3.2 薄层混凝土数值模型

三维有限元分析坐标体系如图 3-1 所示,x 方向取 5m,y 方向取 4.5m,z 方向取 2m。x 轴平行于行车方向,y 轴水平垂直于行车方向,z 轴垂直于水平面。荷载位置根据不同工况进行有效调整。

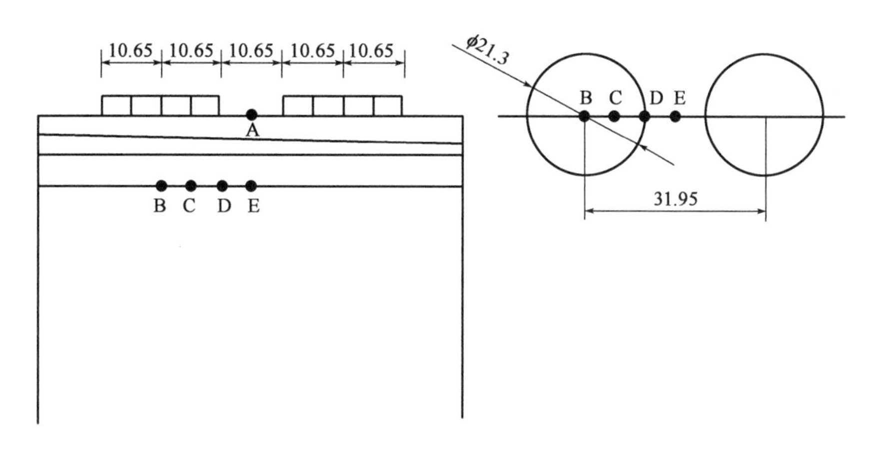

图 3-1 模型示意图(尺寸单位:cm)

荷载为双轮组双圆均布荷载,荷载半径 10.65cm,两轮间隙 10.65cm,压强分别取 0.70MPa、1.05MPa、1.40MPa、1.75MPa(对应车辆荷载为 100kN、150kN、200kN、250kN)。分别模拟常规荷载和超载情况下的薄层混凝土加铺路面力学行为。

根据已有的研究成果,对于薄层混凝土分析,其最不利荷载位于板边中心位置,因而本次分析的荷载作用位置为板边中心位置,图 3-2 为不同加铺厚度薄层混凝土模型示意图,图 3-3 为薄层路面模型。

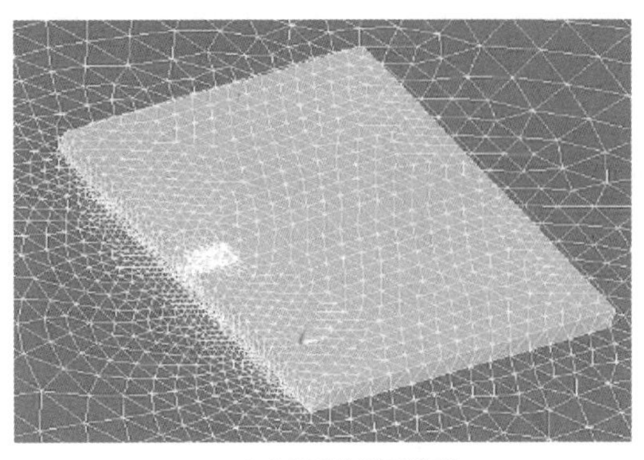

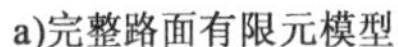
a)完整路面有限元模型

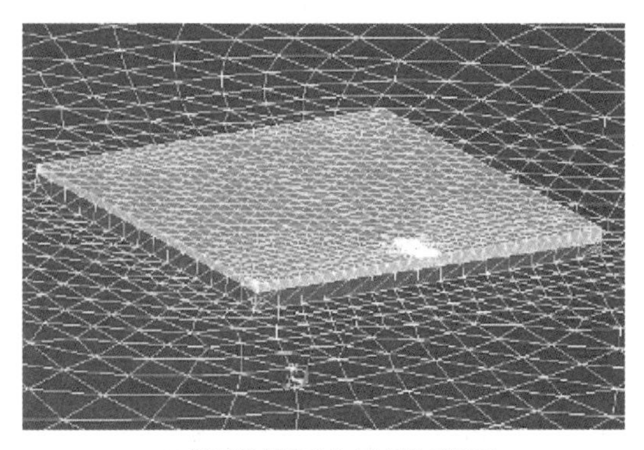

b)变厚度(斜层)加铺有限元模型

图3-2　完整路面有限元模型

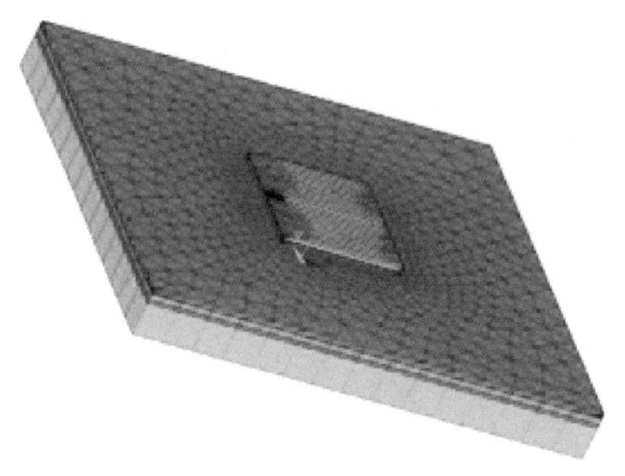

图3-3　薄层路面模型

本书分析主要集中于路面板的变化(厚度、接触、荷载应力)对路面结构的影响,路基采用比路面板相对而言较大的模型,有效消除路基边界对模型计算结果的影响。通过试算对比,确定的路基模型的尺寸为16m×16m。

3.3　薄层混凝土数值模拟

3.3.1　等厚度加铺薄层混凝土模型

1)等厚加铺黏结模型

利用ANSYS软件对等厚度加铺模型进行了计算分析,计算加铺层分8cm、10cm、12cm、14cm四个厚度,模型如图3-4所示。

如图3-5~图3-8所示,通过对不同厚度加铺板的数值模拟,可以发现对于黏结板,不同厚度的加铺效果是一致的,所得结果非常接近。这是因为加铺板和原混凝土板黏结在一起后形成一个整体,其力学性能和整体混凝土板是基本一致的。对于薄层罩面的有限元分析,主要分析行车荷载作用下路面板的拉压应力,分析结果表明,即使是1.75MPa的超载应力作用下,其混凝土底板的最大拉应力也不超过0.13MPa,可见其拉应力水平是很低的。混凝土板所受的最大压应力和其作用的荷载基本一致。表3-1的结果也表明,不同加铺厚度所得应力值基本一致。

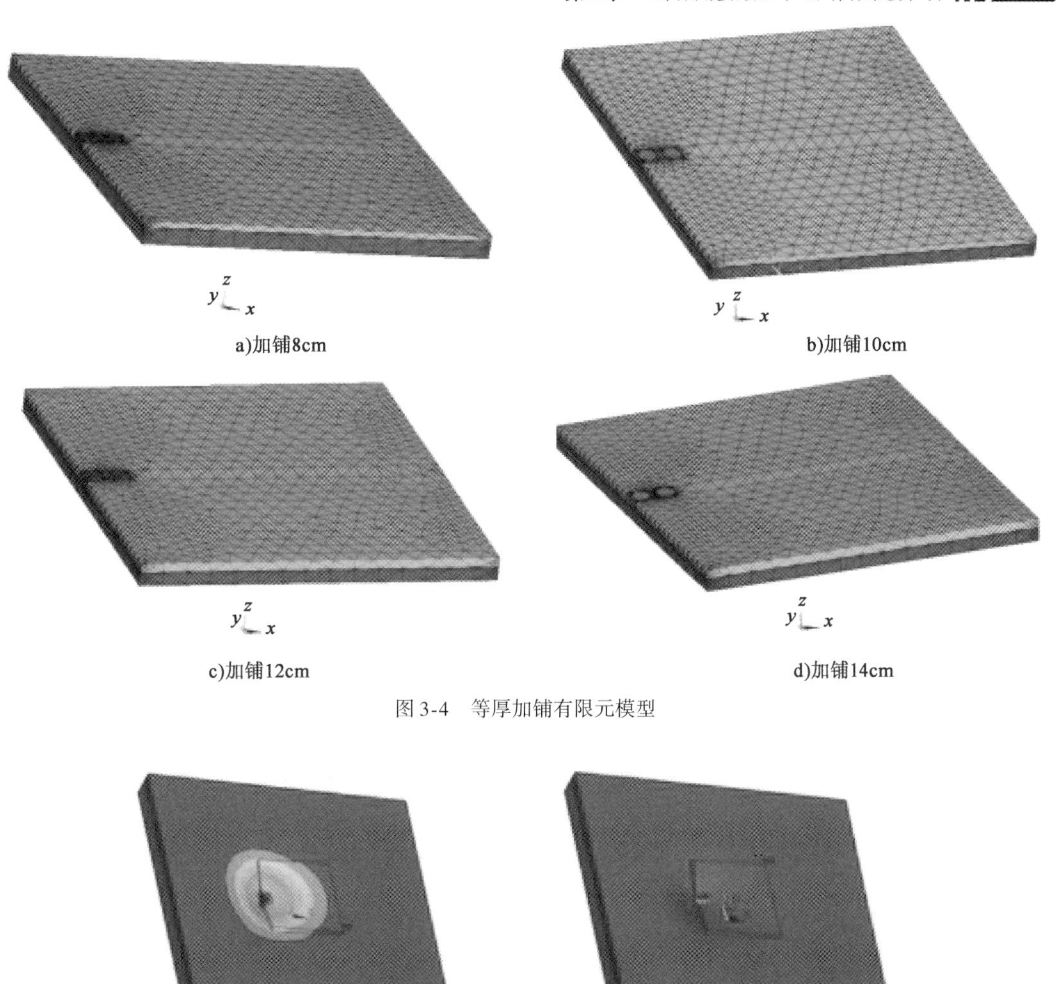

a)加铺8cm　　b)加铺10cm

c)加铺12cm　　d)加铺14cm

图 3-4　等厚加铺有限元模型

图 3-5　模型位移(UZ)和应力(SZ)图

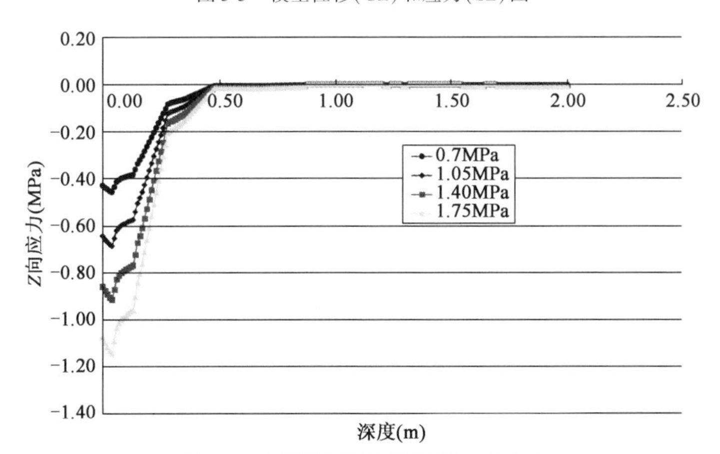

图 3-6　不同荷载作用下模型的 Z 向应力

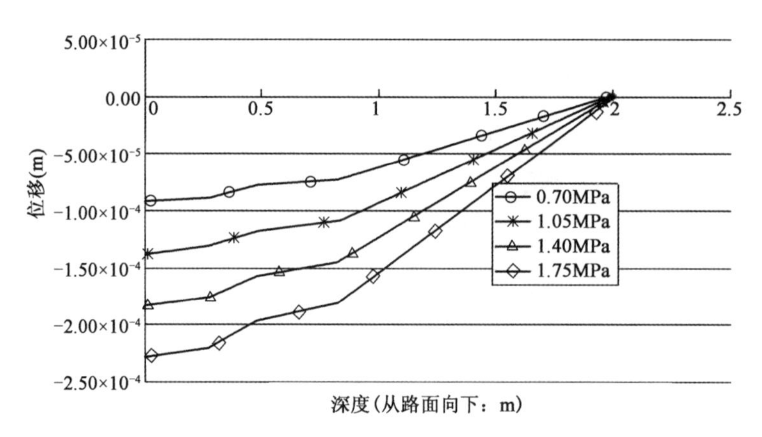

图 3-7　不同荷载作用下模型的 Z 向位移

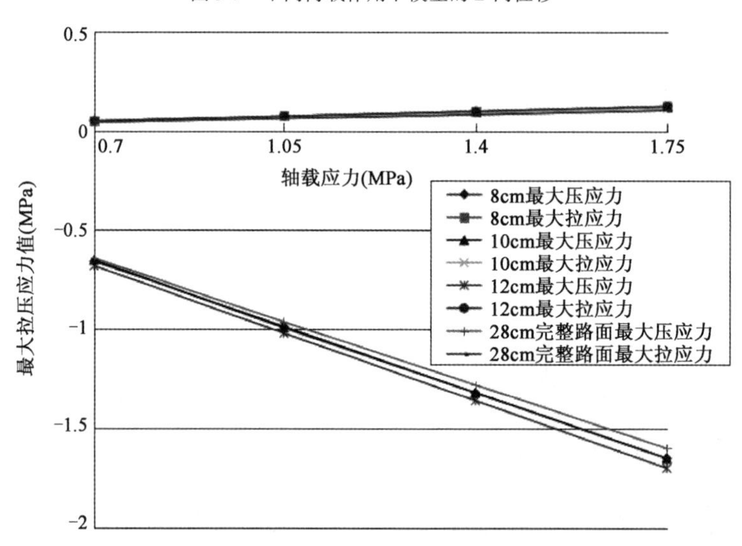

图 3-8　不同加铺层厚度下模型的最大最小应力(SZ)

不同加铺层厚度下模型的最大最小应力(SZ)　　表 3-1

厚度 8cm			厚度 10cm		
荷载(MPa)	压应力(MPa)	拉应力(MPa)	荷载(MPa)	压应力(MPa)	拉应力(MPa)
0.70	-0.658	0.051	0.70	-0.651	0.046
1.05	-0.987	0.077	1.05	-0.992	0.073
1.40	-1.32	0.102	1.40	-1.320	0.097
1.75	-1.65	0.128	1.75	-1.650	0.121
厚度 12cm			厚度 14cm		
荷载(MPa)	压应力(MPa)	拉应力(MPa)	荷载(MPa)	压应力(MPa)	拉应力(MPa)
0.70	-0.681	0.051	0.70	-0.642	0.043
1.05	-1.02	0.076	1.05	-0.963	0.064
1.40	-1.36	0.010	1.40	-1.280	0.085
1.75	-1.70	0.013	1.75	-1.600	0.112

2)等厚加铺非黏结接触分析

实际混凝土加铺层和原混凝土路面之间由于存在新旧界面,加上不同温缩系数的影响,新旧混凝土界面可能存在不完全黏结。本书重点研究不同接触条件情况下,混凝土面板的力学响应。

本书有限元分析中,采用加铺层厚度 8cm 进行参数敏感性分析。μ 分别取 0.1、0.3、0.5、0.6、0.8、1.2、1.5。FK 分别取 0.2MPa、0.5MPa、1MPa、2MPa、5MPa、20MPa、200MPa。荷载为标准轴载 0.7MPa。一般采用 C 点为控制点进行分析。分析 FK 值影响时,取 μ 值为 0.6。分析 μ 值影响时,取 FK 值为 0.2MPa。分析结果如图 3-9 ~ 图 3-12 所示。

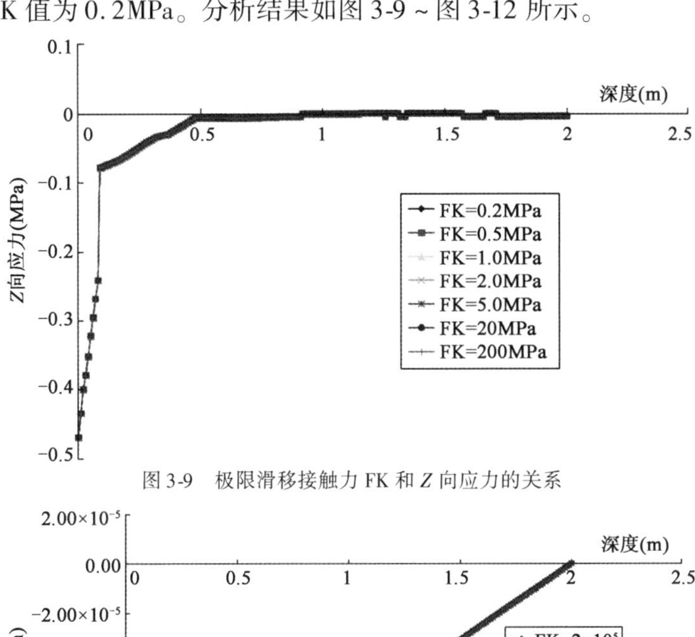

图 3-9　极限滑移接触力 FK 和 Z 向应力的关系

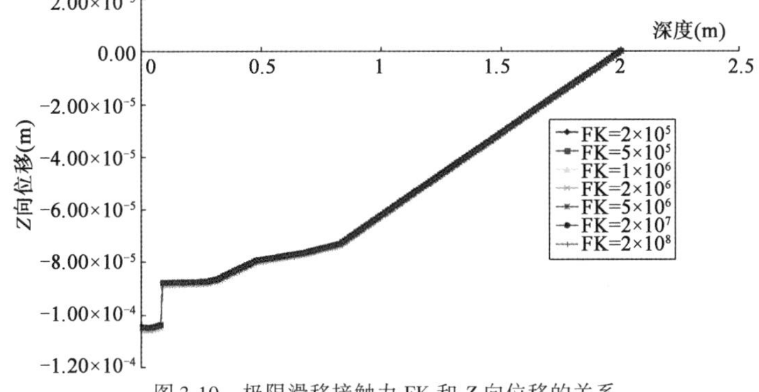

图 3-10　极限滑移接触力 FK 和 Z 向位移的关系

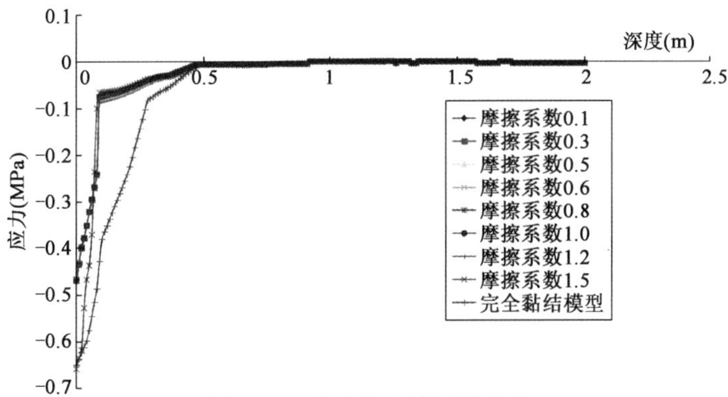

图 3-11　Z 向应力和摩擦系数关系

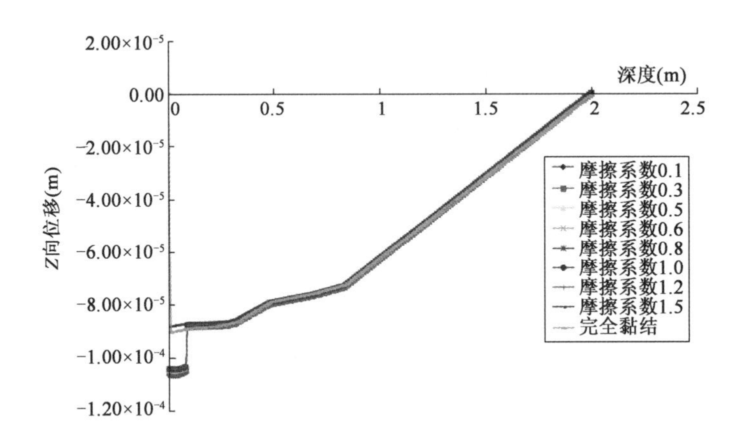

图 3-12　*Z* 向位移和摩擦系数关系

从图 3-9 ~ 图 3-12 可以看出，*Z* 向位移和应力对 FK 的变化不敏感，其变形和位移在不同 FK 作用下是一致的。这是因为本书分析产生的拉应力远小于材料的破坏强度，产生的最大拉应力远小于 FK，因而其变化对分析不产生影响。

从图 3-11、图 3-12 可以看出，只有摩擦系数为 1.5 时，其受力和位移模式和完全黏结板接近。受不利加载影响（板边中心加载），薄板如果黏结程度不好（摩擦系数 <1.5），薄板均容易产生滑移。因而，薄板和原有混凝土板的黏结问题成为加铺效果好坏的技术关键。图 3-13 为接触模型的变形情况，从图中可以明显看出，面板发生了相对滑移错动。为了体现材料的接触性能，本书分析选用 FK $=2$MPa、$\mu=0.6$ 作为后续分析参数。

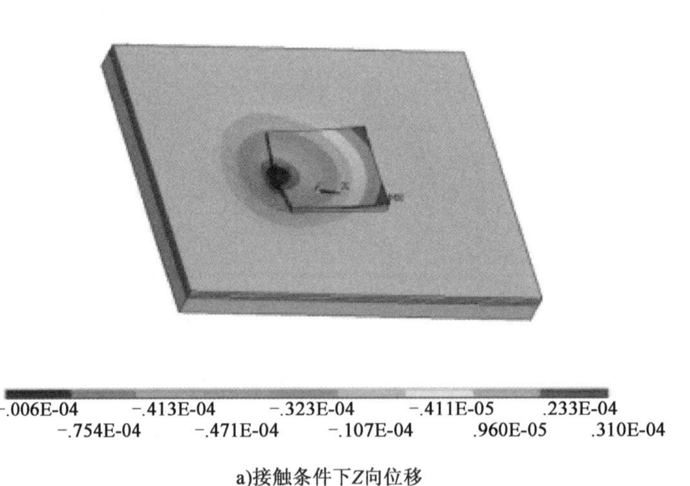

a)接触条件下Z向位移

图　3-13

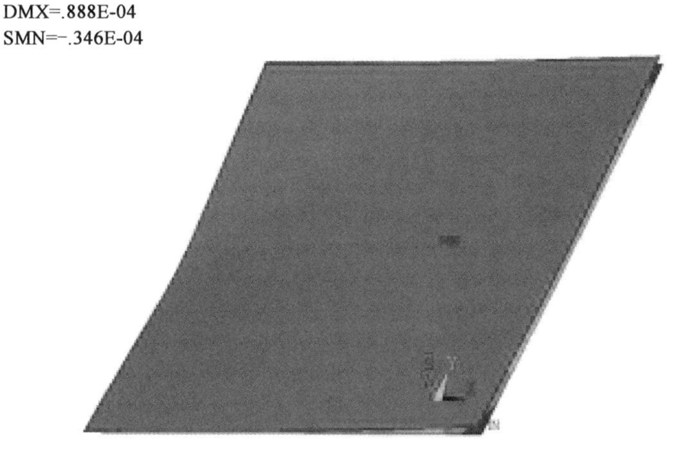

b)接触面张开情况

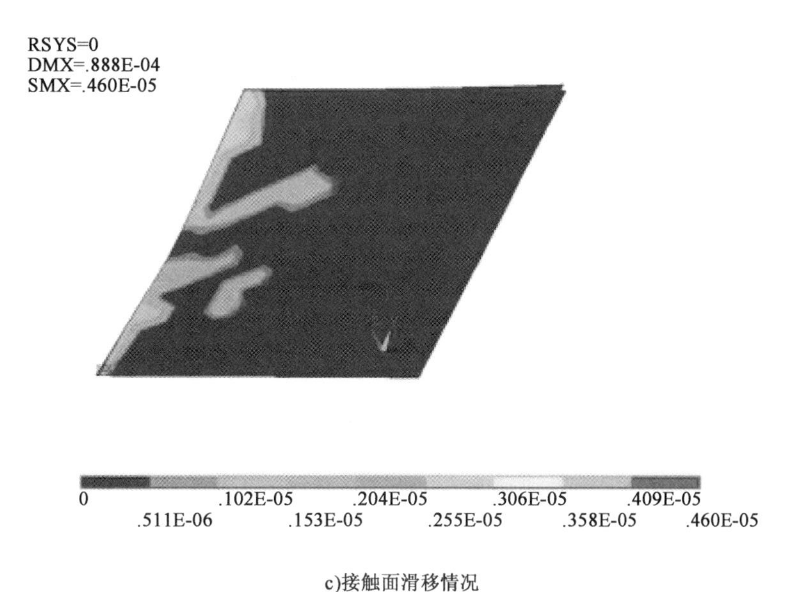

c)接触面滑移情况

图 3-13　接触条件下面板的变形情况

从图 3-14 ~ 图 3-17 和表 3-2 结果可以看出,随着加铺层厚度增加,层底拉应力逐渐减小,当厚度超过 14cm 时,拉应力稍微有所增大。最小拉应力出现在厚度为 12cm 的薄板上。8cm 薄板在 1.75MPa 荷载作用下拉应力最大,为 0.48MPa。12cm 薄板相应只有 0.14MPa,8cm 加铺板的拉应力几乎是 12cm 板的 3 倍。通过比较接触面板和黏合板的应力和位移,发现接触板和黏合板的位移趋势较一致,但是应力在接触面发生较大跳转。8cm 薄板的受力模式不同于 10 ~ 14cm 薄板,对于 8cm 加铺薄板而言,其受力一致减小,而 10cm 以上加铺层,在接触面之上其应力是先增大后减小,可见 10cm 以上加铺层具有较好的应力扩散作用。可以认为在 8 ~ 10cm 之间存在一个门槛值,使得受力模式发生偏转,因而建议薄板的厚度最好在 10cm 以上。

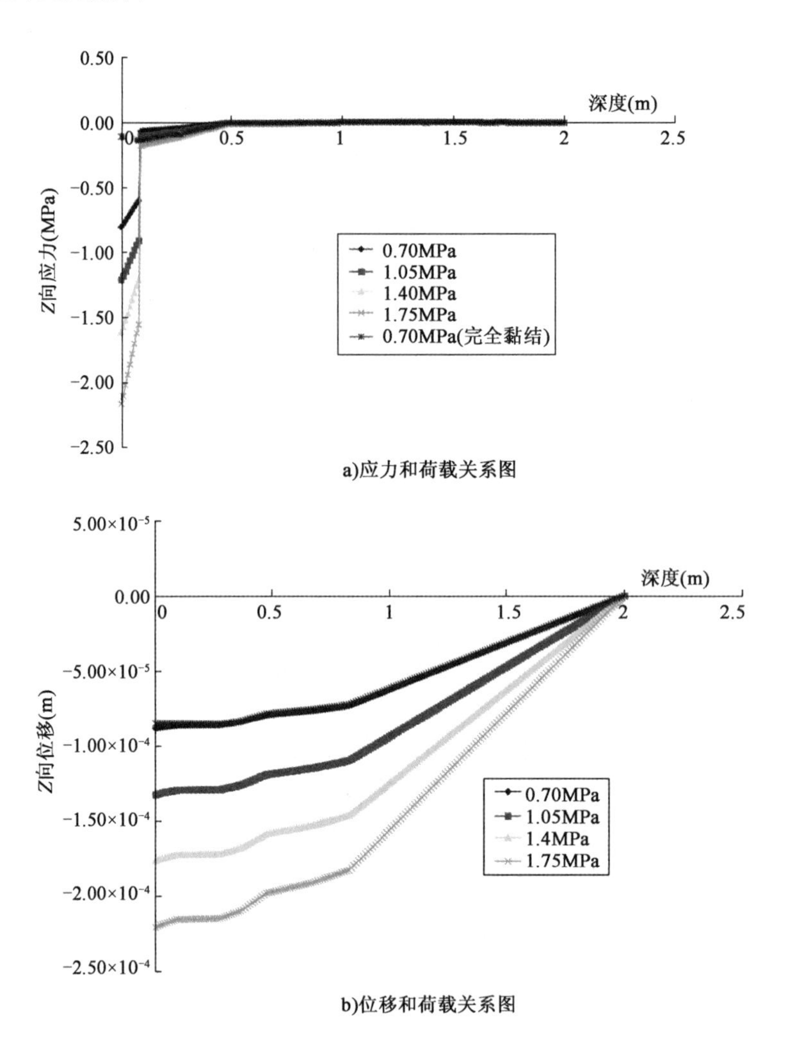

a)应力和荷载关系图

b)位移和荷载关系图

图 3-14 板厚 8cm 时荷载应力和位移图

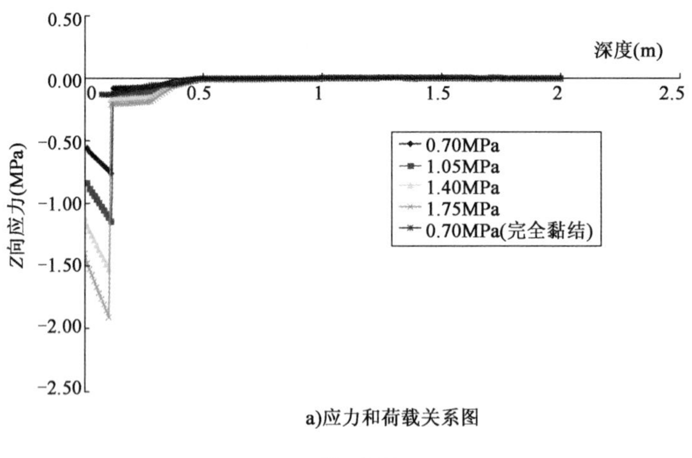

a)应力和荷载关系图

图 3-15

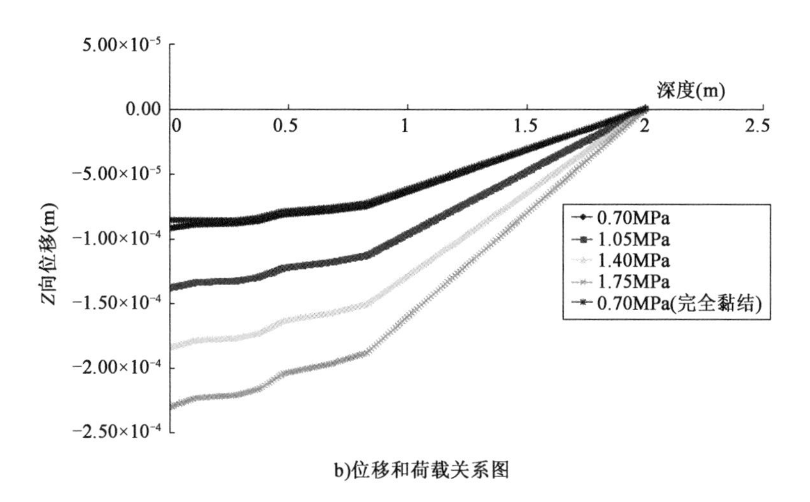

b)位移和荷载关系图

图 3-15 板厚 10cm 时荷载应力和位移图

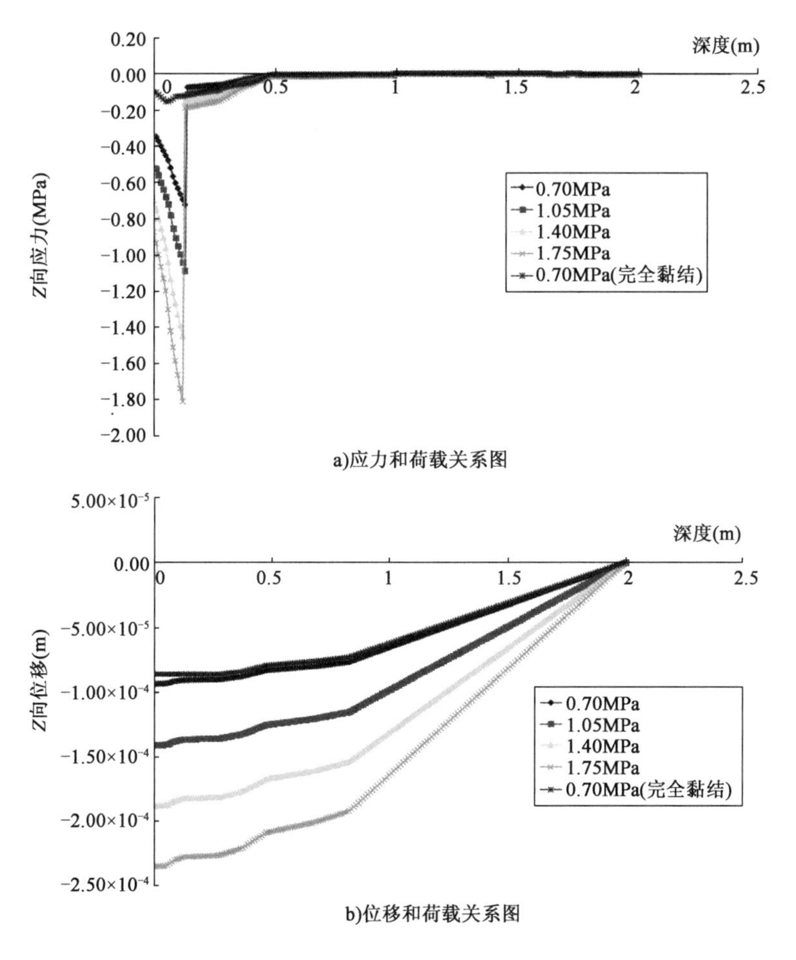

a)应力和荷载关系图

b)位移和荷载关系图

图 3-16 板厚 12cm 时荷载应力和位移图

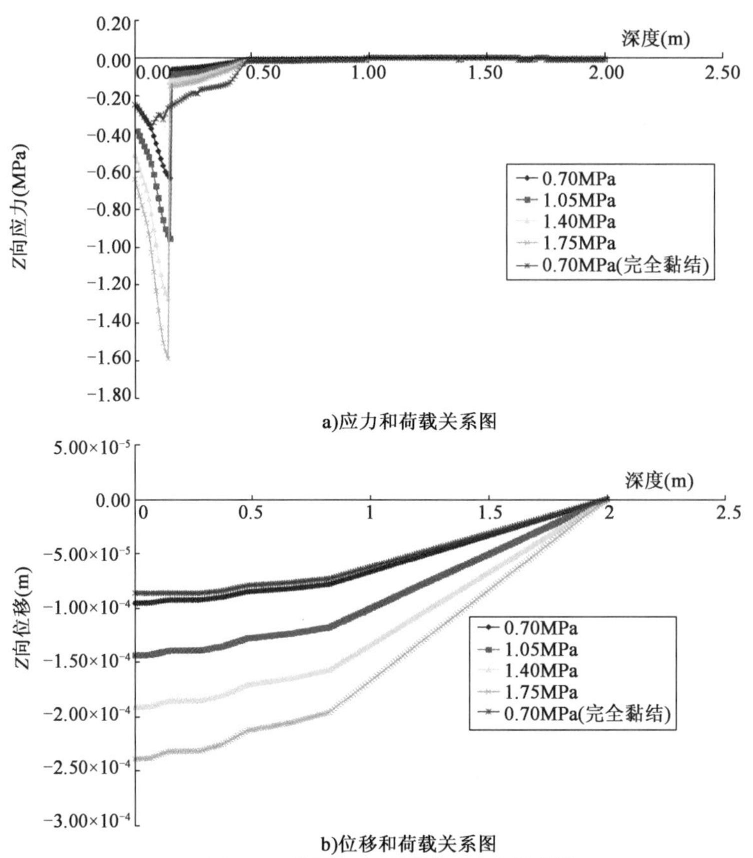

a)应力和荷载关系图

b)位移和荷载关系图

图 3-17　板厚 14cm 时荷载应力和位移图

不同加铺层厚度下模型的最大最小应力(SZ)　　表 3-2

厚度 8cm			厚度 12cm		
荷载(MPa)	压应力(MPa)	拉应力(MPa)	荷载(MPa)	压应力(MPa)	拉应力(MPa)
0.70	-1.541	0.185	0.70	-1.770	0.058
1.05	-2.310	0.278	1.05	-2.651	0.086
1.40	-3.082	0.371	1.40	-3.532	0.115
1.75	-3.891	0.478	1.75	-4.423	0.144
厚度 10cm			厚度 14cm		
荷载(MPa)	压应力(MPa)	拉应力(MPa)	荷载(MPa)	压应力(MPa)	拉应力(MPa)
0.70	-2.392	0.163	0.70	-1.281	0.084
1.05	-3.583	0.245	1.05	-1.922	0.125
1.40	-4.782	0.326	1.40	-2.551	0.167
1.75	-5.971	0.408	1.75	-3.193	0.209

3.3.2　变厚度加铺层混凝土模型分析

分析混凝土变厚度加铺,加铺厚度在水泥混凝土板长方向上厚度变化分别为 8 ~ 10cm、8 ~ 12cm、8 ~ 14cm、10 ~ 14cm 四种,变化采用渐进变化的模式。因为在面板铺筑中如果出现台阶变化,容易导致应力集中现象,从而导致断板,这在工程中是不允许的。首先分析全黏结模型。

通过对不同变厚度加铺板的数值模拟,可以发现,对于黏结加铺混凝土板,不同变厚度的加铺效果是一致的,所得结果非常接近。这是因为加铺板和原混凝土板黏结在一起后,形成一个整体,其力学性能和整体混凝土板是一致的。图3-18～图3-20为计算结果图,对于薄层罩面的有限元分析,主要分析行车荷载作用下路面板的拉压应力,因为在正压力作用下,混凝土面板的剪切应力相对较低,主要担心的是在轮载作用下混凝土板张拉应力过大引起混凝土板的断裂。分析结果表明,即使是1.75MPa的超载应力作用下,其混凝土底板的最大拉应力也不超过0.13MPa,可见其拉应力水平是很低的。混凝土板所受的最大压应力和其作用的荷载基本一致。表3-3的结果也表明,不同加铺厚度所得应力值基本一致,所产生的细微不同是由于不同变厚度加铺层网格划分不一致所致。

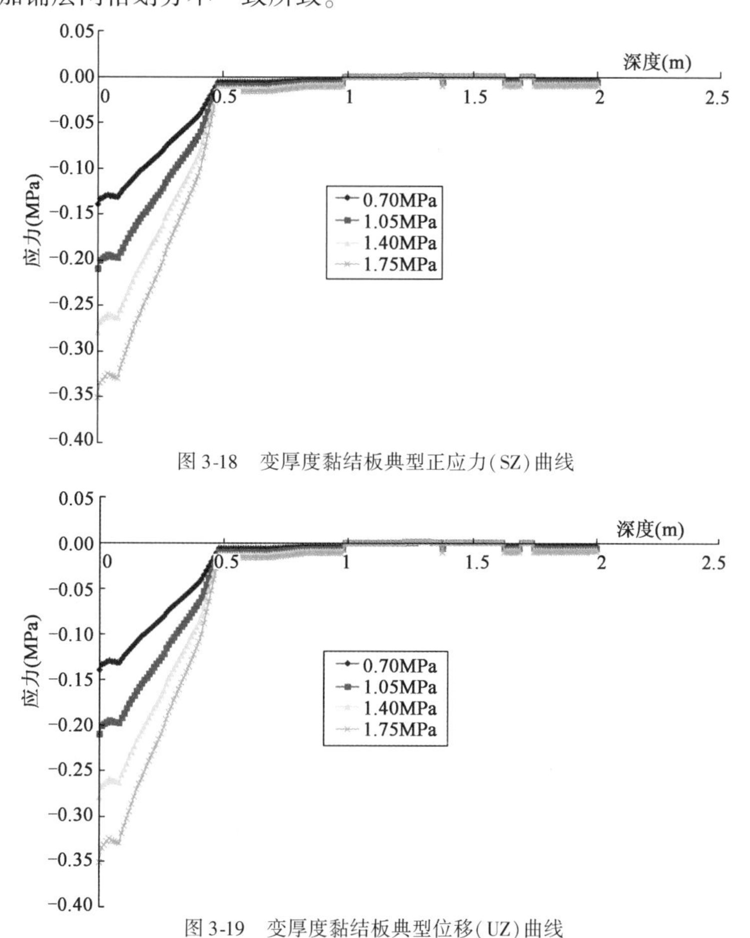

图3-18　变厚度黏结板典型正应力(SZ)曲线

图3-19　变厚度黏结板典型位移(UZ)曲线

不同加铺层厚度下模型的最大最小应力(Pa)　　表3-3

厚度8～10cm			厚度8～14cm		
荷载(MPa)	压应力(MPa)	拉应力(MPa)	荷载(MPa)	压应力(MPa)	拉应力(MPa)
0.70	-0.645	5.28×10^4	0.70	-0.696	0.053
1.05	-0.967	7.91×10^4	1.05	-1.041	0.079
1.40	-1.290	1.05×10^5	1.40	-1.392	0.105
1.75	-1.611	1.32×10^5	1.75	-1.744	0.132

续上表

厚度 8 ~ 12cm			厚度 10 ~ 14cm		
荷载(MPa)	压应力(MPa)	拉应力(MPa)	荷载(MPa)	压应力(MPa)	拉应力(MPa)
0.70	-0.634	0.053	0.70	-0.691	0.050
1.05	-0.951	0.080	1.05	-1.041	0.075
1.40	-1.270	0.106	1.40	-1.382	0.100
1.75	-1.582	0.133	1.75	-1.730	0.125

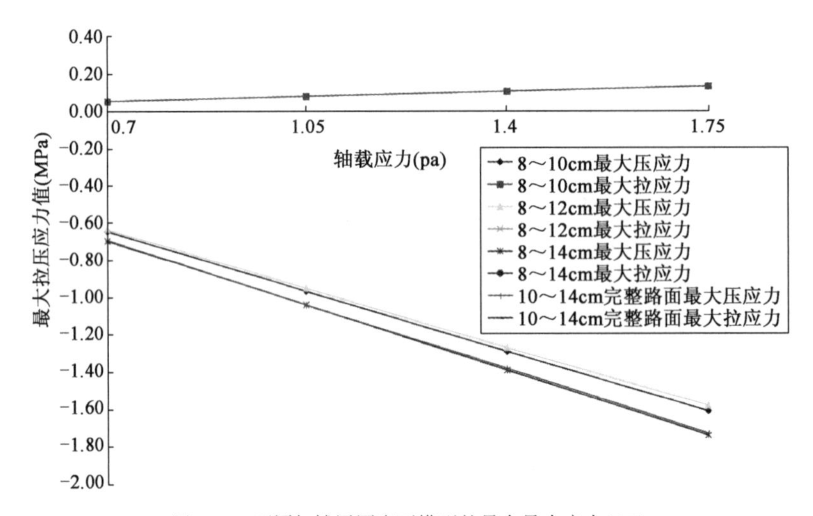

图 3-20　不同加铺层厚度下模型的最大最小应力(SZ)

3.3.3　变厚度接触模型

针对变厚度接触模型的分析，加铺层厚度和黏结模型一致，为 8 ~ 10cm、8 ~ 12cm、8 ~ 14cm、10 ~ 14cm 四种加铺结构。分析选用 FK = 2.0MPa、μ = 0.6 作为接触分析参数。如图 3-21 ~ 图 3-24 和表 3-4 所示。

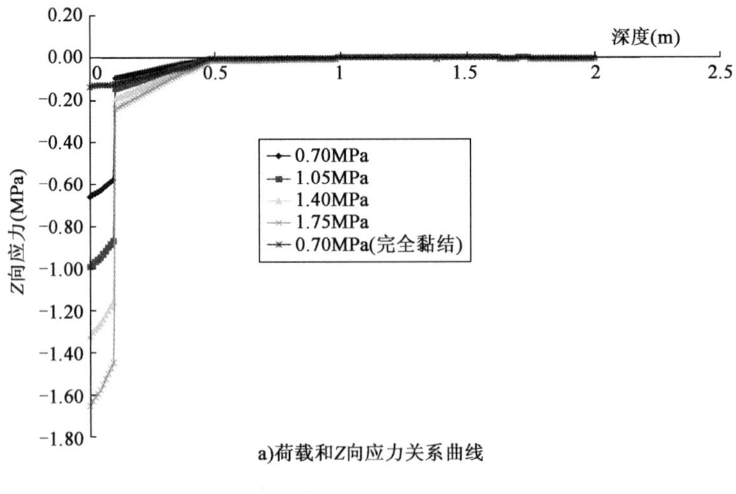

a)荷载和Z向应力关系曲线

图　3-21

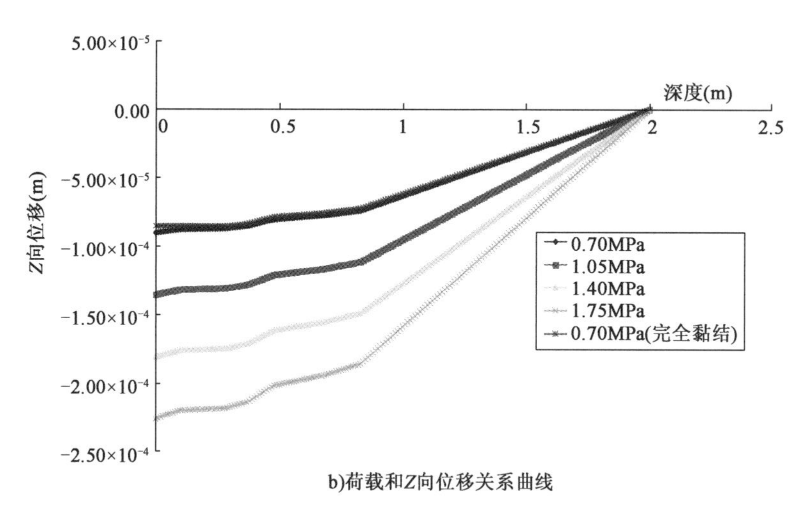

图 3-21 板厚 8 ~ 10cm 时荷载应力和位移图

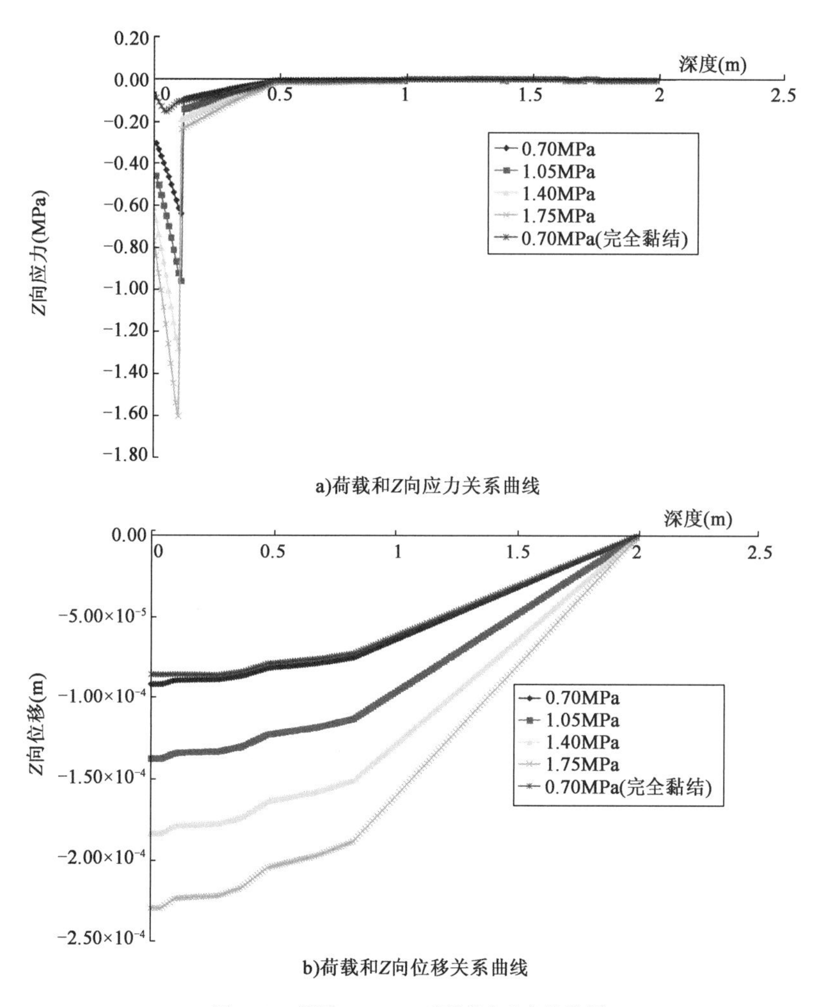

图 3-22 板厚 8 ~ 12cm 时荷载应力和位移图

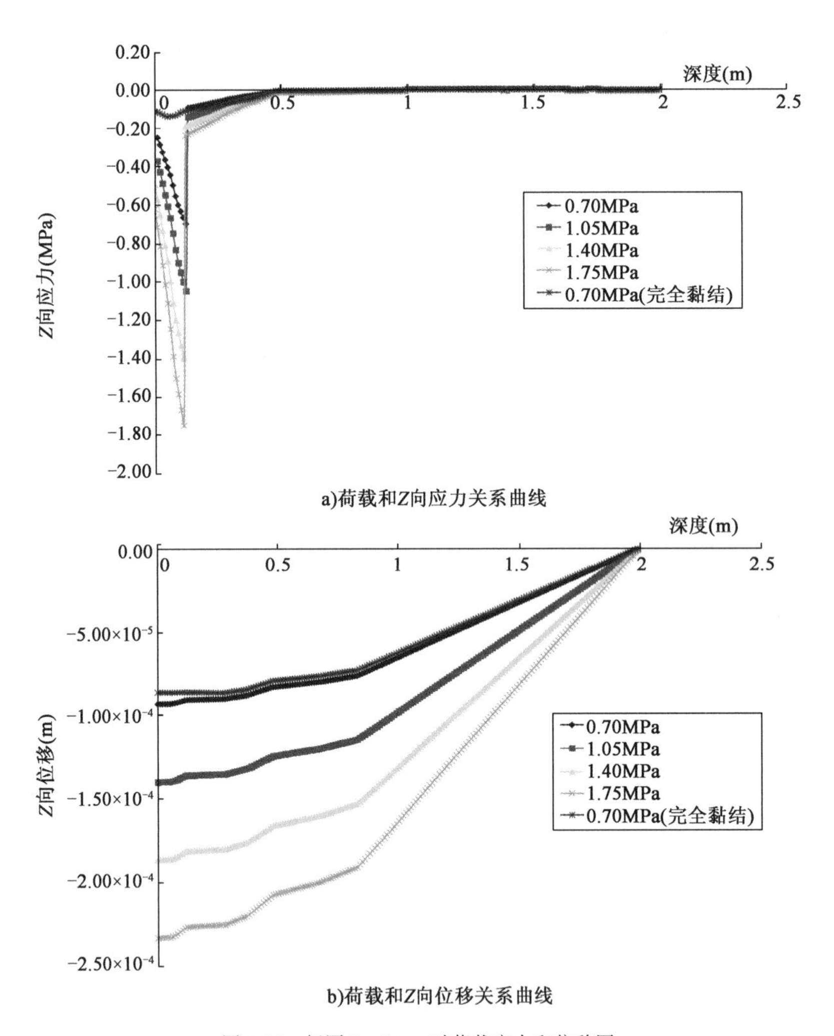

a)荷载和Z向应力关系曲线

b)荷载和Z向位移关系曲线

图 3-23　板厚 8 ~ 14cm 时荷载应力和位移图

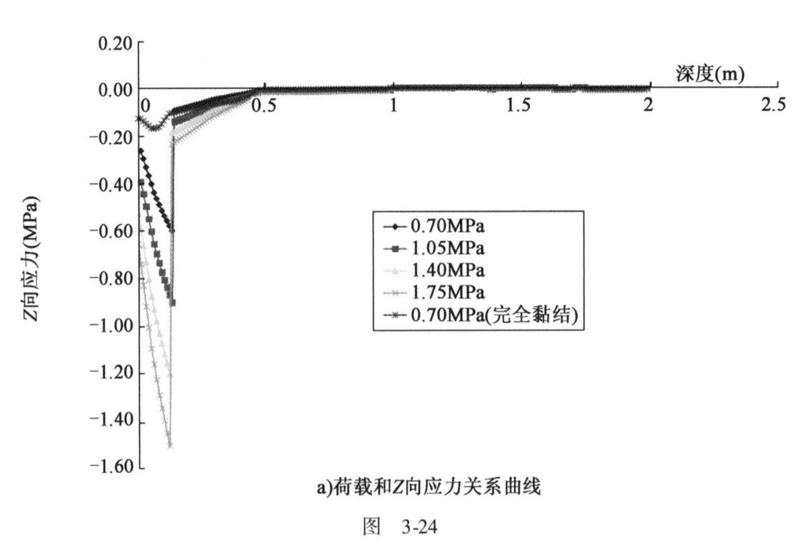

a)荷载和Z向应力关系曲线

图　3-24

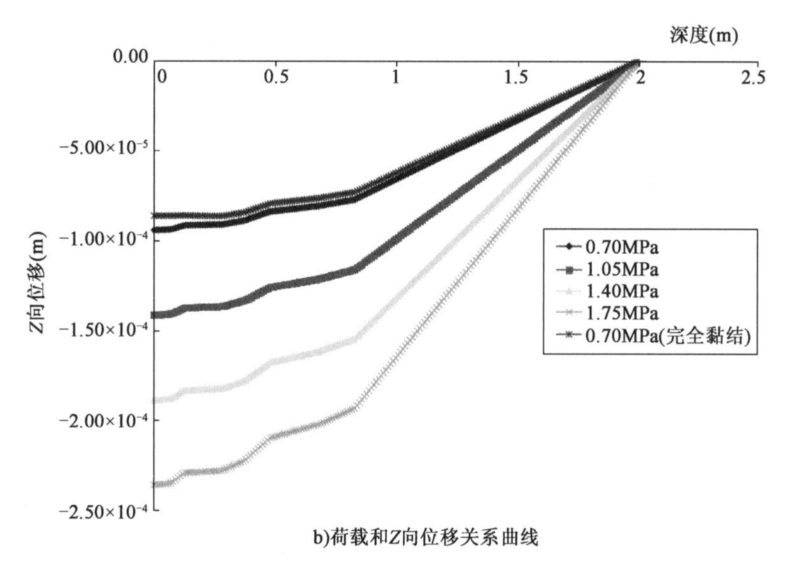

b)荷载和Z向位移关系曲线

图3-24 板厚10~14cm时荷载应力和位移图

不同加铺层厚度下模型的最大最小应力(SZ) 表3-4

厚度8~10cm			厚度8~14cm		
荷载(MPa)	压应力(MPa)	拉应力(MPa)	荷载(MPa)	压应力(MPa)	拉应力(MPa)
0.70	-1.621	0.104	0.70	-1.641	0.174
1.05	-2.420	0.156	1.05	-2.462	0.261
1.40	-3.233	0.208	1.40	-3.270	0.348
1.75	-4.042	0.260	1.75	-4.563	0.437
厚度8~12cm			厚度10~14cm		
荷载(MPa)	压应力(MPa)	拉应力(MPa)	荷载(MPa)	压应力(MPa)	拉应力(MPa)
0.70	-1.50×10^6	0.072	0.70	-1.751	0.046
1.05	-2.25×10^6	0.108	1.05	-2.624	0.070
1.40	-3.00×10^6	0.144	1.40	-3.503	0.093
1.75	-3.87×10^6	0.273	1.75	-5.142	0.158

从以上结果可以看出,接触层的层底拉应力随厚度变化幅度增加而增大。拉应力最大值出现在薄板厚度变化在8~14cm时,为0.43MPa;在10~14cm时,拉应力最大值只有0.16MPa。可见,适当增加加铺层厚度,对于减少层底拉应变具有较好的作用。同时注意到8~10cm加铺层的拉应力相应的要大于8~12cm的薄层变厚度薄板。不同变厚度板在接触面上应力均产生较大的应力梯度,特别是8~10cm的薄板,其受力模式明显不同于其他厚度的变厚度板。同时,发现其位移模式几乎一致,说明位移在接触面上保持了一致性。但是应力梯度的增加势必导致面板易受剪切破坏。因而,建议增加面板之间的黏合性。图3-25为1.75MPa荷载作用时加铺层的受力图,从图中可以看出,在轮迹带两侧产生较大的压应力,为4.0MPa,是荷载的2.3倍。这和黏结板不同,黏结板的压应力不超过荷载值,说明接触滑移发生对薄板的受力模式产生了影响,容易导致轮迹两侧出现压碎破坏。

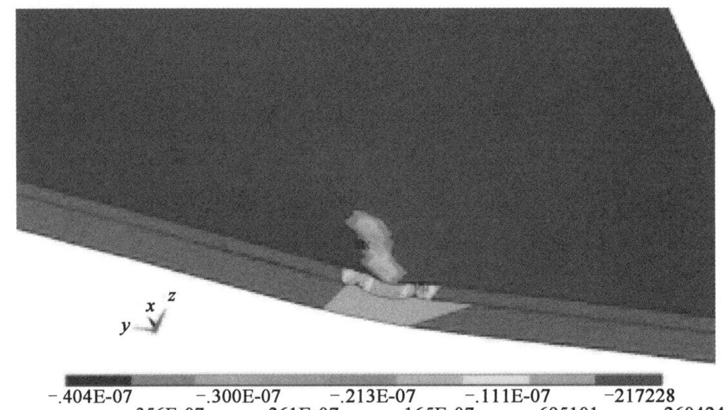

图 3-25　板厚 8 ~ 10cm 时荷载应力图

3.4　本 章 小 结

通过对薄层加铺混凝土板的有限元分析，主要结论如下：

（1）无论薄层混凝土板是等厚加铺还是变厚度加铺，如果黏结紧密（完全黏结），其受力模式和整块混凝土面板一致，因而能很好地抵抗路面荷载作用。混凝土薄层罩面厚度根据集料的情况，加铺层最小厚度可达到 5cm。

（2）若混凝土面板存在接触，即加铺层和原混凝土面板未能完全黏结，板厚不同，其受力变化也比较明显。对于 8cm 厚混凝土薄板，在接触条件下，其受力状况较差，不能对行车荷载进行有效扩散，因而容易导致应力集中程度较高。而且较薄的面板，一旦出现接触，容易产生搓衣板效应，因而建议混凝土薄板的厚度为 10cm 作为临界厚度。

（3）通过对混凝土薄板接触参数的分析，发现接触摩擦系数对混凝土薄板的加铺效果影响较大，而极限接触应力的影响很小。要得到很好的加铺效果，层间的接触摩擦系数应不小于 1.5。因而尽量增加层间黏结系数，使得新旧混凝土能够黏合成一个整体，是薄层罩面加铺的关键所在。

（4）变厚度加铺的分析结果和等厚加铺类似，8 ~ 10cm 加铺层厚度容易导致路面板受力集中，建议采用 10 ~ 12cm 作为变厚度加铺的临界层厚。同时，接触层的层底拉应力随厚度变化幅度增加而增大，8 ~ 14cm 的变厚度层底拉应力最大。因而，加铺时最好采用缓和过渡的方式。同时，由于接触的存在，轮迹两侧容易出现压应力集中，因而加铺时尽量采取措施增加层间的粗糙度，从而增加层间的摩擦系数，达到完美的加铺效果。

第4章　薄层混凝土罩面材料开发研究

4.1　外掺料选用和配合比设计

4.1.1　配合比设计方法

薄层水泥混凝土与普通水泥混凝土有着很大的相似性，但薄层水泥混凝土路面板较普通水泥混凝土路面板更薄，侧重的性能指标和技术指标必然存在不同，同时其材料组成设计没有相应的单独设计规范或指南及施工规范，本书薄层水泥混凝土组成设计将参照《公路水泥混凝土路面设计规范》(JTG D40—2011)。

对混凝土混合料组成设计方法的理论研究，国内外都做过较深入的工作，并取得了较多成果。俄罗斯采用的最大填充理论，即引入两个填充系数，一个是砂浆填充粗集料系数，另一个是水泥浆填充集料的系数。美国多采用美国混凝土配合比规范(ACI INTERANTIONAL)中的方法(简称“ACI法”)，即认为干燥捣实粗集料容积与混凝土总体积存在一个最佳比率，这个比率只与集料的最大粒径和细集料的级配有关，与粗集料颗粒的形状无直接关系。英国混凝土混合料的配合比设计与美国的ACI法大同小异，只是英国方法更加明确地考虑了混凝土的变异性。日本的混凝土配合比强调经验法。我国普通混凝土配合比设计主要采用鲍氏经验法，并以抗压强度为设计指标。随着路面混凝土使用要求的不断提高、检测技术的不断进步，路面混凝土的配合比设计正处在不断修正与探索之中。目前，路面混凝土对强度的控制指标是弯拉强度，路面混凝土配合比设计主要采用两种方法：其一是经验公式法，其二是正交试验法。由于混凝土材料的变异性、使用要求的复杂性以及施工水平的差异性，配合比设计方法始终还停留在经验的基础上。超薄罩面层的配合比设计方法也是如此，国内外目前尚无一个关于超薄层混凝土配合比设计程式化的方法。本书认为薄层混凝土配合比设计方法可以建立在普通混凝土配合比设计方法的基础之上，并加以修改、完善，得到适合于高性能路面混凝土的半经验半理论的设计方法。

4.1.2　原材料选用及试验方法

4.1.2.1　水泥

水泥的质量将直接影响混凝土路面的强度、体积稳定性和耐久性等关键性质，对配制薄层混凝土所用水泥的性能应具有更高的要求，除了水泥的活性(标号)以外，应考虑其化学成分、细度、粒径分布甚至微量成分的影响，以及水泥加水后的早期水化。

水泥基本指标应符合《公路水泥混凝土路面施工技术细则》(JTG/T F30—2014)规定的指标要求。本书在研究过程中选用P.O.42.5R水泥，其有关性能见表4-1、表4-2。

P.O.42.5R 水泥物理力学性能 表 4-1

检验项目		标准要求	检验结果
细度(80μm)		筛余量不得 > 10%	0.1
标准稠度用水量(%)		—	27.2
凝结时间	初凝(min)	不得早于 1.5h	210
	终凝(min)	不得迟于 10h	315
安定性(沸煮法)		必须合格	合格
项目	龄期	标准要求	平均强度(MPa)
抗压强度(MPa)	3d	16.0	21.4
	28d	42.5	45.6
抗折强度(MPa)	3d	3.5	5.6
	28d	6.5	8.7

P.O.42.5R 水泥熟料的化学成分 表 4-2

品种	熟料的化学成分(%)						
	CaO	SiO_2	AL_2O_3	Fe_2O_3	TiO_2	MgO	SO_3
地维 P.O.42.5R	58.69	21.45	6.28	3.85	0.45	3.01	1.96

4.1.2.2 集料

1)粗集料

粗集料是水泥混凝土中用量最大的单项材料,粗集料在混凝土中形成骨架,其嵌锁和挤压力是薄层路面混凝土弯拉强度的重要保证,因此粗集料应质地坚硬、耐久、洁净。

配制薄层路面混凝土用粗集料的级配范围应满足《公路水泥混凝土路面施工技术细则》(JTG/T F30—2014)中规定的级配范围。

本书使用的粗集料,其筛分试验结果见表 4-3。

粗集料筛分试验结果 表 4-3

项目		平均	规范要求
筛孔尺寸(mm)		累计筛余(%)	累计筛余(%)
水洗后干筛法筛分	37.5	0	0
	31.5	0.7	0~5
	26.5	22.3	20~35
	19	43.2	40~60
	16	67.4	60~75
	9.5	84.7	75~90
	4.75	99.3	90~100
	2.36	99.5	95~100

从上表可以看出,粗集料级别满足规范《公路水泥混凝土路面施工技术细则》(JTG/T F30—2014)中Ⅱ级的要求。粗集料的性能试验见表 4-4。

粗集料基本性能 表 4-4

项　目	技术要求	试验结果	项　目	技术要求	试验结果
压碎值(%)	<15	8.9	表观密度(kg/m³)	>2500	2630
针片状含量(%)	<15	4.9	松散堆积密度(kg/m³)	>1350	1410
含泥量(%)	<1.0	0.15	空隙率(%)	<47	40.9
泥块含量	<0.2	0			

从表 4-4 中可以看出,粗集料的压碎值、针片状含量和含泥量均符合《公路水泥混凝土路面施工技术细则》(JTG/T F30—2014)的要求。

2)细集料

细集料在水泥混凝土中,除起填充作用外,还对水泥混凝土的耐磨性具有举足轻重的作用。而提高罩面抗滑能力的工艺措施,如压槽、拉槽和刻槽等都要在砂浆层形成沟槽,如果细集料与水泥胶结性差,罩面的抗滑性也会大大降低。故必须对细集料性能进行检验,从而选择合适的细集料。

为了紧密结合工程实际,本书研究采用的细集料均来自广东梅河高速公路沿线常用的广东中砂,该砂细度模数为 2.9,属于Ⅱ区中砂,筛分试验结果见表 4-5,级配曲线见图 4-1。

砂的筛分结果 表 4-5

砂源	筛孔尺寸(mm)/累计筛余(%)							细度模数
	4.75	2.36	1.18	0.6	0.3	0.15	0.075	
广东	4.1	15.5	34.2	62.6	89.3	99.4	99.8	2.9

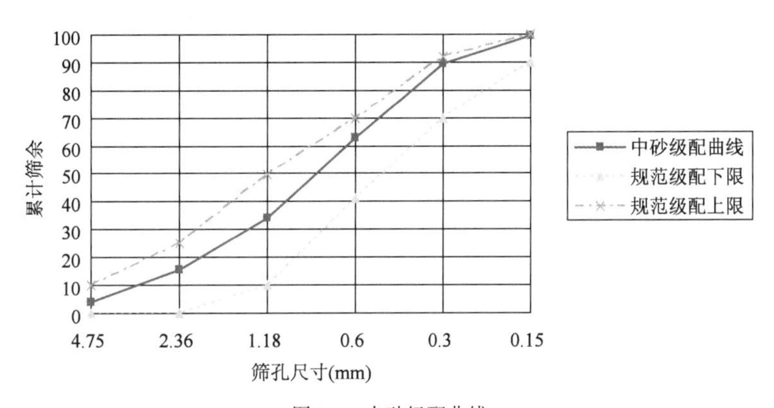

图 4-1 中砂级配曲线

从表 4-5 和图 4-1 级配曲线可以看到,中砂级配曲线在规范级配上限和级配下限之间,符合《公路水泥混凝土路面施工技术细则》(JTG/T F30—2014)的规定。

4.1.2.3 外掺材料——外加剂

为了快速通车,我们选择 1d 与 3d 能够通车的早强外加剂应用于薄层混凝土中,另外考虑运距与价格等各种因素的影响,对上述外加剂进行了初步的筛选,最终选择了五种早强外加剂[QW-1(A)、FDN-1000、LW-2、ZWL-VI、LW-1]进行优选对比试验,见表 4-6、表 4-7。

早强外加剂(1d 通车要求)　表 4-6

早强剂种类	产　地	主要性状与性能	推荐掺量
QW-1(A)	大连	棕色粉末,减水、早强	3%
FDN-1000	湛江	灰色粉末,减水、早强	0.8%
LW-2	重庆	棕色粉末,减水、早强	1.8%

早强外加剂推荐掺量(3d 通车要求)　表 4-7

早强剂种类	产　地	主要性状与性能	推荐掺量
ZWL-VI	浙江	灰色粉末,减水、早强	3%
QW-1(A)	大连	棕色粉末,减水、早强	2.5%
LW-1	重庆	棕色粉末,减水、早强	1.5%

根据各种早强减水剂使用说明书提出的推荐掺量,在相同条件(使用的水泥、石子、砂子、水相同,水泥混凝土配合比相同,而且其他试验条件也基本相同)下,进行了 C30 水泥混凝土抗压强度等性能的实验室室内试验研究,所用原材料与前面相同。

通过对上面五种外加剂的试验,综合考虑其性能与价格等方面的因素,本书课题最终选用 LW-1 早强减水剂,因为 LW-1 早强减水剂具有以下优点:在不影响初凝时间下,达到 3d 早强通车的目的,并且使混凝土的耐磨性优于同等条件下的普通混凝土,同时其抗渗、抗冻、耐久性有显著提高。

4.1.2.4　外掺材料——纤维

纤维会在水泥混凝土中形成乱向支撑体系,产生一种二次加强效果,能够有效地减少混凝土的早期泌水,降低混凝土的孔隙率,并且减少混凝土的早期干缩、塑性裂缝,阻止混凝土发生沉降裂缝,从而较大幅度地改善混凝土的抗裂性和抗渗性。纤维的掺加不影响水泥混凝土的和易性和凝结时间,对混凝土的抗压强度影响不大,对混凝土早期抗折强度有所提高,但对后期抗折强度影响较小。同时纤维能提高混凝土的早期抗裂性能,后期的抗裂性能基本上取决混凝土本身的性能。

由于工程中用到的纤维材料种类繁多,最主要的可以分为高弹性模量纤维和低弹性模量纤维。本书选用钢纤维作为高弹性模量纤维,选用聚丙烯腈纤维作为低弹性模量纤维。

(1)聚丙烯腈纤维

收集国内聚丙烯腈纤维资料,经过对比分析,聚丙烯腈采用水泥混凝土增强纤维。技术参数见表 4-8。

聚丙烯腈纤维的技术参数　表 4-8

<table>
<tr><td>纤度(dtex)</td><td>1.5</td><td>长度(mm)</td><td>12</td></tr>
<tr><td>直径(μm)</td><td>15</td><td>密度(g/cm³)</td><td>1.18</td></tr>
<tr><td>色泽</td><td>光亮、白色</td><td>抗拉强度(MPa)</td><td>大于 500</td></tr>
<tr><td>断裂伸长(%)</td><td>20~26</td><td colspan="2" rowspan="2">每公斤纤维根数 5.6 亿</td></tr>
<tr><td>弹性模量(GPa)</td><td>12~17.1</td></tr>
<tr><td>抗酸性</td><td>良好</td><td>耐光性</td><td>良好</td></tr>
<tr><td>抗碱性</td><td>良好</td><td>耐温性</td><td>良好</td></tr>
<tr><td>抗水解性</td><td>良好</td><td>含水率</td><td>最大 2%</td></tr>
</table>

该纤维具有如下优点:可以有效地抑制混凝土早期的塑性裂缝和干缩裂缝;提高纤维混凝土的韧性及抗冲击性能;进而提高混凝土的抗冻性、抗渗性等耐久性能;在混凝土中的作用是通过物理作用实现的,与混凝土中的集料、外加剂、掺合料和水泥都不会有任何冲突,对搅拌设备,搅拌及施工工艺也无特别要求,只需适当延长搅拌时间即可使用,无论是在混凝土搅拌站还是施工现场都特别简单。

(2)钢纤维

钢纤维采用波纹剪切型钢纤维。该钢纤维产品技术参数见表4-9,符合中国工程建设标准化协会标准《纤维混凝土结构技术规程》(CECS 38—2004)规定的要求。

钢纤维的技术参数 表4-9

纤维种类	长度(mm)	等效直径(mm)	长径比	抗拉强度(MPa)	弹性模量(GPa)	拉伸极限
波浪剪切型	31	0.7	44	650	200	0.50% ~3.5%

4.1.3 薄层水泥混凝土配合比研究

4.1.3.1 配合比设计要求

薄层水泥混凝土罩面,配比设计不同于常规静载结构的混凝土,不仅技术指标不同,而且有些要求要严格得多,应满足施工工作性、强度(主要是弯拉强度)、耐久性、经济合理性的要求。

薄层水泥混凝土罩面配合比设计须满足以下要求:

(1)满足混凝土路面板结构设计弯拉强度的要求。

(2)满足优良的工作性要求:根据室内试验和施工现场试验研究,新拌混凝土在施工坍落度不小于5cm的条件下可振捣密实,做面方便,不出现蜂窝、麻面现象,平整度较好。

(3)快硬早强,达到3d通车的目的。

(4)小变形性能,较低抗折弹性模量,较小的路面结构刚度,较小的温度变形系数和较低的干缩变形量,保证接缝处具有较小的温、湿度变形伸缩量,并保持面板具有较小的温、湿度翘曲变形和较低的翘曲应力。

(5)满足耐久性要求:在各种物理力学作用和化学介质侵蚀下的耐久性,路面上普遍突出的是抗磨性、抗滑性及抗冻性。

(6)满足经济性要求:在满足所有路面混凝土工程性能条件下尽可能就地取材、经济实用。

4.1.3.2 配合比设计步骤和方法

1)试配强度

按弯拉强度的要求,根据规定的保证率和施工变异系数确定试配强度。

2)水灰比

(1)根据强度要求确定水灰比。

(2)根据耐久性要求确定水灰比。

由于混凝土的强度和耐久性要求存在着一定的内在联系，一般情况下，满足强度要求的混凝土，其耐久性也能满足。

在我国各交通等级路面混凝土满足耐久性要求的最大水灰（胶）比和最小单位水泥用量应符合表 4-10 的规定，最大单位水泥用量不宜大于 $400kg/m^3$。

混凝土满足耐久性要求的最大水灰（胶）比和最小单位水泥用量 表 4-10

公路技术等级		高速公路、一级公路	二级公路	三、四级公路
最大水灰（胶）比		0.44	0.46	0.48
抗盐冻要求最大水灰（胶）比		0.40	0.42	0.44
最小单位水泥用量（kg/m^3）	42.5 级	300	300	290
	32.5 级	310	310	305

3）单位用水量

按现行水泥混凝土路面施工技术规范规定，水泥混凝土粗集料用碎石，单位用水量用下列经验公式进行计算：

$$w_0 = 104.97 + 0.309S_L + 11.27\frac{c}{w} + 0.61S_p$$

式中：w_0——不掺外加剂与掺合料混凝土的单位用水量（kg/m^3）；

S_L——坍落度（mm）；

S_p——砂率（%）；

$\frac{c}{w}$——灰水比，水灰比的倒数。

4）砂率

我国《公路水泥混凝土路面施工技术细则》（JTG/T F30—2014）中规定按砂的细度模数确定砂率，并且给出了细度模数与合理砂率的关系。这是针对普通的混凝土而言，但对早强混凝土来讲，根据早强超薄混凝土的特点和施工工艺的要求，初步确定砂率为 34% ~38%。

5）砂石材料用量

计算方法一般有以下两种方法：

（1）假定表观密度法。

（2）绝对体积法。

4.1.3.3 配合比组成与分析

为了正交试验研究的方便，首先根据普通混凝土设计方法确定水灰比，再根据经验确定钢纤维用量和水用量，而粗、细集料用量采用假定表观密度法计算，最后在基准配合比的基础上确定各个因素的水平。

1）配合比初步计算

混凝土弯拉设计强度：5.0MPa；提高系数：1.15。

42.5 号普通硅酸盐水泥胶砂标准试件抗折强度 $f_s = 8.1MPa$。

计算所得配合比为：C（水泥）：W（水）：S（砂）：G（石）：F（钢纤维）＝400：164：777：1031：78.5。

外加剂的掺量通过坍落度试验确定，新拌混凝土的坍落度不小于35mm。对材料配合比进行调整，得到如下配合比：$C : W : S : G : Y : Z$(减水剂)＝400：164：777：1031：78.5：6。

2)正交试验设计

为了探讨钢纤维掺量、水泥用量、水灰比这些因素对薄层水泥混凝土抗压、弯拉强度的影响以及确定钢纤维混凝土各组分的最佳配合比，研究中设计了混凝土正交试验方案。

参考路面钢纤维水泥混凝土试验的有关经验资料，并根据基准配合比，钢纤维混凝土正交试验中各因素变化范围如下：水泥用量为380～440kg/m^3，纤维体积率为0～1.5%，水灰比为0.39～0.45。采用正交试验水平因素见表4-11。

钢纤维混凝土正交因素　表4-11

水平	因素		
	纤维体积率(%) A	水泥用量(kg/m^3) B	水灰比 C
1	0(1)	380(1)	0.37(1)
2	0.5(2)	400(2)	0.39(2)
3	1.0(3)	420(3)	0.41(3)
4	1.5(4)	440(4)	0.43(4)

4.1.3.4 试验结果分析及配合比优化

1)试验结果分析

试验测试结果见表4-12。

L16(43)正交试验方案与试验结果　表4-12

编号	纤维体积率(%) A	水泥用量(kg/m^3) B	水灰比 C	抗压强度(MPa)		弯拉强度(MPa)
				7d	28d	28d
X1	0(1)	380(1)	0.37(1)	40.2	43.9	7.07
X2	0(1)	400(2)	0.39(2)	43.0	47.7	7.02
X3	0(1)	420(3)	0.41(3)	35.2	43.2	6.35
X4	0(1)	440(4)	0.43(4)	33.5	45.3	6.29
X5	0.5(2)	380(1)	0.39(2)	31.6	42.7	7.42
X6	0.5(2)	400(2)	0.37(1)	43.1	43.6	7.60
X7	0.5(2)	420(3)	0.43(4)	24.7	37.4	6.72
X8	0.5(2)	440(4)	0.41(3)	39.8	43.5	6.96
X9	1.0(3)	380(1)	0.41(3)	36	49.5	7.37
X10	1.0(3)	400(2)	0.43(4)	26.4	34.6	6.92
X11	1.0(3)	420(3)	0.37(1)	44.6	49.1	7.88
X12	1.0(3)	440(4)	0.39(2)	37.8	44.3	7.59
X13	1.5(4)	380(1)	0.43(4)	25.9	37	7.27
X14	1.5(4)	400(2)	0.41(3)	42.8	51.5	7.62
X15	1.5(4)	420(3)	0.39(2)	38.9	47.3	7.84
X16	1.5(4)	440(4)	0.37(1)	48.9	57.8	8.03

对表4-12中的抗压强度和弯拉强度的试验结果,运用直观法和方差法进行处理,结果见表4-13、表4-14。

直观法计算结果　表4-13

考核指标	7d抗压强度(MPa)			28d抗压强度(MPa)			28d弯拉强度(MPa)		
	A	B	C	A	B	C	A	B	C
$\overline{K_1}$	38.0	33.4	44.2	45.0	43.3	48.6	6.68	7.28	7.65
$\overline{K_2}$	34.8	38.8	37.8	41.8	44.4	45.5	7.18	7.29	7.47
$\overline{K_3}$	36.2	35.9	38.5	44.4	44.3	46.9	7.44	7.20	7.08
$\overline{K_4}$	39.1	40.0	27.6	48.4	47.7	38.6	7.69	7.22	6.80
R_i	4.3	6.6	16.6	6.6	4.4	10	1.01	0.09	0.85

注:$\overline{K_i}$代表所在列上的因素取i水平时,进行试验所得试验结果总和的平均值;R_X代表X因素所在列的极差,表达式为$R_i = \max\{K_i\} - \min\{K_i\}$。

方差法计算结果　表4-14

考核指标	方差来源	平方和	自由度	均方	F	F临界值
7d抗压强度	A纤维体积率	43.8	3.0	14.6	2.2	$F0.01(3,3)=29.46$ $F0.05(3,3)=9.28$ $F0.1(3,3)=5.4$
	B水泥用量	105.7	3.0	35.2	5.2	
	C水灰比	570.0	3.0	190.0	28.0*	
	其他因素	20.3	3.0	6.8		
	总和	739.9				
28d抗压强度	A纤维体积率	88.6	3.0	29.5	7.0	
	B水泥用量	45.4	3.0	15.1	3.6	
	C水灰比	232.6	3.0	77.5	18.4*	
	其他因素	12.6	3.0	4.2		
	总和	290.6				
28d弯拉强度	A纤维体积率	2.23	3.00	0.74	85.19*	
	B水泥用量	0.03	3.00	0.01	0.98	
	C水灰比	1.75	3.00	0.58	66.71*	
	其他因素	0.03	3.00	0.01		
	总和	4.03				

注:"*"代表因素对指标的影响显著,自由度是指对应列的水平数减1。

从表4-13中的R_i和表4-14中的F可知:

(1)对钢纤维混凝土的7d抗压强度影响强弱的因素排序为水灰比C>水泥用量B>钢纤维体积率A。其中水灰比显著影响7d抗压强度,而水泥用量次之,钢纤维体积率影响甚微。

(2)对钢纤维混凝土的28d抗压强度影响强弱的因素排序为水灰比C>钢纤维体积率A>水泥用量B。水灰比还是显著影响28d抗压强度,不过,钢纤维的纤维体积率的影响超过了水泥用量。但钢纤维体积率和水泥用量的影响仍不大。因此,钢纤维混凝土的抗压强度主要取决于基体混凝土的强度。

(3)而对钢纤维混凝土的28d弯拉强度影响强弱的因素排序为钢纤维体积率A > 水灰比C > 水泥用量B。其中,钢纤维体积率和水灰比显著影响弯拉强度。不过,钢纤维体积率的影响程度超过水灰比。因此,要提高钢纤维混凝土的弯拉强度,可以通过增大钢纤维体积率(在不影响水泥混凝土和易性的条件下)和降低水灰比。

(4)从表4-14中可看出,各考核指标最佳配合比为:7d抗压强度:$A_4B_4C_1$,28d抗压强度$A_4B_4C_1$,28d弯拉强度$A_4B_2C_1$。由于钢纤维混凝土主要应用于罩面上,故配合比以抗弯拉强度为设计指标,配合比采用$A_4B_2C_1$更合适。

2)最佳配合比

根据前面分析,从抗弯强度方面考虑,考核指标最优配合比为$A_4B_2C_1$,但是对照表4-12中的$A_4B_2C_3$弯拉强度,可知$A_4B_2C_1$的弯拉强度过高。在满足强度的同时,从经济和施工的角度考虑,钢纤维体积率应该为1.0%。这样可以节省成本,且便于施工,减少纤维搅拌不均匀、成团的概率,故选择$A_3B_2C_1$。

为了进一步验证最佳配合比,对$A_3B_2C_1$(即水泥400kg/m^3,水灰比为0.37,砂率为43%,纤维体积率为1.0%,早强减水剂为6kg/m^3)进行试验,所成型混凝土28d抗压强度为48.9MPa,弯拉强度为8.24MPa,这些指标已经满足工程要求。但在实际工程中,要根据具体原材料的情况进行适当调节。

4.1.4 本节结论

本书基于公路路基整体沉陷,待路基稳定后,需对原有的水泥混凝土旧路面进行修复的背景下,提出运用"白+白"薄层混凝土罩面技术进行修补,在这基础之上,重点研究了纤维材料在"白+白"薄层罩面上的试验研究,并选择适合工程需要的早强减水剂,达到薄层混凝土罩面尽早开放交通的目的。

通过外掺材料的选用研究、配合比设计研究、薄层混凝土力学性能及路用性能研究,得到如下结论:

(1)通过对国内多种早强型外加剂的对比研究和经济分析,LW-1与QW-1(A)早强减水剂用于3d开放交通具有较高的性价比,并且性能可靠。本书研究最终选用LW-1早强减水剂。在不影响初凝时间下,可达到3d早强通车的目的。LW-1早强减水剂技术指标满足现行《混凝土外加剂》(GB 8076)规定的要求。

(2)选择合适的纤维材料,可以有效地解决薄层混凝土路面易断裂、碎裂和磨损等问题。从试验分析中可以得出:聚丙烯腈纤维和钢纤维的加入主要是改善了混凝土的内在品质,提高了混凝土的抗冲击性、抗裂性,从而提高混凝土的耐久性,同时对提高混凝土的弯拉、劈裂强度也有一定的提高。

(3)考虑薄层纤维混凝土的力学和路用性能,纤维材料在薄层混凝土的掺加量会影响到罩面的性能。当聚丙烯腈纤维掺量为1.0kg/m^{3}左右时,各种性能才得以提高,纤维掺量过大或掺入方式不恰当,有时甚至会使强度降低。所以在工程应用中,务必要注意纤维的掺量和掺入方式。

(4)薄层混凝土中纤维的掺量可以通过正交试验设计的方法,或通过在混凝土中掺加一定量的纤维并与素混凝土性能的对比,获得合适的纤维掺量。

4.2 水泥混凝土接缝材料研究

水泥混凝土路面的早期损坏,一般与路面结构不合理、超载车影响及施工质量等因素有关,但不可否认,水损坏也是水泥混凝土路面产生早期损坏的一个主要原因。撇开地下水的影响和边沟排水不畅的影响外,通过路面接缝下渗的路面水是混凝土板产生脱空甚至断裂的主要原因。但长期以来,对水泥混凝土路面接缝的处理往往被公路管理部门和公路工程界所忽视,当然这与填缝料使用寿命过短、维修不及时也有很大关系。

目前,我国大部分地区尤其是低等级公路,对水泥混凝土路面接缝的密封大多使用沥青类填缝料,包括液态热沥青、沥青砂、沥青玛蹄脂等。沥青类填缝料相对价格较低,但性能较差,缺点也很多,主要表现在:

(1)因沥青是热塑性材料,施工时需现场进行加热,既不方便又不安全。

(2)沥青与水泥板黏结性差,易渗水、易老化、硬化、脆化、易剥落。

(3)沥青伸缩性差,几乎无弹性,经一个热冷循环后,沥青就会老化、变脆、开裂,而且与接缝两边的混凝土脱离,使接缝密封失败,失去防水性能。

改性沥青虽然能略微提高耐老化性和与混凝土的黏合性,但改性程度和对性能的改善总是有限的。

由于沥青基填缝料的屡屡失败,随后一段时间又以聚氯乙烯胶泥作为水泥混凝土路面接缝填缝料。虽然它的温度敏感性较低,也有一定回弹能力,但由于煤焦油组分的易挥发性,使用一段时间后就出现回弹性显著降低、永久变形增大、抗嵌入性能变差、与接缝两壁面黏结开裂等问题。

1997 年以来,国内开始研究采用聚氨酯类接缝密封材料。聚氨酯类填缝料相对于沥青基填缝料在性能方面有了大大的提高,一般使用寿命可达 5 年。

近几年来,国内还有一种固体胶条(例如鱼刺形橡胶条)用于水泥混凝土路面的接缝密封。这种固体胶条填入接缝的施工比较容易。但是固体胶条在接缝中与缝的两壁是靠近而不是黏附,由于接缝两侧的混凝土壁面一般都凹凸不平,因此固体胶条对接缝两壁始终不能真正实现有效密封,胶条与壁面间的漏水和渗水是不可避免的。更有甚者,在车辆快速通过时,由于轮胎离地时的空吸作用,固体胶条有的还被吸出接缝外,那就更谈不上对接缝的密封了。

目前,美国道康宁公司在北京设办事处和生产基地生产和销售硅酮密封胶。道康宁道路专用硅酮密封胶属于单组分硅酮密封材料,与以上三种接缝密封材料相比,它的突出优点是耐老化性能好,与接缝缝壁黏结能力强,但它的价格昂贵,而且弹性恢复率和耐嵌入性也较差,目前在国内一般仅少量用于机场飞机跑道等水泥混凝土路面接缝的密封,对于高等级公路水泥混凝土路面的接缝密封,目前还很少被采用。

本书作者在已有研究成果的基础上,参与研究开发了以有机硅为主料的新型填缝料,可以实现对混凝土接缝的有效密封,使用寿命达 10 年以上。

4.2.1 新型有机硅填缝料的原材料选择

根据水泥混凝土路面的要求,填缝料应当是高伸长率、低模量的单组分室温硫化型液体硅橡胶(以下简称 RTV)膏状流体。这样的液体硅橡胶膏状流体通常由基础聚合物、填料、扩链剂、交联剂、促进剂及其他添加剂组成。

(1)基础聚合物

单组分室温硫化型液体硅橡胶,即使用黏度较低的聚硅氧烷为基础聚合物,在使用前呈流淌、半流淌或膏状,在室温或稍许加热下通过与湿气接触或与交联剂混匀,即可硫化成弹性体。

高延伸率、低模量 RTV 要求 100% 定伸应力小于 0.4MPa,断裂伸长率大于 800%(哑铃形)。根据橡胶弹性理论,影响橡胶弹性体应力应变特性的主要因素包括:选用合适基础聚合物、使用扩链剂、选用合适填料、控制弹性体交联密度等。

二羟基聚二甲基硅氧烷,是一种直链状高分子量的聚有机硅氧烷合成材料,其物理形态通常为可流动的液体或黏稠的膏状物。具有耐老化、耐腐蚀、抗水防潮、无毒、绝缘、抗震、优异仿真性、脱模性和极低的收缩率等优良性能,黏度(CS):2000~1000000CS。

表面硫化时间 <2h,固化后硬度(A°)>20,抗张强度(3.5kg/m^2)>3.5,伸长率(%)为100。

根据上述要求,采用可扩链的国产 α,ω——二羟基聚二甲基硅氧烷作为基础聚合物。

(2)扩链剂

合成生产高伸长率、低模量的单组分室温硫化硅橡胶,在使用交联剂的同时,还使用扩链剂,国外在其合成组分中通常加入硅烷扩链剂。

(3)交联剂

交联剂是高伸长率、低模量的单组分室温硫化型液体硅橡胶的重要配合剂,也是液体硅橡胶硫化形成网状结构的必要成分。本书所选用的交联剂为两种硅烷交联剂组成的混合交联剂体系。目的是通过混合硅烷交联剂体系的使用,在选用的活化剂和促进剂的共同作用下加快高伸长率、低模量的单组分室温硫化型液体硅橡胶的深层硫化速度和交联密度,提高新型填缝料的耐嵌入性。

(4)填料

有机硅橡胶的分子链非常柔顺,链间作用力很小,硫化后强度很低,实际应用价值较小,必须经过补强后才可使用。填料的作用是补强和降低成本。根据补强效果的不同,有机硅橡胶的填料可分为补强性填料、半补强性填料以及增量填料等。

本书选用的纳米活性 $CaCO_3$ 作为补强填充材料,具体技术指标见表4-15。

纳米活性碳酸钙具体技术指标 表4-15

项目	指标	项目	指标
平均一次粒径(μm)	0.1~0.3	水分(%)	<0.5
碳酸钙含量(%)	99	处理剂	橡胶专用处理剂
吸油值(gDOP/100g$CaCO_3$)	<40	晶型	方解石
比表面积(m^2/g)	11±4	酸碱度(pH)	8.5~10
形貌	立方、棱柱	白度(%)	>94
盐酸不溶物(%)	<0.2		

(5)促进剂

为了提高伸长率、低模量的单组分室温硫化型液体硅橡胶新型填缝料的硫化速度,必须在使用交联剂的同时使用促进剂。单组分 RTV 的硫化速率既与交联剂类型、结构、环境温度、湿度有关,还与所用的促进剂的类型和用量有着密切关系。在 RTV-1 硅橡胶中,丙酮型、酰胺型硫化速率较快,酮肟型、醇型最慢,需添加有效的促进剂来提高硫化速率。常用的促进剂是有机锡化合物和有机钛化合物,其中有机锡类化合物主要有有机羧酸锡及有机锡螯合物,如辛酸亚锡、二月桂酸二丁基锡、二辛酸二丁基锡、二乙酸二丁基锡、二甲氧基二丁基锡、二丁基氧化锡以及一些有机锡螯合物等。钛系化合物催化剂主要为钛酸酯及钛的螯合物,如四异丙基钛酸酯、四正丁基钛酸酯、四(三甲基烷氧基)钛、二异丙氧基-双〔乙酞丙酮基)钛、二异丙氧基-双(乙酰乙酸乙酯基)钛、亚丙基二氧-双(乙酞丙酮基)钛、亚丙基二氧-双〔乙酰乙酸乙酯基)钛等。本书从这些催化剂中选取了一种作为新型填缝料的促进剂。试验证明,通过调整其掺量可以很准确地调整新型填缝料的表干时间。

(6)活化剂

单组分室温硫化硅橡胶的深层硫化深度一般都较慢。在本书中,我们通过深入研究,决定采用特殊活化剂来加快高性能单组分室温硫化型硅橡胶膏状流体填缝料系列产品的深层硫化速度,以增加填缝料系列产品的耐嵌入性。

单组分室温硫化硅橡胶的硫化反应是靠空气中的水分来引发的,因此一般单组分室温硫化硅橡胶特别是深层硫化的速度非常慢。单组分室温硫化硅橡胶的硫化时间取决于选用的硫化体系,温度、湿度和硅橡胶层的厚度。通过提高环境的温度和湿度都能使硫化过程加快,但效果不太明显。在典型的环境条件下,一般的单组分室温硫化硅橡胶的表干(即表面基本没有黏性)时间可以达到 60min 左右,厚度 0.3mm 的胶层在 1d 后才能硫化,硫化的深度和强度在 21d 后才逐渐得到增强。这样的深层硫化速度实在太慢,不能使填缝料具有较快的耐嵌入性能。为此,本书采用了包括深层活化剂和促进剂在内的新型硫化体系,有效加快了新型填缝料系列产品的深层硫化速度。使新型填缝料在 24h 后硫化物厚度达到 5mm,从而具有了较高的耐嵌入性。本书选用的新型硫化体系由深层活化剂、促进剂 A、促进剂 B 组成:

深层活化剂:无色透明液体;有效成分含量大于 99.5%;熔点 2.55℃,沸点 210 ~ 212℃(180℃开始部分分解),闪点 154℃,相对密度(20℃)1.1334;具有吸湿性,能与水和乙醇混溶。

促进剂 A:微黄色至棕黄色透明黏稠液体;分解温度为 210℃,闪点为 70℃,pH 值为 3,密度(25℃)为 1.08g/cm^3。此种促进剂除了具有催化作用以外,还具有以下功能:①表面处理:用于有机物或无机物,能提高无机填料、颜料在有机体系中的黏合性、表面介电性和分散性。②交联:用于聚合物或树脂,能改善老化性能、机械性能,控制聚合物体系的流变性质。②偶联:通过适当的化学键使有机表面和无机表面结合在一起,从而改善干态和湿态黏合性。它能通过有效的配位键与炭黑或 $CaCO_3$ 反应。

促进剂 B:无色或浅黄色油状液体,低温成白色结晶体,溶于苯、甲苯、乙醇、丙酮等有机溶剂,不溶于水;密度(20℃)为 1.04 ~ 1.06g/cm^3;它具有优良的透明性、润滑性,用于产品过程中作催化剂。

(7)增黏剂

作为水泥混凝土填缝料,有机硅填缝料须与水泥混凝土基材有较强的黏着性。为提高黏着性,在胶料中可加入增黏剂。本书选用了增黏剂 A 和增黏剂 B 两种增黏剂同时使用。

(8)偶联剂

新型有机硅填缝料中加入偶联剂是为了提高其可混性,防止填料结团,增强其黏结性,提高产品的机械、电气、耐水和抗老化等性能。本书选用的是酯类偶联剂。

(9)操作助剂

在新型填缝料中使用操作助剂的主要目的在于降低硫化物的模量,提高其伸长率,改善新型填缝料的可灌性。

本书选用的操作助剂的性质如下:无色、无毒、无腐蚀透明液体,相对密度(25℃)为0.93~0.94,运动黏度(25℃)为1mm^2/s左右,pH值为6~8,基本不挥发,能有效降低有机硅橡胶产品的黏度,增加其流动性能和可施工性能。

4.2.2　新型有机硅填缝料的配比研究

新型有机硅填缝料的基础配合比材料组成包括:α,ω—二羟基聚二甲基硅氧烷、纳米活性$CaCO_3$、交联剂A、交联剂B、促进剂、活化剂、增黏剂A、增黏剂B、操作助剂。

4.2.2.1　纳米活性碳酸钙用量对有机硅填缝料性能的影响

纳米活性$CaCO_3$在制备填缝料的过程中,添加量通常为50~150phr。增加其用量,填缝料的强度和模量提高,断裂伸长率降低,流动性降低,灌入操作难度加大;反之,用量过少将达不到补强效果。试验结果见表4-16和图4-2。

纳米碳酸钙用量对填缝料力学性能影响　　表4-16

编　号	$CaCO_3$用量(phr)	表干时间(h)	扯断强度(MPa)	扯断伸长率(%)
1	90	1	0.57	1192
2	80	1	0.78	1200
3	70	1	0.50	1328
4	60	1	0.34	1450
5	50	1	0.28	1600

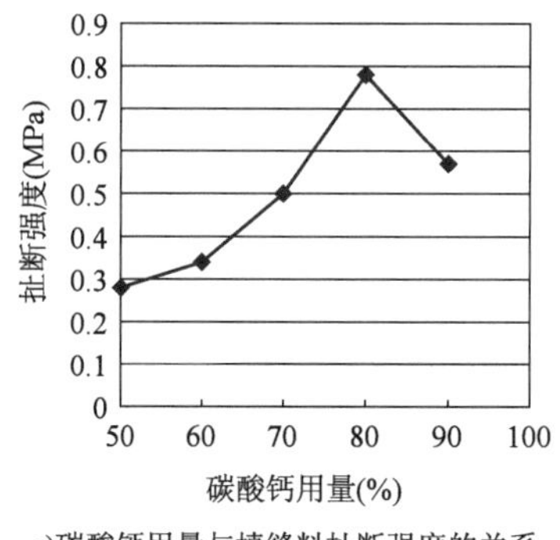

a)碳酸钙用量与填缝料扯断强度的关系

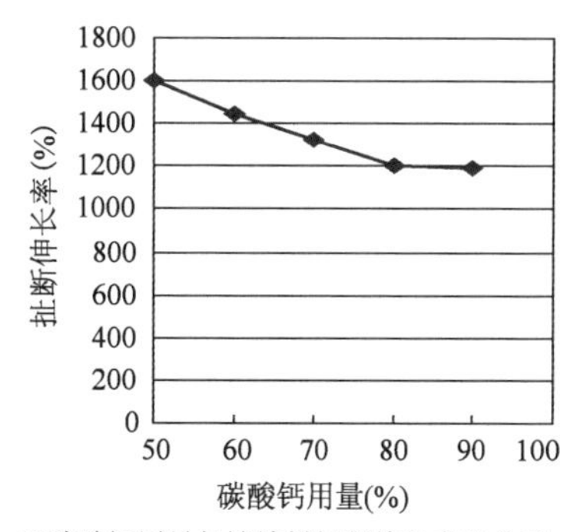

b)碳酸钙用量与填缝料扯断伸长率的关系

图4-2　纳米碳酸钙用量与填缝料力学性能的关系

4.2.2.2 交联剂用量对材料力学性能影响

固定其他组分用量不变,改变交联剂 A、B 在基料中的总用量,制成填缝料。置于室温条件下自然硫化交联 7d 后,测量其力学性能,如表 4-17、图 4-3 所示。

交联剂用量对有机硅填缝料力学性能的影响 表 4-17

编号	交联剂(phr)	表干时间(h)	扯断强度(MPa)	扯断伸长率(%)	500%定伸应力(MPa)
6	8.4	5.5	0.34	1560	0.04
7	12	6	0.50	1320	0.08
8	15.6	6.5	0.32	1480	0.06
9	18.6	6.5	0.27	1520	0.07
10	21.6	6	0.20	1580	0.08

注:表中交联剂为交联剂 A 和交联剂 B 用量的总和。

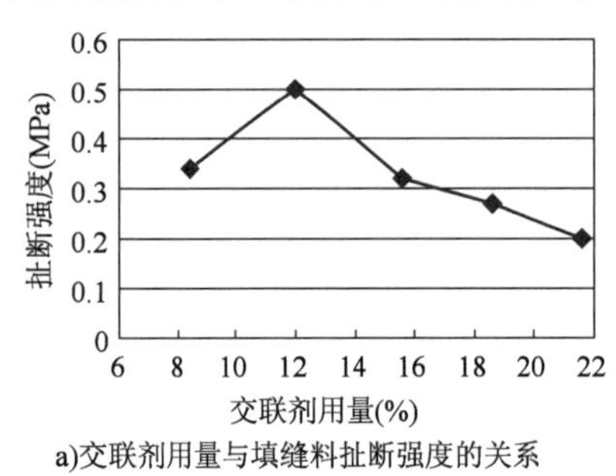

a)交联剂用量与填缝料扯断强度的关系

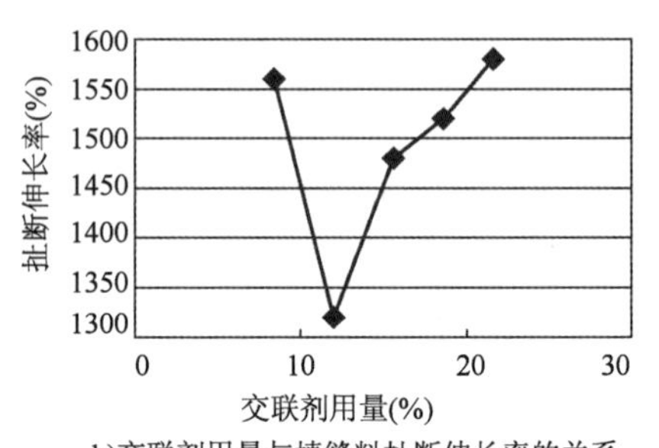

b)交联剂用量与填缝料扯断伸长率的关系

图 4-3 交联剂用量与填缝料力学性能的关系

从表 4-17 和图 4-3 可知,在其他组分用量一定时,增加交联剂用量,填缝料的表干时间变化不明显,拉伸强度提高,断裂伸长率下降;但随着交联剂用量继续增加,填缝料拉伸强度下降,断裂伸长率增加。其原因为:交联剂官能团水解后与硅氧烷端羟基反应,形成交联弹性体,由于交联剂用量较少,此弹性体的交联点受到交联剂用量的限制,交联密度较小,所以强度亦小;如果交联剂用量过高,过量的交联剂将全部取代一部分硅氧烷的端羟基,使一部分硅氧烷保持支链结构不发生交联,降低了交联密度,硫化后的强度也随之降低;如果硅氧烷的端羟基全部被交联剂所取代,填缝料就不会发生硫化。因此只有在合适的交联剂用量条件下,才能得到具有应用价值的填缝料。

4.2.2.3 增黏剂用量对有机硅填缝料性能的影响

(1)增黏剂用量对填缝料施工性能的影响

在其他组分用量不变的情况下,将不同增黏剂用量加入混合体系中,制成有机硅填缝料。根据规范测其表干时间和灌入稠度,如表 4-18、图 4-4 所示。

增黏剂用量对填缝料施工性能及力学性能的影响 表 4-18

编号	增黏剂(phr)	表干时间(h)	灌入稠度(s)	扯断强度(MPa)	扯断伸长率(%)	300%定伸应力(MPa)
11	12	1	—	1.07	690	0.53
12	7	1	100	0.57	1192	0.14

续上表

编号	增黏剂 (phr)	表干时间 (h)	灌入稠度 (s)	扯断强度 (MPa)	扯断伸长率 (%)	300%定伸应力 (MPa)
13	2	1.5	60	0.54	1148	0.09
14	1	1.5	40	0.50	1145	0.10
15	0	1.5	20	0.48	1138	0.08

注:1. 增黏剂用量为增黏剂 A 和增黏剂 B 用量总和。
2. 表中"—"表示填缝料的黏度太大,测不出时间。

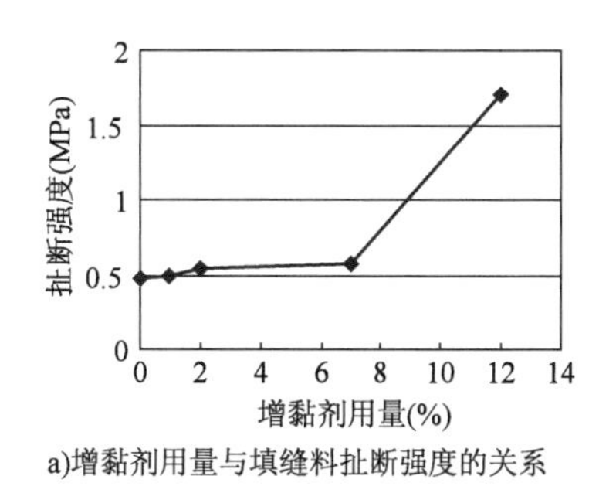

a)增黏剂用量与填缝料扯断强度的关系

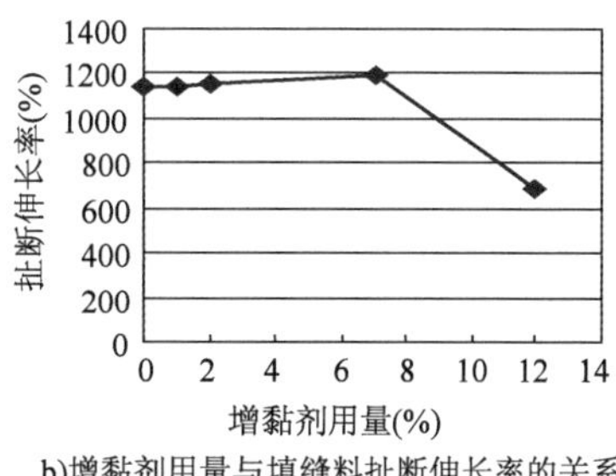

b)增黏剂用量与填缝料扯断伸长率的关系

图 4-4 增黏剂用量与填缝料力学性能的关系

从表 4-18、图 4-4 看出,随着增黏剂用量的增加,样品的表干时间变化不明显,说明表干时间不受增黏剂用量的影响,但灌入稠度随增黏剂用量的增加而增大。

(2)增黏剂用量对填缝料力学性能的影响

当增黏剂用量较小时,填缝料胶体的强度、黏结伸长率和定伸应力均有所增大,但变化不是很明显;当增黏剂用量较大时,胶体内聚强度急剧增加,主要表现在扯断强度、定伸应力迅速增加,伸长率急剧减小。

(3)增黏剂用量对填缝料黏结性能的影响

在其他组分的用量不改变的情况下,改变增黏剂的用量,制成填缝料样品。将样品按照现行《建筑密封材料试验方法》(GB/T 13477)规定成型试件,置于室温下自然硫化交联 7d 后,做黏结拉伸试验,测量其黏结性能,见表 4-19。

增黏剂用量对填缝料黏结性能影响 表 4-19

增黏剂 (phr)	黏结破坏力 (N)	黏结强度 (MPa)	黏结伸长率 (%)	胶体扯断强度 (MPa)	硬度 (邵氏)
12	50	0.08	325	1.07	28
7	109	0.18	577	0.57	12
2	59	0.1	395	0.54	10
1	45	0.08	320	0.50	10
0	38	0.06	280	0.48	10

注:增黏剂用量为增黏剂 A 和增黏剂 B 用量的总和。

由图4-5、表4-19可知,填缝料的强度、硬度随着增黏剂用量的增加而增加。当用量较小时,扯断强度和硬度都增加比较缓慢,但当用量较大时,强度和硬度迅速增加,分别增加了88%、133%。而黏结破坏力、黏结强度和黏结伸长率随增黏剂用量的增加呈现出先增大后减小的趋势:黏结强度随着增黏剂加入量的增加不断地增加,直至黏结能力达到最大值,而后,加入量再继续增加,黏结强度不再增大,反而迅速减小。

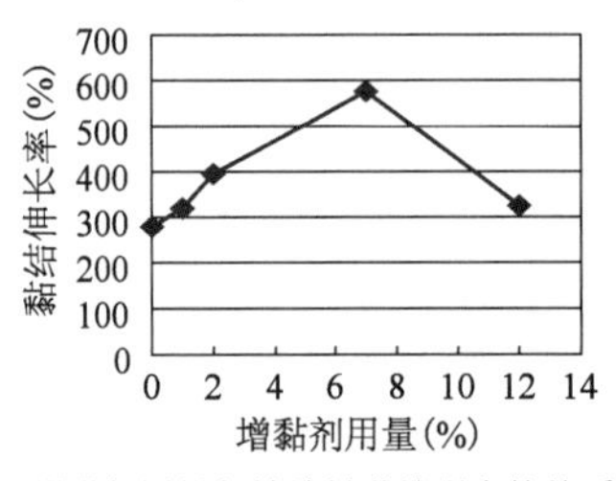

a)增黏剂用量与填缝料黏结强度的关系

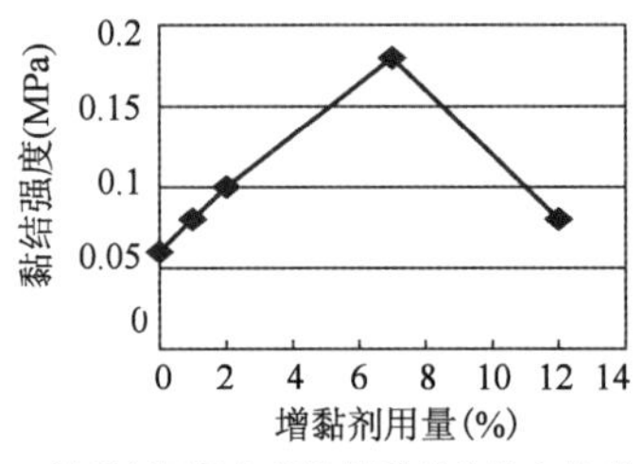

b)增黏剂用量与填缝料黏结伸长率的关系

图4-5 增黏剂用量与填缝料黏结性能的关系

试验研究证明,增黏剂的加入不仅显著提高了填缝料与基材的黏结强度和对接缝的密封性能,增黏剂A还可作为羟基清除剂清除新型填缝料。在储存过程中,由于填料中的微量水分或配制过程中带入了空气中的微量潮气,使其在储存过程中发生硫化,因此能提高填缝料配合体系的储存稳定性,延长其有效储存期。增黏剂A还可以与新型有机硅填缝料在硫化交联过程中产生的副产物酮肟发生反应,生成聚氨酯,以减少副产物酮肟的释放量。由于副产物酮肟有臭味,从而能减少新型填缝料在使用中和使用后的臭味,并使新型填缝料硫化后的收缩率减少,提高新型有机硅填缝料的饱满度和填充效果。

4.2.2.4 操作助剂对有机硅填缝料性能的影响

操作助剂对有机硅填缝料性能的物理力学影响检测结果如表4-20和图4-6所示。

操作助剂用量对填缝料性能的影响 表4-20

操作助剂(phr)	表干时间(h)	断裂强度(MPa)	断裂伸长率(%)	黏结强度(MPa)	黏结伸长率(%)
22	1.0	0.57	1192	0.16	577
45	1.5	0.54	1334	0.17	675
68	4.5	0.50	1451	0.11	758
72	4.8	0.46	1560	0.10	800
76	5.0	0.40	1680	0.09	860

在有机硅填缝料中加入一定量的操作助剂,不仅可以改善填缝料的稠度,使其易于施工,而且还增强其黏结强度。

表4-20和图4-6表明,操作助剂用量较小时,随着操作助剂的加入,填缝料的表干时间增加不明显,但当加入量较大时,操作助剂大大地减小了单位体积内有机硅高分子和交联剂、促进剂和活化剂的密度,使填缝料的固化速度变慢,表干时间大大增加。同时,由于操作助剂的加入减小了填缝料的交联密度,使填缝料的断裂强度随着操作助剂用量的增加逐渐减小,断裂伸长率不断增大。填缝料与水泥混凝土的黏结强度随着操作助剂使用量的增加,先增大然后减小。

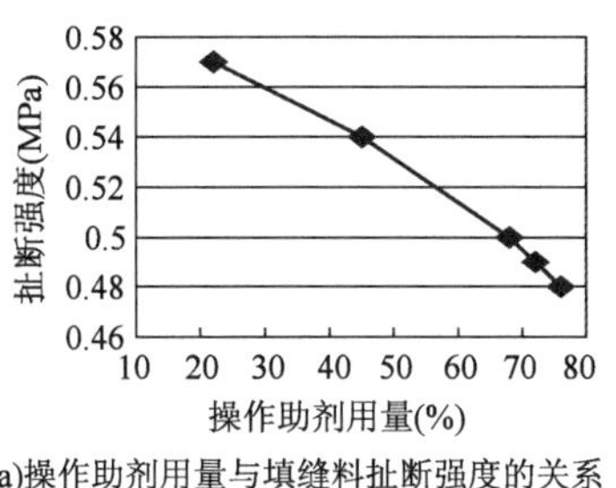

a)操作助剂用量与填缝料扯断强度的关系

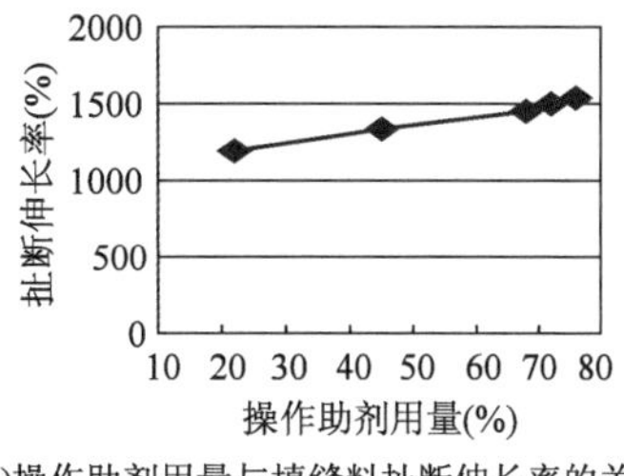

b)操作助剂用量与填缝料扯断伸长率的关系

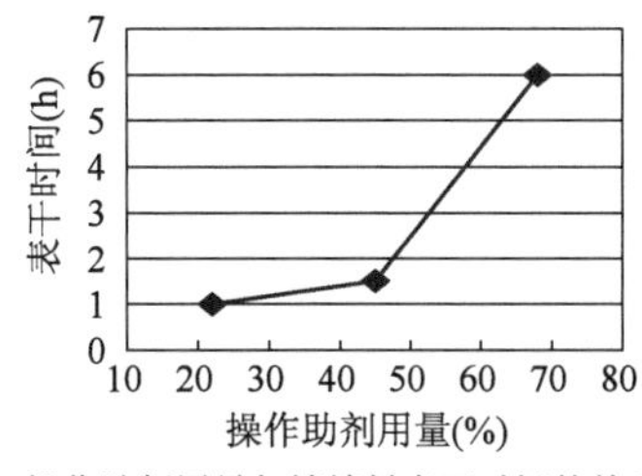

c)操作助剂用量与填缝料表干时间的关系

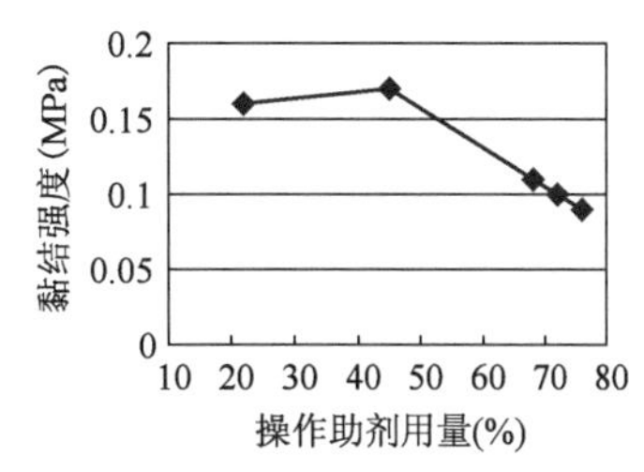

d)操作助剂用量与填缝料黏结强度的关系

图4-6 操作剂用量与填缝料黏结性能的关系

4.2.2.5 促进剂用量的影响

促进剂对填缝料表干时间以及各种力学性能的影响见表4-21。从表中可以看出,促进剂A加入量的大小能够比较显著地影响填缝料的交联速率和表干时间;当添加量增加1phr时,表干时间缩短2h,材料的断裂强度有增加的趋势,但是材料的断裂伸长率、黏结强度和黏结断裂伸长率随之降低。这可能是由于促进剂A的加入,使填缝料配合体系的硫化交联速度加快,在相同硫化时间内,促进剂加入量较大者的交联程度必然高些,因此其断裂强度有所提高。同时由于表干时间的缩短,使得填缝料配合体系的分子及链段向黏结面扩散的时间相对减少,有效黏结的分子较少,因此黏结强度也有所降低。从表4-19中还可看出,加入了混合促进剂,填缝料配合体系的表干时间缩短为2h,断裂强度增加迅速,同时断裂伸长率、黏结强度和黏结断裂伸长率下降比较明显,说明混合促进剂的加入更加速了填缝料配合体系的交联固化速度,使后期性能的表现提前出现。

促进剂对密封胶性能的影响 表4-21

编号	促进剂类型及用量(phr)	表干时间(h)	断裂强度(MPa)	断裂伸长率(%)	黏结强度(MPa)	黏结伸长率(%)
17	2(促进剂A)	6	0.32	1458	0.12	836
18	3(促进剂A)	4	0.34	1312	0.10	758
19	3.1(促进剂)	2	0.51	1150	0.09	646
20	3.5(促进剂)	—	—	—	—	—

注:1.表中的"促进剂"表示促进剂A与促进剂B的混合物。
2."—"表示填缝料配合体系在搅拌釜内凝胶未测得数据。

4.2.2.6 深层硫化促进剂用量的影响

由于新型有机硅填缝料配合体系属于单组分室温硫化型有机硅密封材料,它是通过空气中的湿气来引发硫化。随着空气中湿气的侵入,硫化从表面缓慢向深层发展,在一般情况下发展的速度非常慢。为了加快新型填缝料配合体系的深层硫化速度,选用深层硫化促进剂,并进行了用量变化的对比试验。试验结果见表4-22。

深层硫化促进剂对新型填缝料配合体系深层硫化速度的影响　表4-22

深层硫化促进剂用量(phr)	48h后填缝料硫化物厚度(mm)	深层硫化促进剂用量(phr)	48h后填缝料硫化物厚度(mm)
0	0.8±0.05	3	4.2±0.05
1	2.0±0.05	4	5.3±0.05
2	2.5±0.05		

4.2.3　新型有机硅填缝料的生产工艺

通常,单组分室温硫化型有机硅密封材料的生产分两步进行:第一步是捏合,即将基础聚合物和填充剂首先捏合到一起,得到基胶;第二步,将单组分室温硫化型有机硅密封材料的其他组分通过高速搅拌,与基胶混合均匀。

而新型有机硅填缝料的生产工艺与上述不同,除最后包装外,新型填缝料各组分的配合工艺分三步完成:

(1)α,ω—二羟基聚二甲基硅氧烷与纳米活性碳酸钙在真空条件下,高温捏合一定时间得到基胶,并让其密闭冷却。

(2)待基胶密闭冷却至室温后,将有机硅新型填缝料配合体系中的大部分组分加入基胶,在常温和真空条件下,通过高速搅拌一定时间,使其与基胶混合均匀。

(3)将有机硅新型填缝料配合体系中的其余组分也加入第二步的混合体系中,继续在常温和真空条件下,再高速搅拌一定时间,使其充分混合均匀。

通过试验研究发现,采用三步骤配合工艺较常规的两步骤配合工艺所得到的产品有效储存期延长,而且产品的黏稠性降低,使其后的包装工艺、试件成型工艺和向接缝中的灌入施工工艺都较易进行。

4.2.4　新型有机硅填缝料系列

根据填缝料的应用范围,有机硅新型填缝料分为胀缝和缩缝两类:

(1)旧水泥混凝土路面维修养护缩缝新型有机硅填缝料(CPC-1)

旧水泥混凝土路面维修养护,要求维修养护速度快,封闭交通时间短,尽早开放交通。这对运用于其缩缝维修养护的有机硅新型填缝料提出了快速固化和缩短表干时间的要求,表干时间为1~3h为宜。通过配方的改变,使CPC-1的表干时间达到了1~1.5h,硫化速度也相应得到加快。

(2)旧水泥混凝土路面维修养护胀缝新型有机硅填缝料(CPC-2)

由于旧水泥混凝土路面维修养护要求尽早开放交通,对其胀缝有机硅新型填缝料同样有快速固化和缩短表干时间的要求;由于胀缝较宽,填缝料向接缝中灌入比较容易,但要求胀缝填缝料具有更好的耐嵌入性能。从这些性能要求出发,通过试验研究,得到了旧水泥混凝土路面胀缝维修养护有机硅新型填缝料的专用配方。

两种填缝料的主要性能见表4-23。

有机硅长寿命新型填缝料的性能 表4-23

填缝料品种代号	表干时间(h)	断裂强度(MPa)	断裂伸长率(%)	黏结强度(MPa)	黏结伸长率(%)	硬度(邵氏)	24h固化深度(mm)
CPC-1	1.5	0.55	1320	0.38	880	11	4.8±0.05
CPC-2	1.5	0.89	980	0.39	726	20	5.3±0.05

两类填缝料形成了有机硅长寿命新型填缝料的主体,可满足薄层罩面的不同需求。

4.3 水泥混凝土界面处治技术与层间黏结材料研究

4.3.1 新旧混凝土黏结面的处理方法

影响新旧混凝土黏结的重要因素之一是浇筑新混凝土前旧混凝土表面的一些性质和状况。新旧混凝土黏结面最重要的性质是:①黏结面(旧混凝土表面)的粗糙程度;②黏结面的完好程度,系指进行黏结面处理时黏结面受损伤的程度,损伤越轻,产生的微裂缝越少,完好程度越高;③黏结面的洁净程度。新旧混凝土黏结面的处理是新旧混凝土黏结的第一步,也是关键的一步,不恰当的黏结面处理会造成新旧混凝土黏结的失败。

1)黏结面的处理方法

目前,新旧混凝土黏结面的处理方法分为物理方法和化学方法。

物理方法分为喷射处理和机械处理两种。喷射处理包括:①高压水射法;②喷砂(丸)法;③喷蒸汽法;④真空喷砂法;⑤喷烧法。机械处理包括:①钢刷划毛法;②人工凿毛法;③气锤凿毛法;④机械切削法。化学方法常用的是酸浸蚀法。

(1)高压水射法

高压水射法是用高压泵打出高压水,并使其经管子到达喷嘴,再把高压力低流速的水转换为低压高流速的射流,然后射流以其很高的冲击动能,连续不断地作用在混凝土表面,达到切割、拉毛的目的。

(2)喷砂(丸)法

喷砂(丸)法是利用喷射机,把小粒径的石子(直径分别为1.2mm、1.4mm、1.7mm、2.0mm)或是小铁珠(直径分别为1.0mm、1.2mm、1.4mm、1.7mm)喷射到旧混凝土的表面,使混凝土表面形成粗糙面。通过控制喷射机喷射速度和喷射密度可以得到满意的粗糙度。

(3)喷蒸汽法

喷蒸汽法是向旧混凝土待处理面喷射高压蒸汽来处理新旧混凝土黏结面的方法。该方法施工操作危险较其他方法大,购置喷射机的价格较昂贵。

(4)喷烧法

喷烧法是用可燃性气体的高压力火焰喷蚀新旧混凝土黏结面的方法。该方法施工操作的危险性较大。

(5)钢刷划毛法

钢刷划毛法是在所浇筑基底混凝土初凝后,终凝前可进行钢刷划毛处理。有些混凝土在12～24h以内,可用钢刷较容易地划毛处理其黏结面。对已硬化的旧混凝土的表面进行处理,钢刷划毛法对黏结面只能做轻度处理。

(6)人工凿毛法

使用钻子和锤凿毛新旧混凝土黏结面。

(7)气锤凿毛法

使用气动的凿毛机机械凿毛新旧混凝土黏结面。

(8)机械刻槽法

采用机械对新旧混凝土黏结面进行刻槽加工。

采用以上三种方法处理新旧混凝土黏结面时,会在旧混凝土上造成细微裂纹,损坏集料,扰动周围混凝土,会使黏结强度降低,而且带来噪声和粉尘污染。但由于不需要昂贵的设备,工程实际应用较多。

(9)酸浸蚀法

酸浸蚀法是黏结面处理的一种化学方法,但经验表明这种方法不像其他黏结面处理方法那么可靠,而且一些酸浸蚀液含有氯化物,这些氯化物会腐蚀钢筋。除非不能采用别的黏结面处理方法,是不建议采用酸浸蚀法来处理新旧混凝土黏结面的。

2)高压水射法处理和人工凿毛处理的黏结性能比较

(1)试验方案

人工凿毛处理的试验方案中的粗糙度的测量、界面剂、试件尺寸及浇灌方式、旧混凝土都和高压水射法相同。考虑到新混凝土的强度对黏结强度的影响以及强度等级不低于旧混凝土的要求,所以新混凝土的强度等级选用C25、C30、C35共三个等级。对黏结试件进行黏结劈裂试验,测定黏结劈裂强度。

(2)试验结果及分析

①高压水射法

根据试验结果统计分析得:

$$\frac{f_1}{f_{0.01}} = 0.007348H + 0.04642 \tag{4-1}$$

相关系数 $r=0.874$,查相关系数表,知道 $a=0.1\%$ 的临界值为0.487,可见回归方程非常显著;其 F 检验数为81.09,查 F 分布表得 $F_{0.01}(1,25)=7.77$,亦可知道回归方程非常显著。

在粗糙度大致相等时,随着新混凝土强度的增加,黏结劈裂强度是增加的趋势。混凝土强度相同时,随粗糙度的增加,黏结劈裂强度也呈增加的趋势。如图4-7所示。

②人工凿毛法

由试验结果分析得到:

$$\frac{f_2}{f_{0.01}} = 0.002694H + 0.050789 \tag{4-2}$$

其相关系数 $r=0.533$,查相关系数表,得 $a=1\%$ 的临界值为0.496,可见回归方程非常显著;其 F 检验数为9.5,查 F 分布表得 $F_{0.01}(1,24)=7.82$,回归方程非常显著。其黏结强度和劈裂强度的关系如图 4-8 所示。

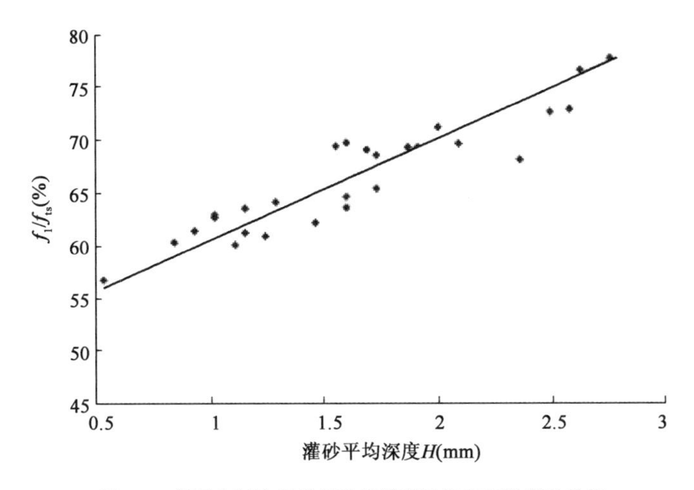

图 4-7　高压水射法处理的黏结劈裂强度和粗糙度的关系

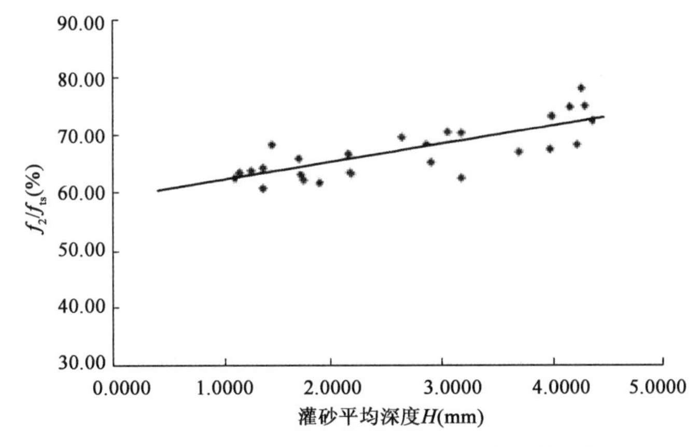

图 4-8　人工凿毛法处理的黏结劈裂强度和粗糙度的关系

(3)比较分析

从式(4-1)和式(4-2)可以看出,式(4-1)的斜率为 0.007348,比式(4-2)的斜率 0.002694 大得多,说明在相同的粗糙度情况下,高压水射法处理的比人工凿毛处理的黏结强度增长要快。从图 4-9 就更可直观地看出,在二者相同的粗糙度范围(0.5～3mm)内,随着粗糙度的增大,高压水射法处理的强度比人工凿毛迅速增高,从 $H = 0.5$mm 的几乎相等到 $H = 3$mm 的时候,前者的强度已是后者的 1.2 倍,增长了 20%。从而证实在获得较大粗糙度时,采用人工凿毛(或风镐凿毛)会在旧混凝土内产生裂纹,引起黏结性能的下降,而高压水处理则不存在这样的问题,它在保证旧混凝土不损伤和均匀处理黏结表面的前提下获得很好的黏结性能。

目前,对于新旧混凝土路面界面常用的处理方法主要有三种:高压水射法、机械刻槽法及人工凿毛法。其中高压水射法具有施工效率高且对旧水泥路面破损率低的特点,由于设备昂贵,对于大面积施工具有较好的技术经济优势。机械刻槽法和人工凿毛法会在旧混凝土上造成细微裂纹,损坏集料,扰动周围混凝土,会使黏结强度降低,而且带来噪声和粉尘污染。但由于后两种方法不需要昂贵的设备，工程实际应用中对于大面积施工时多采用机械刻槽法，小面积施工时多采用人工凿毛法。

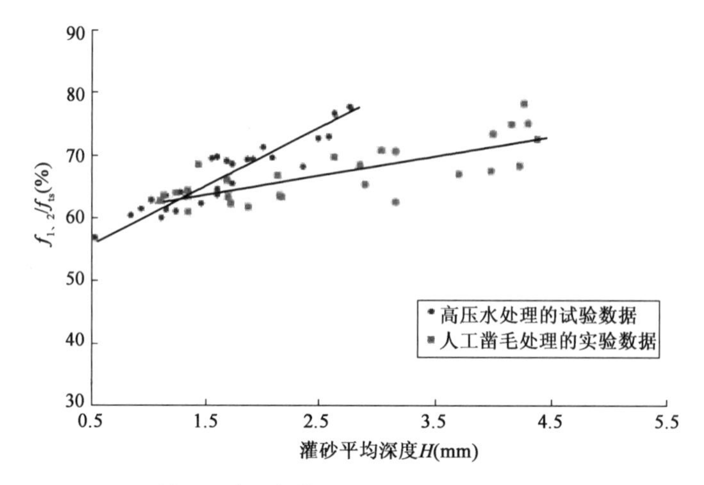

图 4-9 高压水射法处理和人工凿毛法比较图

4.3.2 黏结面粗糙度的评价方法

对于新旧混凝土的黏结，黏结面粗糙度是一个非常重要的参数。它包含了黏结面微观机理和基本信息，是混凝土微观结构以及其他复杂因素的一个综合反映。黏结面粗糙度也是影响黏结性能的重要因素。

1）粗糙度评价方法

迄今为止，国内外还没有相应的规范或规程对新旧混凝土黏结界面的粗糙度评定方法作出明确的规定。我国混凝土结构设计规范指出：叠合式受弯构件的叠合面处理应根据叠合面的受剪强度要求来进行，常用的方法有：人工叠合面法（包括凹凸形或锯齿形叠合面）和自然粗糙面法（指混凝土振捣后不加抹平而形成的有一定凹凸起伏的自然表面）。目前国内外对处理后的粗糙度较常用的评定方法有：灌砂法、触针式粗糙度测定仪法、分数维法、硅粉堆落法等。

（1）灌砂法

灌砂法是目前试验研究中广泛采用的较为简单的方法，平均灌砂深度可用砂的体积除以处理面的面积来表示：

$$\text{平均灌砂深度} = \frac{\text{标准砂的总重量}}{\text{试件横截面积} \times \text{标准砂的重度}}$$

（2）触针式粗糙度测定仪法

日本学者足立一郎在对混凝土处理面粗糙度的研究中，把经过处理的凸凹不平的混凝土表面 10cm × 10cm 沿两个边长方向均分为 19 个断面，共 38 个断面。混凝土表面的形貌可用触针式粗糙度测定仪精确地测量出来。用这种粗糙度测定仪沿一个边长方向走出一组凸凹曲线，把每根凸凹曲线附近的与处理面最高点相联系的水平面 A 表示在凸凹曲线图上，得到围成的面积 A_i，A_i 乘以其测定断面的相应间隔 B_i，而后叠加得到体积 $V = \sum A_i B_i$。黏结面的垂直投影面积为 A。处理后得到平均深度 $d = V/A$ 利用这个平均深度，可以定量描述黏结面的粗糙度。

(3)分数维法

分数维法又称断面垂直剖面迹线法,这种方法采用功率谱法分维、高差法分维和变步距法分维对粗糙度进行研究。研究表明,这三种方法都适用于黏结面粗糙度的定量评估,且高差法分维更适用于在工程中应用。

(4)硅粉堆落法

硅粉堆落法是欧洲建议的评价粗糙度的方法。50g 粒径在 50 ~ 100μm 的硅粉颗粒自然堆落于黏结面上,形成一个圆形区域,圆形区域的半径被称为黏结面的粗糙度指数(SRI)。粗糙度指数越高,黏结面越光滑。如果粗糙度指数低于 200mm,该黏结面被称为粗糙;如果粗糙度指数高于 250mm,该黏结面被称为光滑;中间为轻度粗糙。

(5)观察法

这种方法是采用表面粗集料暴露的百分比来度量表面粗糙度。

2)灌砂法测量黏结面的粗糙度

(1)试件的尺寸及浇灌方式

试件均为 150mm × 150mm × 150mm,旧混凝土从正中切割成尺寸的相同的长方体试块,其中旧混凝土的尺寸为 150mm × 150mm × 75mm,对其表面进行处理后,量测粗糙度,用清水将表面冲洗干净,使表面无明水存在,刷上界面剂,把旧混凝土放在试模的底部,处理过的表面朝上,然后将新混凝土竖向浇灌在其上。

(2)原理及方法

原理如图 4-10 所示,在黏结面的四周围上塑料板,塑料板顶面与黏结面凸部的最高点齐平,将细密的标准砂填充于黏结面和塑料板顶面间。填充的标准砂体积的大小与黏结面粗糙度成正比。

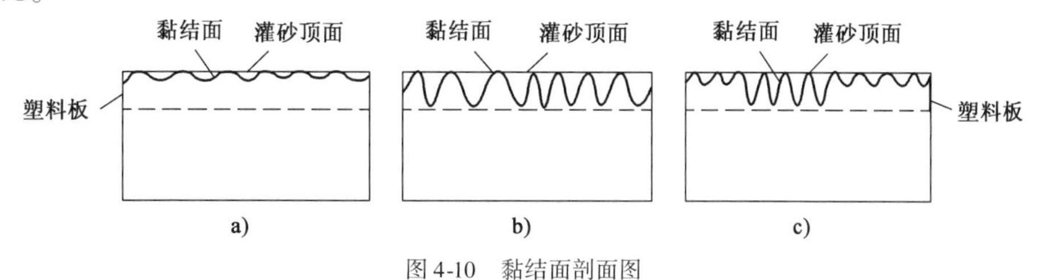

图 4-10 黏结面剖面图

灌砂法测量如图 4-11 所示,将要量测的试块置于水平的平台上,用 4 片塑料板环绕着混凝土的黏结面,使塑料板的最高平面和黏结面凸部的最高点齐平,往其中灌入标准砂超过黏结面,然后将塑料板顶面抹平。将试件黏结面上的砂全部倒入量筒中,测出其体积。重复以上操作程序 3 次,取平均值。黏结面粗糙度的平均深度按下式计算:

$$平均灌砂深度 = \frac{标准砂的总重量}{试件横截面积 \times 标准砂的重度}$$

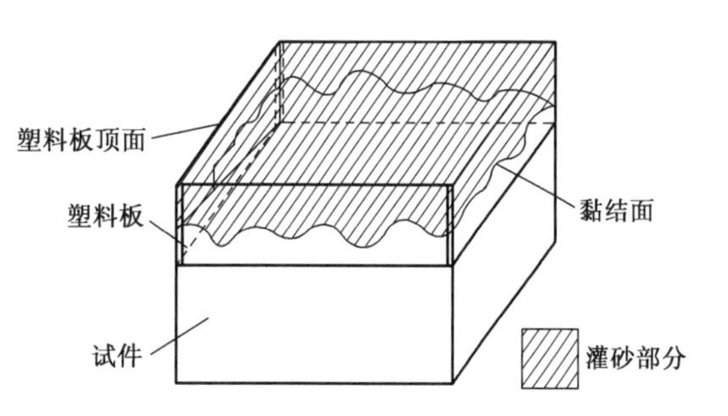

图 4-11 灌砂法测量黏结面粗糙度的示意图

3)分数维法测量黏结面的粗糙度

(1)试件的尺寸及浇灌方式

同上节灌砂法量测的试件尺寸。

(2)分数维法的测量原理

从一般意义上来说,分数维法是用来衡量一个几何集或自然物体不规则和破碎程度的数,分维值 D 越大,反映的断裂面越复杂。

(3)分维仪结构及使用方法

研究表明,海岸线具有分形的特点。混凝土黏结处理面同海岸线具有共同的特点,在一定意义上都无限长,可取垂直于黏结处理面方向的剖面迹线来考察。虽然任意两条剖面迹线的形状都不相似,但如果从任取的两条迹线找出其共同的特点,这个特点就可用来描述新旧混凝土黏结面的粗糙度。

大连理工大学对这方面做了研究,并自制了一台仪器,如图4-12所示。

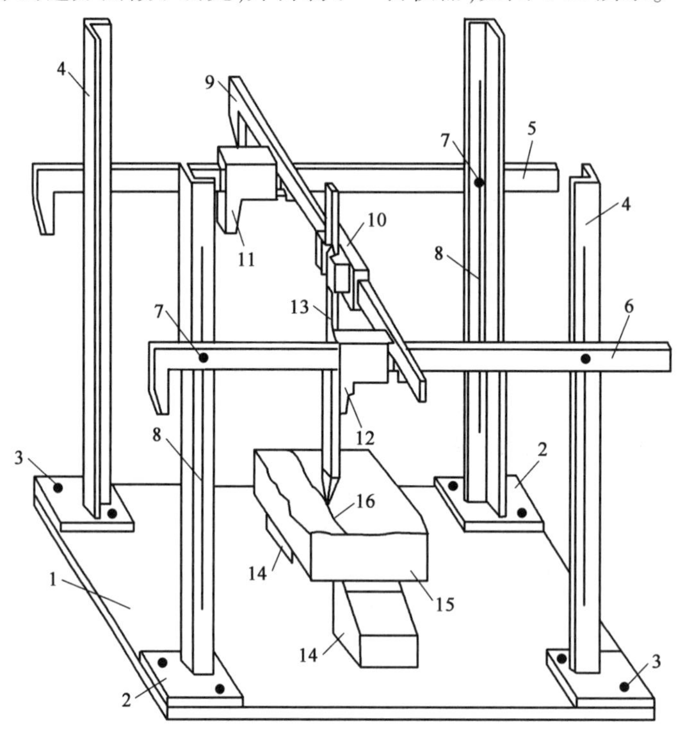

图4-12 分维仪结构与工作原理示意图

1-钢底板;2-钢脚垫;3-脚垫与底板固定螺丝;4-角钢立柱;5-*X*向游标卡尺1;6-*X*向游标卡尺2;7-*X*向游标卡尺与钢立柱固定螺丝;8-立柱与*X*向卡尺间联结钢槽;9-*Y*向游标卡尺;10-*Y*向卡尺脚;11-*X*向卡尺脚1;12-*X*向卡尺脚2;13-深度游标卡尺;14-承物台;15-试件;16-试件*Y*向剖面线

测量时,调节 X 向游标卡尺与底板的相对高度、X 向两卡尺的间距,以保证两卡尺尺身分别与底板平行、两卡尺尺身平行,记录 X 向卡尺脚的坐标值。调节 Y 向卡尺的微调旋钮从左到右进行测量,每移动1mm读取 Y 向卡尺上的坐标和深度卡尺上的坐标。待测迹线的垂直投影长度为144mm,测定黏结面上一条迹线需读取145对坐标。当第一条迹线测量结束后,将 Y 向卡尺脚移至初始位置,将 X 向两卡尺脚向 X 值增大方向移动相同的距离,测量第二条剖面迹线。重复以上操作程序,就可以得到多条等间距的平行剖面迹线。

这种方法较前述方法能更准确地定量评定黏结界面的粗糙度,是近年来在岩石和混凝土研究中较先进的一种评定物体表面粗糙度的方法。但该方法测试也需要一个相对的基准点去测取黏结面的迹线,且设计复杂操作不便,所以也不适于在实际工程中测定混凝土黏结面粗糙度。

4)灌砂法与分数维法测定黏结面粗糙度之间的关系

分数维法测量结果较为精确,但操作起来很麻烦。烟台大学对灌砂法和分数维法测量的试验结果进行对比研究,建立了二者之间的关系。

图4-13为黏结面灌砂平均深度和分维值的关系图。利用线性回归公式 $y = a + bx$ 对灌砂平均深度和分维值 D 进行回归,得到:

$$y = -24.0968 + 24.3427x \tag{4-3}$$

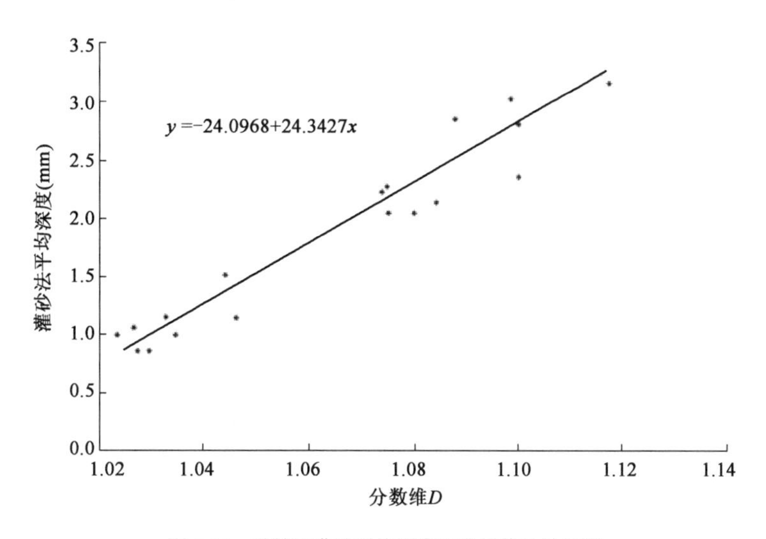

图4-13 黏结面灌砂平均深度和分维值的关系图

从回归结果可以看出,反映黏结面粗糙程度的灌砂平均深度和分数维 D 具有较好的线性关系。这表明,对于新旧混凝土黏结面,灌砂法和分数维法都能较好地描述黏结面粗糙度。灌砂法简便易行,对于凹凸度均匀的黏结面,推荐采用灌砂法作为黏结面粗糙度的测试方法。

通过对粗糙度评价方法的对比分析发现,工程实际应用中主要采用分数维法和灌砂法两种方法。但分数维法测量结果较为精确,但操作起来很麻烦。而灌砂法简便易行,对于凹凸度均匀的黏结面,推荐采用灌砂法作为黏结面粗糙度的测试方法。

4.3.3 普通水泥基界面剂研究

在原混凝土表面浇筑一定厚度的隔离层,如稀浆封层、微表处、沥青混凝土或黏结剂,使薄层水泥混凝土面板与旧水泥混凝土面板之间有一定的黏结力,从而将贫混凝土基层与水泥混凝土面层连接为一体。由于基层表面凹凸不平和基层基体材料存在空隙,面板浇筑时水泥砂浆极易渗入基层,从而在基层与面层之间产生界面层。路面混凝土凝固初期,界面层将基层与面层紧紧结合在一起,几乎成为一体。随着时间的推移,基层和面层各自的弹模、泊松比和强度以各自不同的速度增长,同时面层水泥混凝土逐渐凝结,混凝土将产生收缩变形和周期性的温度变形,在面板横缝切割后面层与基层之间存在不等量变形,将导致本来融为一体的基层、界面层和面层沿界面层开裂和破坏,造成面层与基层分离,且分离界面处于一种非光滑的凸凹不平状态。因此,只有充分认识隔离层或隔离剂材料自身可能遭到的破坏,分析材料自身应具备的性能和适用条件,深入研究和比较不同隔离剂的性能,才能找到或研制出经济合理的层间隔离剂,从而减少或消除水泥混凝土路面的早期损坏,提高水泥混凝土路面的使用寿命。

1)研究试验方法

对于影响新旧水泥混凝土黏结的普通水泥基界面黏结剂的黏结效果,影响的因素很多。例如水泥的品种、用量,外加剂的品种、组合、用量,水的用量,特殊助剂用量等。正交表是组织试验计划的重要工具。根据试验要求,作者确定了4因素、3水平,选用 L_9 正交表。

2)试验用水泥基黏结剂的配制

根据 L_9 正交表和决定因素及其水平,制订具体试验计划见表4-24。

新旧水泥混凝土水泥基黏结界面剂计划试验配方 表4-24

原材料名称			微渣	水泥	水泥外加剂	特殊添加剂	膨胀剂 UEA
试验配方编号	1	原材料用量/重量份	8.15	72	4.3	0.08	4
	2		8.15	78	4.9	1.88	4
	3		8.15	84	5.5	3.68	4
	4		9.65	72	4.9	3.68	4
	5		9.65	78	5.5	0.08	4
	6		9.65	84	4.3	1.88	4
	7		11.15	72	5.5	1.88	4
	8		11.15	78	4.3	3.68	4
	9		11.15	84	4.9	0.08	4

3)求取试验结果

具体试验结果见表4-25。

界面黏结剂劈裂强度试验结果 表4-25

试验项目		试件劈裂极限荷载(kN)				劈裂强度(MPa)	备注
		1	2	3	平均值		
试验配方编号	1	63.7	80.2	74.4	72.8	2.105	
	2	60.6	66.0	65.2	63.9	1.808	
	3	71.7	60.0	63.8	65.2	1.845	
	4	78.3	62.8	72.1	71.1	2.012	
	5	80.0		73.7	76.9	2.176	
	6	85.1		80.1	82.6	2.337	
	7	71.7	72.8	84.2	76.2	2.156	
	8	61.7	64.7	73.2	66.5	1.882	
	9	88.6	68.1	60.8	72.5	2.051	

4)劈裂强度

这4个因素的水平不同时,其劈裂强度的变化情况如图4-14~图4-17所示。

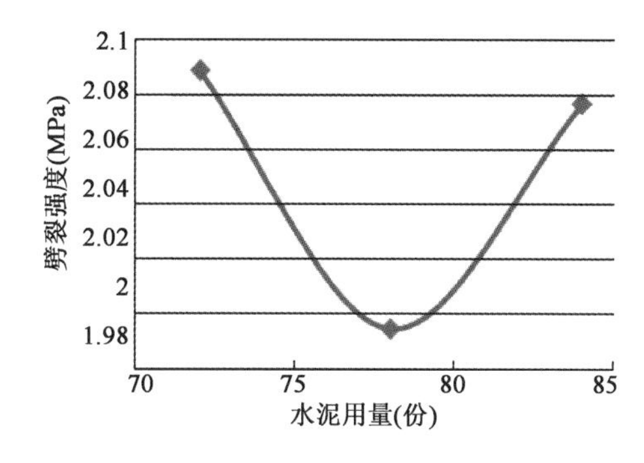

图 4-14 劈裂强度与水泥用量的关系

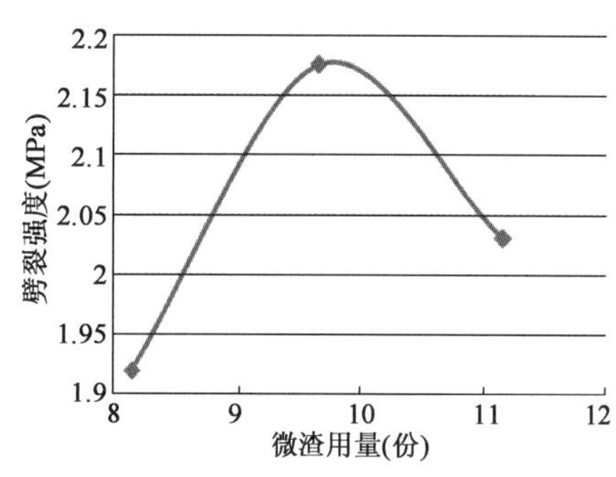

图 4-15 劈裂强度与微渣用量的关系

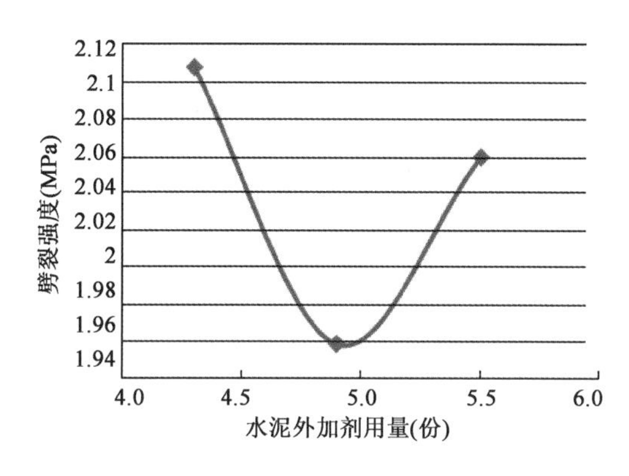

图 4-16 劈裂强度与水泥外加剂用量的关系

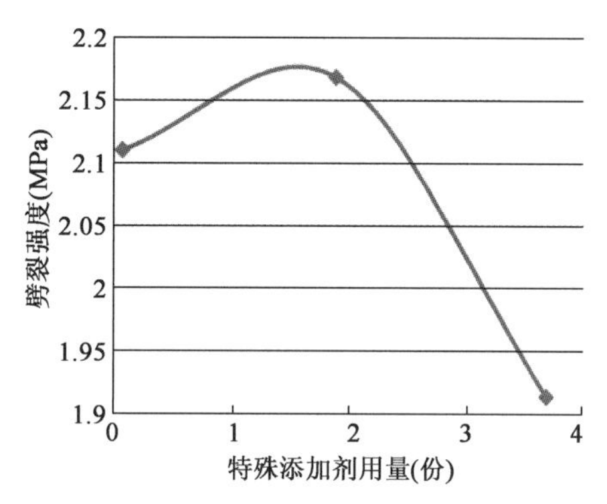

图 4-17 劈裂强度与特殊添加剂用量的关系

5）显著性鉴定

通过优化得到的最佳试验配方为：水泥 86 份、微渣 9 份、水泥外加剂 4 份、特殊添加剂 1 份、膨胀剂 UEA 4 份。将这些干粉混合均匀，制成普通水泥基界面剂。

将制成的普通水泥基界面剂 104 份（重量）与水（建筑用水）88.7 份混合，调制成均匀的普通水泥基界面剂浆液，均匀涂刷于经处理好的旧水泥混凝土的黏结面上，在界面剂表干后初凝前，在其上浇筑新水泥混凝土。1d 后脱模，标准条件下养生 28d，然后测其新旧水泥混凝土的黏结劈裂强度。试验结果见表 4-26。

普通水泥基界面剂（水灰比 70：30）的黏结试验结果 表 4-26

试件劈裂极限荷载（kN）				黏结劈裂强度（MPa）
1	2	3	平均值	
83.9	92.6	80.7	85.7	2.43

注：表中黏结面积为 150mm × 150mm。

4.3.4 黏结性能

将表 4-27 中编号为 2、5、7 的 3 个界面剂按水灰比 = 70 ： 30 调配成界面剂重新制作 150mm × 150mm × 150mm 试件，养生 28d 后进行劈裂强度试验，试验结果见表 4-27。

普通水泥基界面剂不同粉水比时劈裂强度试验结果　　表 4-27

试验项目		试件劈裂极限荷载(kN)				劈裂强度(MPa)	界面剂水灰比
		1	2	3	平均值		
配比编号	2	55.2	67.8	57.2	60.2	1.703	70：30
	2	60.6	66.0	65.2	63.9	1.808	30：70
	5	81.4	—	86.4	83.9	2.373	70：30
	5	80.0	—	73.7	76.9	2.175	30：70
	7	84.9	67.1	88.9	80.3	2.272	70：30
	7	71.7	72.8	84.2	76.2	2.156	30：70

从表 4-27 数据看出,2 号配方的新旧水泥混凝土界面黏结剂在粉水比为 30：70 和 70：30 两种情况下,对新旧水泥混凝土黏结的劈裂强度试验结果比较接近;但 5 号和 7 号配方的新旧水泥混凝土界面黏结剂在水灰比为 70：30 和 30：70 两种情况下,对新旧水泥混凝土黏结的劈裂强度试验结果相比较,水灰比为 70：30 的界面黏结剂对新旧水泥混凝土黏结的劈裂强度试验结果高于水灰比为 30：70 的劈裂强度试验结果。分析其原因,旧水泥混凝土试件表面经过凿毛处理后,表面有许多微细裂纹和局部松动处,用水灰比为 70：30 的黏结界面剂涂刷后,界面剂浆液更易渗入这些微细裂纹和局部松动处,从而增加了新旧水泥混凝土黏结的劈裂强度。

4.3.5 劈裂强度比较

本书采用纯水泥浆对新旧水泥混凝土黏结的水平和 C35 新水泥混凝土劈裂强度进行比较,劈裂强度试验结果见表 4-28。

种试件劈裂强度试验结果　　表 4-28

试件特征	试件劈裂极限荷载(kN)				劈裂强度(MPa)	劈裂强度相对值
	1	2	3	平均值		
普通水泥基界面剂浆液	83.9	92.6	80.7	85.7	2.43	114
简单的纯水泥浆液	72.3	78.2	76.0	75.5	2.14	100
C35 新水泥混凝土	123.5	114.8	117.3	118.5	3.35	157

从表 4-28 数据看出,经过配比的水泥基界面剂浆液对新旧水泥混凝土的黏结强度只比纯水泥浆液提高 14%,而纯水泥浆液对新旧水泥混凝土的黏结强度(劈裂强度)只能达到 C35 新水泥混凝土劈裂强度的 63.9%。由此可见:①纯水泥浆液不能用作旧水泥混凝土路面用新水泥混凝土薄层罩面的界面剂。②水泥基界面剂不管其配方怎么优化,对新旧水泥混凝土黏结强度的提高并不大。

4.3.6 特种水泥基界面剂研究

硫铝酸盐水泥属于特种水泥。为了研究特种水泥对新旧水泥混凝土的黏结效果,我们选择了硫铝酸盐水泥与普通硅酸盐水泥进行了对比试验。首先用它们分别配制界面剂。

用试验对比配方和最佳配方配制的界面剂分别在同等条件下进行新旧水泥混凝土的黏结

劈裂强度试验。两种界面剂浆液的具体使用方法和劈裂强度试件的具体成型方法如同前述。分别使用两种界面剂浆液的新旧水泥混凝土黏结试件的养生条件和劈裂强度试验方法和所用仪器完全相同。劈裂强度试验结果见表4-29。

特种水泥基和普通硅酸盐水泥基界面剂试件劈裂强度试验结果 表4-29

试件特征	试件劈裂极限荷载(kN)				劈裂强度(MPa)	劈裂强度相对值
	1	2	3	平均值		
普通水泥基界面剂	83.9	92.6	80.7	85.7	2.43	100
特种水泥基界面剂	66.3	64.8	61.2	64.1	1.82	74.9
简单的纯水泥浆液	72.3	78.2	76.0	75.5	2.14	88.1

从表4-29的试验数据看出,对于普通硅酸盐水泥基的新旧混凝土的黏结,用最佳配方普通水泥基界面剂比用硫铝酸盐这种特种水泥基界面剂黏结效果明显好些。用简单的纯水泥(普通硅酸盐水泥)浆液做新旧水泥混凝土的界面黏结剂,黏结效果也好于硫铝酸盐特种水泥基界面剂。

4.3.7 用环氧树脂乳液改性水泥基界面剂研究

由于具有有毒物质,溶剂型环氧树脂不适合用作水泥混凝土路面薄层罩面的界面剂。据有关资料报道,水乳液型环氧树脂可以提高新旧水泥混凝土的黏结力。水乳液型环氧树脂是环氧树脂和其固化剂的微粒(岛相)通过乳化剂分别均匀分布在水(液相)中形成的,两种乳液在使用时现场掺配。试验结果见表4-30。

两种环氧树脂乳液改性的水泥基界面剂对新旧水泥混凝土的黏结效果 表4-30

界面剂和试件特征	试件劈裂极限荷载(kN)				劈裂强度(MPa)	劈裂强度相对值
	1	2	3	平均值		
简单的纯水泥浆液界面剂	72.3	78.2	76.0	75.5	2.14	100
H203A和H203B环氧树脂乳液改性普通的纯水泥浆液界面剂	64	55.7	62.4	60.7	1.71	80
H203A和H203B环氧树脂乳液涂底+H203A和H203B环氧树脂改性普单纯水泥浆液界面剂	78.6	78.5	74.1	77.1	2.18	102
特种水泥基界面剂	66.3	64.8	61.2	64.1	1.82	85
(太原环氧树脂乳液和固化剂乳液)改性的特种水泥基界面剂	68.3	80.7	61.6	70.2	1.99	93
太原环氧树脂乳液和固化剂乳液的水稀释液涂底,然后加(太原环氧树脂乳液和固化剂乳液)改性的特种水泥基界面剂	73.2	82	49.6(舍去)	77.6	2.20	103
(太原环氧树脂乳液和固化剂乳液)改性的简单的普通水泥浆液界面剂	86.1	62.1	83.5	77.3	2.19	102
只用太原环氧树脂乳液和固化剂乳液的水稀释液涂底	69.3	65.2	61.5	65.3	1.85	86

从表4-30的检测数据看出，不论是普通的纯水泥基界面剂，还是特种水泥（硫铝酸盐水泥）基界面剂，用环氧树脂乳液改性的效果都不明显，且要求在界面剂涂刷后0.5h就必须浇筑新水泥混凝土，这在实际工程中很难达到。

从表4-28中结果可以看出，环氧树脂乳液对水泥基界面剂的改性效果都不明显，究其原因，可能是环氧树脂乳液及其固化剂乳液本身的质量。一是乳液的液滴太大，使环氧树脂液滴的亲水性与水泥的亲水性相差太多；二是乳液的稳定性偏低，在使用过程中很快凝聚，影响了它与水泥基界面剂的可混性。

4.3.8 水泥砂浆对新旧水泥混凝土黏结的作用研究

根据前述新旧水泥混凝土黏结机理的分析研究，在旧水泥混凝土的黏结面上直接浇筑新水泥混凝土，在新浇筑的水泥混凝土被振实的过程中，水泥浆液由于相对密度较小，会上浮，有些会上浮到表面，而粗集料，由于相对密度较大，会下沉，有些直接下沉到旧水泥混凝土的黏结面上。由于水泥混凝土中粗集料的支撑作用，在新旧水泥混凝土的界面上就会形成疏松，甚至空隙，使新旧水泥混凝土之间不能充分接触，降低了形成新旧水泥混凝土黏结力的范德华力、极性力和化学键力，最终降低了新旧水泥混凝土的黏结力。试验检测结果如下：

将将纯水泥浆液作为一种界面剂，在使用纯水泥浆界面剂的基础上，再加用1～2cm厚水泥砂浆，组成复合界面剂。将这两种界面剂在相同条件下同时分别进行新旧水泥混凝土黏结劈裂强度试验，试验结果见表4-31。

纯水泥浆与纯水泥浆＋水泥砂浆对新旧水泥混凝土黏结强度对比　　表4-31

界面剂种类			纯水泥浆液	纯水泥浆液＋水泥砂浆	备注
界面剂组成（重量份）	P.O.52.5水泥		500	500	用水泥净浆搅拌机拌制后立即涂刷
	建筑用水		443	443	
	砂浆	P.O.52.5水泥	不用	400	用砂浆搅拌机拌制，在纯水泥浆初凝前抹敷1～2cm
		中砂		1000	
		建筑用水		185.2	
劈裂强度（MPa）	1		2.20	2.38	
	2		1.97	2.62	
	3		2.16	2.28	
	4		2.25	1.68	
	5		2.18	2.89	
	平均值		2.18	2.43	
	相对值		100	111	

从表4-29的试验结果看出，使用纯水泥浆液＋水泥砂浆作为界面剂的新旧水泥混凝土黏结劈裂强度试验结果比用纯水泥浆液作为界面剂时，新旧水泥混凝土的黏结劈裂强度提高了11%。根据试验结果发现，水泥砂浆可以填充由于新水泥混凝土的粗集料在混凝土振实过程中下沉，水泥浆上浮，在新旧水泥混凝土的界面区形成的疏松和空隙，从而明显提高新旧水泥

混凝土的黏结力。

4.3.9　用聚合物乳液改性水泥基界面剂研究

1）试验用聚合物乳液的品种

根据对聚合物乳液原材料的调查，采用以下7种聚合物乳液，见表4-32。

用于水泥基界面剂改性的聚合物乳液品种　　表4-32

序号	聚合物乳液名称	所属类别	商品牌号	产地	备注	试验指定代号
1	丙烯酸酯乳液	丙烯酸类	—	长沙	含固50%左右	B
2	羧基丁苯乳液	丁苯橡胶类	BD623	德国	含固53%	C
3	丙烯酸酯乳液	丙烯酸类	S400	德国	含固57%	D
4	丙烯酸酯乳液	丙烯酸类	S5235	德国	含固50%以上	E
5	羧基丁苯乳液	丁苯橡胶类	PD701	德国	保质期半年	A
6	羧基丁苯乳液	丁苯橡胶类	PD707	德国	保质期半年	F
7			PD378	德国	含固50%以上	G

2）试验用聚合物乳液改性纯水泥浆液的原始配方

试验用聚合物乳液改性纯水泥浆液的原始配方见表4-33。

聚合物乳液改性纯水泥浆液的原始配方　　表4-33

配方编号	材料名称及用量									备注
	P. O. 52.5水泥	建筑用水	B	C	D	E	A	F	G	
纯1	106	94	0	0	0	0	0	0	0	纯水泥浆液
聚2	106	78.1	21.8	0	0	0	0	0	0	乳液改性
聚3	106	78.1	31.8	0	0	0	0	0	0	乳液改性
聚4	106	78.1	0	31.8	0	0	0	0	0	乳液改性
聚5	106	67.0	0	20.8	0	0	0	0	0	乳液改性
聚6	106	68.8	0	0	18.6	0	0	0	0	乳液改性
聚7	106	68	0	0	0	21	0	0	0	乳液改性
聚8	106	68	0	0	0	0	21	0	0	乳液改性
聚9	106	68	0	0	0	0	0	21	0	乳液改性
聚10	106	94	0	0	0	0	0	0	25	乳液改性

注：1. 表中聚2～聚9用水量减少了，是因为乳液本身含有≤50%的水，而且有些聚合物有一定减水作用。

2. 表中试验用聚合物乳液改性纯水泥浆液的操作方法是先将聚合物乳液用配方量的水均匀稀释，然后再慢慢加入配方量的水泥中，按水泥浆的制作方法搅拌均匀。

3. 试验用聚合物乳液改性纯水泥浆液原始配方试验方法和结果。

纯水泥浆液的配制方法是将P. O. 52.5水泥与水搅拌混合均匀，并在不停搅拌下，均匀涂刷到预先准备好的旧水泥混凝土试块的黏结面上，涂刷2遍，以防漏涂。然后在水泥浆液初凝前浇筑新水泥混凝土，制成150mm×150mm×150mm劈裂强度试块5个，1d后脱模，在标准条件下养生28d，然后用标准试验方法进行劈裂强度试验。

聚合物乳液改性纯水泥浆液的方法是:先将配方量的乳液与水均匀混合,然后再加入水泥,在砂浆搅拌机中拌和均匀制成界面剂,然后在不停搅拌下,将该界面剂均匀涂刷到预先准备好的旧水泥混凝土试块的黏结面上,也涂刷 2 遍,以防漏涂。最后在该界面剂初凝前浇筑 C35 新水泥混凝土,制成 150mm × 150mm × 150mm 劈裂强度试块,1d 后脱模,在标准条件下养护 28d,用标准试验方法进行劈裂强度试验。具体试验结果见表 4-34。

试验用聚合物乳液改性纯水泥浆液原始配方劈裂强度试验结果　　表 4-34

配方编号	试件劈裂极限荷载(kN)						劈裂强度(MPa)	劈裂强度相对值
	1	2	3	4	5	平均值		
纯 1	72.5	44.8 *	88.6 *	82.5	77.5	77.5	2.19	100
聚 2	65.5	63.4	65.9 *	62.6	52.6 *	63.8	1.81	83
聚 3	42.0 *	52.8	63.6	52.4	64.9 *	56.3	1.59	73
聚 4	51.6 *	87.3 *	82.1	69.6	58.8	70.2	1.99	91
聚 5	61.9	52.9 *	68.3	74.0 *	62.9	64.4	1.82	83
聚 6	54.9 *	60.3	68.3 *	62.1	66.3	62.9	1.78	81
聚 7	64.3	61.7	79.7 *	47.5	47.4 *	57.8	1.64	75
聚 8	100.6	75.3 *	77.6	83.7	116.5 *	87.3	2.47	113
聚 9	105.5 *	81.0	59.7 *	61.5	63.4	68.6	1.94	89
聚 10	39.6	42.3	36.9 *	45.1 *	41.8	41.2	1.17	53

注:表中每个原始配方 5 个试件试验数据的处理方法是:去掉 1 个最大值和 1 个最小值,然后将剩余的 3 个试验数据平均,得到平均值。数据右上方有 * 者,为被去掉的试验数据。

从表 4-34 的试验结果看出,大多数聚合物乳液使用后的劈裂强度不同程度上都小于纯水泥浆液的劈裂强度,只有乳液 A(表 4-32)改性的水泥浆液的劈裂强度明显超过了纯水泥浆液的劈裂强度(超过 13%)。乳液 A 属于羧基丁苯橡胶类乳液。它是在乳液 C 的基础上,即在保持丁苯橡胶基本结构的前提下,适当提高了产品的玻璃化转变温度,抗张强度得以提高,又引入了部分极性共聚单体,大大改善了产品与水泥混凝土的界面黏结强度,同时又综合考虑了产品的钙离子稳定性、早期水化速率、耐水耐热等方面的影响。

4.3.10　A 聚合物乳液使用方法的研究

1)用 A 聚合物乳液的水稀释液涂刷黏结面

经过试验,使用 A 乳液改性的聚合物改性水泥浆液,能使新旧水泥混凝土的黏结力比纯水泥浆液有明显的提高。在试验中,先将 A 乳液用适量水稀释后,直接涂刷到旧水泥混凝土的黏结面上,让其充分渗透,再施加 A 乳液改性的水泥浆液界面剂。然后在界面剂初凝前,浇筑新的水泥混凝土,标准条件养生 28d 后,测其新旧水泥混凝土的黏结劈裂强度。试验结果见表 4-35。

根据试验结果,改进 A 聚合物乳液的使用方法,将 A 聚合物乳液用 2 倍重量的水稀释,搅拌均匀后,均匀涂刷在旧水泥混凝土试块的黏结面上,涂刷 2 遍。待其充分下渗后,再均匀涂刷界面剂 2——用 A 聚合物乳液改性纯水泥浆液得到的界面剂,涂刷 2 遍。在界面剂 2 初凝前浇筑新水泥混凝土。标准条件养生 28d 后,进行劈裂强度试验。通过这一改进,使新旧水泥混凝土的劈裂强度比改进前提高了16%；比纯水泥浆液提高了26%。

A乳液不同使用方法对新旧水泥混凝土的黏结强度试验结果比较 表4-35

界面剂编号		1	2	3
界面剂及其使用方法		纯水泥浆液作界面剂	用A乳液改性界面剂1作界面剂	使用界面剂2作界面剂涂黏结面
劈裂强度(MPa)	1	2.07	2.14*	1.82*
	2	2.51*	2.20	2.09
	3	1.27*	2.37	3.11
	4	2.13	3.30*	2.86
	5	2.19	2.85	3.30*
	平均值	2.13	2.47	2.69
	相对值	100	116	126

注:1. 表中界面剂1:纯水泥浆液的组成及配制使用方法见表4-33中纯1。
2. 表中界面剂2:用A乳液改性界面剂1(纯水泥浆液)的组成及配制使用方法见表4-33中聚8。
3. 试件C35新水泥混凝土的浇筑时间一定要在各水泥浆液界面剂初凝之前。
4. 表中5个试件试验数据的处理方法是:去掉最大值和最小值,然后取平均值。数据右上方有*者,为被去掉的试验数据。
5. 表中界面剂3使用的A乳液的水稀释液是将原乳液用2倍重量的水稀释后得到的乳液。

2)用A聚合物乳液制备水泥砂浆做界面剂

根据前述试验,在旧水泥混凝土的黏结面上直接浇筑新水泥混凝土,在振实的过程中,水泥浆液由于相对密度较小上浮,有些还上浮到表面,而粗集料,由于相对密度较大下沉,直接落在旧水泥混凝土的黏结面上。这造成在新旧水泥混凝土的界面上形成疏松,甚至空隙,使新旧水泥混凝土之间不能充分接触,降低了新旧水泥混凝土应有的黏结力。

3)聚合物乳液改性水泥砂浆的配合比

试验中所要配制的聚合物改性水泥砂浆的具体配比及拌制砂浆的基本性能见表4-36。

聚合物乳液改性水泥砂浆的初定配合比试验及其基本性能 表4-36

砂浆编号	水泥(g)	砂(g)	聚合物乳液(g)	用水量(mL)	流动度(mm)	稠度(mm)
A1	1000	2500	214	146	139	72
A2	1000	2500	263	125	140	71
A3	1000	2500	286	118	138	70
B1	1000	2500	214	212	139	69
B2	1000	2500	263	168	138	71
B3	1000	2500	286	160	141	68
C1	1000	2500	214	249	142	68
C2	1000	2500	263	214	139	70
C3	1000	2500	286	206	139	71
D1	1000	2500	214	292	139	69
D2	1000	2500	263	256	140	73

续上表

砂浆编号	水泥 (g)	砂 (g)	聚合物乳液 (g)	用水量 (mL)	流动度 (mm)	稠度 (mm)
D3	1000	2500	286	238	143	72
E1	1000	2500	214	338	138	67
E2	1000	2500	263	293	137	66
E3	1000	2500	286	284	140	70
O	1000	2500	0	544	141	71

注:1. 表中A、B、C、D、E是不同聚合物乳液的代号。
2. 表中编号为O的砂浆,不使用聚合物乳液改性,是对比砂浆。

由表4-36可以看出,聚合物乳液A、B、C、D对砂浆具有一定的减水效果,随着聚合物掺量的增加,保持相同的稠度,需水量要相应减少。而聚合物E没有减水效果。

根据表4-36中的聚合物乳液改性水泥砂浆的配合比,制作了16种配比的砂浆,在标准养护条件下养护后,分别测试了它们在3d、7d、28d的抗折强度和抗压强度,并分别计算出折压比。试验和计算结果见表4-37。

不同聚合物乳液改性水泥砂浆的基本力学性能测试结果 表4-37

编号	抗折强度(MPa)			抗压强度(MPa)			折压比		
	3d	7d	28d	3d	7d	28d	3d	7d	28d
A1	4.4	6.1	8.5	17.5	27.1	37.2	0.251	0.218	0.203
A2	4.4	6.0	7.9	16.1	27.2	38.6	0.273	0.221	0.205
A3	4.2	6.5	8.1	17.2	30.2	41.2	0.244	0.215	0.197
B1	3.1	4.6	6.8	12.1	23.2	35.2	0.256	0.198	0.193
B2	3.0	4.5	6.5	12.3	23.1	34.2	0.244	0.195	0.190
B3	2.9	4.3	6.6	12.1	22.7	33.0	0.240	0.189	0.200
C1	2.6	3.8	5.6	12.2	21.0	25.6	0.213	0.181	0.219
C2	2.4	3.8	5.3	12.0	22.0	26.3	0.200	0.173	0.202
C3	2.4	3.6	5.4	11.2	21.0	24.3	0.214	0.171	0.222
D1	2.1	3.2	4.6	10.3	15.6	20.3	0.204	0.205	0.227
D2	1.9	3.0	4.8	9.8	16.7	21.0	0.194	0.180	0.229
D3	3.2	2.8	3.7	9.6	18.3	21.0	0.333	0.153	0.176
E1	2.3	4.6	5.9	10.3	23.5	26.4	0.223	0.196	0.223
E2	3.2	5.3	6.2	11.6	24.6	28.9	0.276	0.215	0.215
E3	3.3	4.2	5.6	10.7	24.2	27.1	0.308	0.174	0.207
O	3.3	4.8	7.1	13.9	25.2	37.2	0.237	0.190	0.191

由以上试验和计算结果可以看出,每种聚合物乳液的掺入对其砂浆的力学性能都产生了较大的影响,根据折压比的大小选择每种聚合物乳液最佳掺量,做新旧水泥混凝土的黏结劈裂强度试验。见表4-38的对比试验。从表中看出:编号为A2的聚合物乳液改性水泥砂浆对新旧水泥混凝土的黏结性能最好。

劈裂强度试验结果 表4-38

试验项目		试件劈裂极限荷载(kN)				劈裂强度(MPa)
		1	2	3	平均值	
编号	A2	92.8	96.3	95.3	94.8	2.68
	B3	68.5	63.2	64.5	65.4	1.85
	C3	59.3	56.6	57.5	57.8	1.64
	D2	88.6	88.5	84.1	87.1	2.47
	E1	74.0	76.9	77.6	75.5	2.14

4)聚合物乳液A改性水泥砂浆使用效果研究

根据上述试验结果,项目组设计了如表4-39所示的试验。从表中试验结果看出:

(1)界面剂1和界面剂4,在纯水泥浆界面剂的基础上,加用1~2cm厚的水泥砂浆组成复合界面剂,比单用纯水泥浆的黏结劈裂强度提高了8%~9%。

(2)界面剂5使用了1~2cm厚聚合物乳液A改性的水泥砂浆,使新旧水泥混凝土的黏结劈裂强度又提高了28%,新旧水泥混凝土的黏结力得到明显的实质性提高。

(3)界面剂5不仅在涂层,而且在其后的水泥砂浆中都使用了聚合物乳液A,与完全不使用聚合物乳液A的界面剂4相比提高了49%。

(4)由于界面剂5在先涂层和其后的水泥砂浆中都使用了聚合物乳液A,使新旧水泥混凝土的黏结劈裂强度大大提高,根据试验结果,界面剂5可以作为用新水泥混凝土超薄层罩面修复旧水泥混凝土路面的界面剂使用。

聚合物乳液A改性水泥砂浆使用效果比较 表4-39

界面剂编号		1	4	3	5	C35新水泥混凝土整体试件
界面剂		纯水泥浆液	纯水泥浆液+未改性的水泥砂浆	聚合物乳液A+乳液A改性的水泥浆液	聚合物乳液A+乳液A改性的水泥砂浆	
劈裂强度(MPa)	1	2.07	2.24	1.82*	3.20	3.50*
	2	2.51*	2.38	2.09	3.61	3.25*
	3	1.27*	2.33	3.11	2.57*	3.32
	4	2.13	2.02*	2.86	3.81*	3.35
	5	2.19	2.70*	3.30*	3.55	3.46
	平均值	2.13	2.32	2.69	3.45	3.38
	相对值	100	109	126	162	159
	相对值	92	100	116	149	147
	相对值	79	86	100	128	127

注:1.表中界面剂1:纯水泥浆液。

2.表中界面剂3中使用的乳液A改性。

3.表中界面剂4:用的纯水泥浆液即界面剂1;用的水泥砂浆的配比是P.O.52.5水泥:中砂:水=400:1000:185.2。

4.表中界面剂5中用的聚合物乳液A改性的水泥砂浆的配比见聚合物乳液A改性水泥砂浆初步设计的配合比A2。

5.试件新水泥混凝土的浇筑时间在纯水泥浆和水泥砂浆等各界面剂初凝之前。

6.表中界面剂3和界面剂5使用的聚合物乳液A的水稀释液是将原乳液用2倍重量的水稀释后得到的乳液。

7.表中新水泥混凝土试件的配比是:P.O.42.5水泥:中砂:石子:水=16.12:24.71:50.18:7.05。

5）对聚合物乳液 A 改性水泥砂浆改变灰砂比的试验研究

为满足用泥混凝土薄层罩面修复旧水泥混凝土路面后尽快开放交通的要求，在聚合物乳液 A 改性水泥砂浆和纯水泥浆液中加入了早强减水剂。具体试验方法和试验结果见表 4-40。从表 4-40 的试验结果看出：

（1）由于界面剂 6 中用的中砂量较少和水泥量较多（灰砂比 1∶2），使新旧水泥混凝土黏结的 28d 劈裂强度达到 3.14MPa，比界面剂 4（灰砂比 1∶2.5）提高了 35.3%。

（2）界面剂 6 和界面剂 8 用的灰砂比相同，界面剂 6 未使用聚合物乳液 A 改性，界面剂 8 在涂层和砂浆层中使用了聚合物乳液 A，根据试验结果，界面剂 8 使新旧水泥混凝土的黏结劈裂强度比界面剂 6 提高了 8%。

（3）界面剂 7 和界面剂 8 都使用了聚合物乳液 A 改性，采用的聚灰比相同，在砂浆层中，界面剂 7 砂浆层的灰砂比是 1∶1，界面剂 8 砂浆层的灰砂比是 1∶2，但界面剂 7 黏结劈裂强度低于界面剂 8。由此可知，聚合物乳液 A 用量存在一个最佳掺量。

6）在聚合物乳液 A 改性水泥砂浆中，降低聚灰比的试验研究（表 4-41）

（1）界面剂 9 和界面剂 10 在灰砂比相同的情况下（灰砂比 1∶1），由于界面剂 10 在砂浆中使用了聚合物乳液 A 改性，使新旧水泥混凝土黏结的 28d 劈裂强度达到 3.52MPa，比界面剂 9（完全没有使用聚合物乳液 A）提高了 23%。说明聚合物乳液 A 对提高新旧水泥混凝土黏结强度的作用明显。

（2）界面剂 7 和界面剂 10 在涂层和砂浆层中，都使用了聚合物乳液 A，两者砂浆的灰砂比相同，但聚灰比不同。界面剂 7 砂浆层的聚灰比为 0.263∶1，界面剂 10 的聚灰比是 0.125∶1。界面剂 10 的黏结劈裂强度却比界面剂 7 提高了 12%。

不同聚合物乳液改性砂浆灰砂比试验结果 表 4-40

界面剂		6（纯水泥浆液 + 水泥砂浆）		7（乳液 A 稀释液 + 乳液 A 改性水泥砂浆）	8（乳液 A 稀释液 + 乳液 A 改性水泥砂浆）	
界面剂组成	先涂层	P.O.52.0 水泥	200	0	0	C35 试件
		水	177.4	200	200	
		聚合物乳液 A	0	100	100	
		早强剂	3.2	0	0	
	砂浆层	P.O.52.0 水泥	1500	4000	3000	
		早强剂	15	40	30	
		中砂	3000	4000	6000	
		水	600	300	400	
		聚合物乳液 A	0	1052	789	
砂浆拌制		传统方法		本项目特殊设计方法	本项目特殊设计方法	
聚灰比		0		0.263∶1	0.263∶1	
灰砂比		1∶2		1∶1	1∶2	
水灰比		1∶2.5		1∶13.3（乳液水除外）	1∶7.5（乳液水除外）	

续上表

界面剂		6 (纯水泥浆液+水泥砂浆)		7(乳液A稀释液+ 乳液A改性水泥砂浆)		8(乳液A稀释液+ 乳液A改性水泥砂浆)		C35试件
	养护	3d	28d	3d	28d	3d	28d	28d
劈裂强度(MPa)	1	2.66	3.22	3.33	2.09*	2.51	3.18	3.50*
	2	2.32	3.02	3.70*	3.57*	2.51	2.50*	3.25*
	3	3.27*	2.66*	2.74*	2.88	2.72	3.59	3.32
	4	2.28*	3.48*	2.92	3.22	3.04*	3.63*	3.35
	5	3.26	3.17	2.74	3.33	1.75*	3.37	3.46
平均值		2.75	3.14	3.00	3.14	2.58	3.38	3.38
相对值		—	100	—	100	—	108	108
相对值		—	92.9	—	92.9	—	100	100

注:1. 表中界面剂6中用的纯水泥浆液的配制使用方法见表4-33中纯1;用的水泥砂浆按常规方法搅拌混合均匀制成。

2. 表中界面剂7和8中使用的聚合物乳液A的水稀释液的使用方法是在旧水泥混凝土的黏结面上均匀涂刷2遍,待其充分下渗后,再进行下步操作。

3. 表中界面剂4——用的纯水泥浆液即界面剂1。

4. 表中界面剂7和8中用的聚合物乳液A改性的水泥砂浆是按本项目特别设计的方法搅拌混合均匀制成。

5. 试件上半部分C35新水泥混凝土的浇筑时间一定要在水泥砂浆等各界面剂初凝之前。

6. 表中5个试件试验数据的处理方法是:去掉1个最大值和1个最小值,然后将剩余的3个试验数据平均,得到平均值。数据右上方有*者,为被去掉的试验数据。

7. 表中C35新水泥混凝土整体试件的配比是:P.O.42.5水泥:中砂:石子:水=16.12:24.71:50.18:7.05,按常规方法搅拌混合均匀制成。

改变界面剂中聚合物乳液A改性水泥砂浆聚灰比的试验研究 表4-41

界面剂编号		9 (纯水泥浆液+水泥砂浆)		7(乳液A稀释液+ 乳液A改性水泥砂浆)	10(乳液A稀释液+ 乳液A改性水泥砂浆)	C35试件
界面剂组成	先涂层	P.O.52.5水泥	200	0	0	
		水	177.4	200	200	
		聚合物乳液A	0	100	100	
		早强剂	3.2	0	0	
	砂浆层	P.O.52.5水泥	4000	4000	4000	
		早强剂	40	40	40	
		中砂	4000	4000	4000	
		水	1500	300	900	
		聚合物乳液A	0	1052	500	
砂浆拌制		常规方法		新设计方法	新设计方法	
聚灰比		0		0.263:1	0.125:1	
灰砂比		1:1		1:1	1:1	
水灰比		1:2.67		1:13.33(乳液水除外)	1:4.44(乳液水除外)	

续上表

界面剂编号		9 (纯水泥浆液 + 水泥砂浆)		7(乳液 A 稀释液 + 乳液 A 改性水泥砂浆)		10(乳液 A 稀释液 + 乳液 A 改性水泥砂浆)		C35 试件
劈裂强度(MPa)	养护	3d	28d	3d	28d	3d	28d	28d
	1	2.90	2.34	3.33	2.09 *	2.80 *	3.58	3.50 *
	2	2.65	2.71	3.70 *	3.57 *	2.43	4.50 *	3.25 *
	3	2.35 *	3.54	2.74 *	2.88	2.32 *	2.35 *	3.32
	4	3.06 *	3.96 *	2.92	3.22	2.75	2.66	3.35
	5	2.77	1.79 *	2.74	3.33	2.43	4.31	3.46
平均值		2.77	2.86	3.00	3.14	2.54	3.52	3.38
相对值		—	100	—	108	—	123	118
相对值		—	84.6	—	92.9	—	104	100
相对值		—	91.1	—	100	—	112	108

注:1. 表中界面剂 9 中采用纯水泥浆液。
2. 表中界面剂 7 和 10 中使用的聚合物乳液 A 的水稀释液的使用方法是在旧水泥混凝土的黏结面上均匀涂刷 2 遍,待其充分下渗后,再进行接下来的操作。
3. 表中界面剂 7 和 10 中用的聚合物乳液 A 改性的水泥砂浆是按设计方法搅拌混合均匀制成。
4. 试件上半部分新水泥混凝土的浇筑时间必须在水泥砂浆等各界面剂初凝之前。
5. 表中 5 新水泥混凝土整体试件的配比是:P. O. 42.5 水泥∶中砂∶石子∶水 = 16.12∶24.71∶50.18∶7.05,按常规方法搅拌混合均匀制成。

7)在聚合物乳液 A 改性水泥砂浆界面剂使用后,新水泥混凝土浇筑时机的试验研究

新旧水泥混凝土黏结的劈裂强度试验中,新水泥混凝土的浇筑时间是在界面剂的砂浆涂抹后立即浇筑,试验结果见表 4-42。

界面剂的砂浆层使用后新水泥混凝土浇筑时机的选择试验　　表 4-42

界面剂编号			10(乳液 A 稀释液 + 乳液 A 改性水泥砂浆)		7(乳液 A 稀释液 + 乳液 A 改性水泥砂浆)		C35 试件
界面剂组成	先涂层	P. O. 52.5 水泥	0		0		
		水	200		200		
		聚合物乳液 A	100		100		
		早强剂	0		0		
	砂浆层	P. O. 52.5 水泥	4000		4000		
		早强剂	40		40		
		中砂	4000		4000		
		水	900		300		
		聚合物乳液 A	500		1052		
砂浆拌制			本项目特殊设计方法		本项目特殊设计方法		
聚灰比			0.125∶1		0.263∶1		
灰砂比			1∶1		1∶1		
水灰比			1∶4.44(乳液中的水除外)		1∶13.3(乳液中的水除外)		
新水泥混凝土浇筑时机			界面剂的砂浆涂抹后接着浇筑	界面剂的砂浆涂抹后待 4h(室内)浇筑	界面剂的砂浆涂抹后接着浇筑	界面剂的砂浆涂抹后待 7h(室内)浇筑	

续上表

界面剂编号		10(乳液A稀释液+乳液A改性水泥砂浆)				7(乳液A稀释液+乳液A改性水泥砂浆)				C35试件
	养护	3d	28d	3d	28d	3d	28d	3d	28d	28d
劈裂强度(MPa)	1	2.80*	3.58	3.59*	3.85	3.33	2.09*	2.71	3.57	3.50*
	2	2.43	4.50*	2.43*	3.91*	3.70*	3.57*	2.64	3.58	3.25*
	3	2.32*	2.35*	3.18	3.87	2.74*	2.88	2.62*	3.17*	3.32
	4	2.75	2.66	3.09	3.77	2.92	3.22	3.17*	3.59	3.35
	5	2.43	4.31	3.22	3.35*	2.74	3.33	2.69	3.63*	3.46
平均值		2.54	3.52	3.16	3.83	3.00	3.14	2.68	3.58	3.38
相对值			100		109		89		102	96
相对值			112		122		100		114	108
相对值			104		113		93		106	100

注:1. 表中界面剂7和10中聚合物乳液A的使用方法是在旧水泥混凝土的黏结面上均匀涂刷2遍,待其充分下渗后,再进行下步操作。
2. 表中界面剂7和10中聚合物乳液A改性水泥砂浆是按本项目特别设计的方法搅拌混合均匀制成。
3. 表中C35新水泥混凝土整体试件的配比依然是:P.O.42.5水泥:中砂:石子:水=16.12:24.71:50.18:7.05,按常规方法搅拌混合均匀制成。

从表4-42的试验结果看出:

(1)比较界面剂10涂抹后立刻浇筑新水泥混凝土和涂抹后待4h(室内)浇筑新水泥混凝土,后者比前者使新旧水泥混凝土黏结的劈裂强度提高了9%。而且,后者各个劈裂强度测试结果的离散性小得多,且28d的劈裂强度测试值离散性更小,试验稳定性更高。界面剂7的新水泥混凝土浇筑时机亦可得到相同结论。聚合物乳液改性水泥砂浆涂抹后待7h(室内)浇筑新水泥混凝土,比接着浇筑新水泥混凝土使新旧水泥混凝土黏结的劈裂强度提高了14%。而且,待7h(室内)浇筑各个劈裂强度测试结果的离散性要小得多。

(2)采用界面剂10,待聚合物乳液改性水泥砂浆涂抹后4h(室内)浇筑新水泥混凝土,可使新旧水泥混凝土28d的黏结劈裂强度提高13%以上。因此,正确使用界面剂10,可使水泥混凝土薄层罩面修复旧水泥混凝土路面的质量得到保证。

8)在聚合物乳液A改性水泥砂浆界面剂使用后,待几小时才浇筑新水泥混凝土试验,结果离散性更小

试验证明,聚合物乳液A可使水泥砂浆的初凝时间大大延长。界面剂10的聚合物改性水泥砂浆室内4h仍未初凝,界面剂7的聚合物改性水泥砂浆室内7h也未初凝。在未初凝时间浇筑新水泥混凝土,振实过程中,界面剂10和界面剂7的聚合物改性水泥砂浆由于虽未初凝,但稠度已经很大,砂浆中的聚合物改性水泥浆液不能被振上浮,相反,新水泥混凝土中的粗集料在振实过程中还会下沉,而且加入界面剂的聚合物改性水泥砂浆,使新旧水泥混凝土的界面区被粗集料和界面剂的聚合物改性水泥砂浆充满,不存在空隙和疏松,因此会增加黏结劈裂强度试验结果。

4.3.11 界面黏结拉拔试验

国外对路面结构是根据试验路情况得到一些经验性参数,但基本未形成可推广的设计和

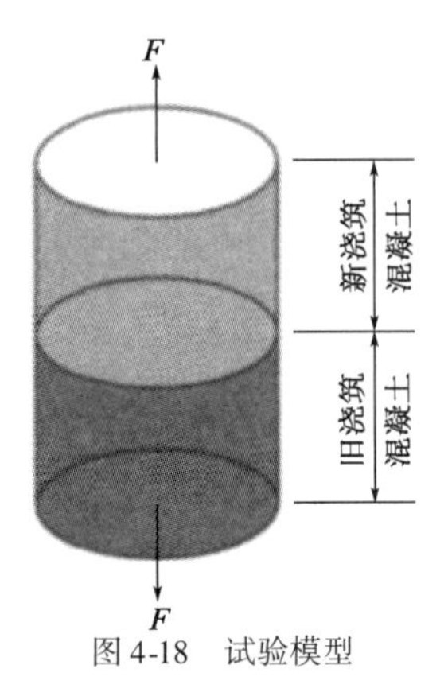

图 4-18　试验模型

试验检测方法。同时,薄层水泥混凝土罩面在国内工程实例少,结构分析很少,更没有相关试验检测方法。为了有效地评价层间黏结情况,本书利用材料试验机(Material Test System,MTS),对层间黏结强度进行了研究。所谓层间黏结强度试验,就是在旧水泥混凝土路面上钻取芯样,经过界面处理后,在表面涂敷黏结剂,然后浇筑新混凝土;养护 28d 后,使用自制夹具,在 MTS 设备上进行黏结抗拉强度试验。试验模型如图 4-18 所示。

为了模拟旧混凝土路面加铺超薄水泥混凝土罩面,先在旧水泥混凝土路面上钻取芯样,将其进行打毛、刻槽处理后涂敷黏结剂,然后浇筑新水泥混凝土,如图 4-19、图 4-20 所示。

图 4-19　拉拔试验试样

图 4-20　拉拔试验模具

本次研究中采用三种黏结方式进行试验,分别为普通水泥净浆、涂抹丁苯乳液后再加水泥净浆、涂抹丁苯乳液后再加水泥砂浆。旧混凝土面层处理分为凿毛和刻槽两种方式。黏结强度为:

$$f_n = \frac{P}{S} \tag{4-4}$$

$$S = \frac{\pi D^2}{4} \tag{4-5}$$

式中:P——拉力;

S——试件受拉面积;

D——试件直径,100mm。

黏结强度小,则附着力小;反之,附着力大。通过对比试验,测试了 3 种不同黏结方式、2 种界面处理方式的黏结强度。试验结果见表 4-43,其荷载与位移关系见图 4-21。

黏结强度试验结果　　表 4-43

界面剂	界面处理方式	黏结强度(MPa)	标准差	变异系数(%)
水泥净浆	凿毛	0.31	0.01	3.23
	刻槽	0.67	0.03	3.74

续上表

界　面　剂	界面处理方式	黏结强度(MPa)	标　准　差	变异系数(%)
水泥净浆 + 丁苯乳液	凿毛	0.45	0.02	3.56
	刻槽	1.10	0.04	3.64
水泥砂浆 + 丁苯乳液	凿毛	0.65	0.02	3.69
	刻槽	1.32	0.04	3.08

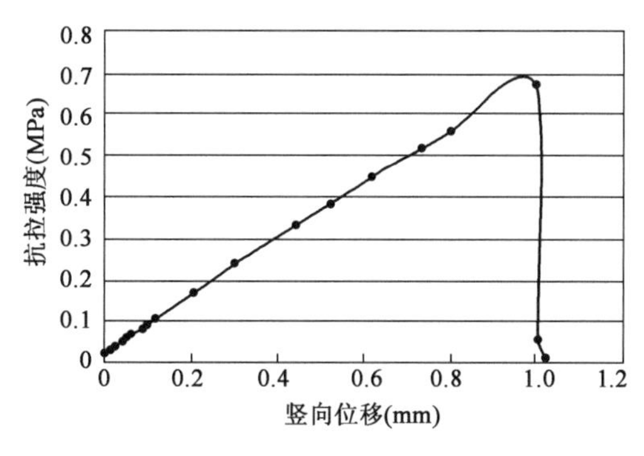

图 4-21　荷载与位移关系图

从试验结果可知,采用丁苯橡胶乳液作为黏结剂后,其黏结强度有了较大的提高。这是因为聚合物在水泥浆与集料间形成具有较高黏结力的膜,并堵塞砂浆内的空隙,水泥水化与聚合物成膜同时进行,最后形成水泥浆与聚合物相互交织在一起的互穿网络结构。同时聚合物与水泥水化的产物发生化学反应,这种化学反应可改变水泥水化产物与集料之间的黏结,从而改善新旧混凝土的黏结性能。此外,界面经过刻槽处理后的黏结强度要大于凿毛处理后的黏结强度。这是由于刻槽处理后的界面其粗糙度要远大于凿毛后的粗糙度,从而使得旧混凝土与新混凝土结合得更加紧密。

为了研究界面黏结剂的黏结效果,对不同界面剂的黏结效果进行拉拔试验。水泥混凝土试件表面刻槽打毛处理。采用三种界面剂进行拉拔试验,试验结果见表 4-44。

不同界面剂新旧混凝土黏结性能的拉拔试验　　表 4-44

界面剂	抗拉强度(MPa)						
	试件一	试件二	试件三	试件四	试件五	试件六	平均值
普通水泥浆	1.92	2.35*	2.13	1.88*	2.08	2.10	2.06
聚合物 7	2.96	3.25	3.58*	3.10	3.12	2.78*	3.11
聚合物 10	3.62	3.38	3.48	3.21*	3.51	3.66*	3.50

通过试验可以看出,使用普通水泥浆作为界面剂,界面黏结效果较差,平均黏结强度在 2.06MPa。采用聚合物作为黏结剂,其黏结强度得到显著提高,其中聚合物 7 的黏结强度达到 3.11MPa,而聚合物 10 的黏结强度达到 3.50MPa。说明改进的聚合物黏结剂加上一定的施工工艺,其黏结性能能够满足新旧混凝土的界面黏合指标,达到比较好的整体效果。

为确保新旧混凝土的有效黏结,施工工艺按以下方式进行:

(1)铣刨机铣刨:采用混凝土铣刨机将沉降路段原有的水泥混凝土板铣刨到现场测定

的值。

（2）人工刻槽：原有旧混凝土表面铣刨到预定的深度后除渣、清扫，然后对铣刨的表面进行人工刻槽。表面形状要求为斜向45°左右沟槽满布，沟槽深度0.3～0.5mm。

（3）清洁处理：表面处理完后用高压水配合钢丝刷除净表面松动部分和尘渣，以保持表面清洁度。待表面干燥后进入下一道工序的施工。

（4）用大的排刷将界面剂涂刷在刚处理完的沉降板的新鲜表面，立刻进行高标号水泥砂浆的施工。将搅拌好的砂浆摊铺在表面，摊铺厚度为0.8～1.0cm。

4.3.12　本章结论

（1）界面剂10可使新旧水泥混凝土的黏结劈裂抗拉强度达到3.83MPa，比纯水泥浆液界面剂的黏结强度提高了77.3%，也明显高于用有机溶剂型环氧树脂胶黏剂作为界面剂所能达到的黏结强度，更大大高于用环氧树脂乳液改性的水泥基界面剂所能达到的黏结强度。

（2）试验证明，对水泥基界面剂，既不使用环氧树脂乳液，也不使用有机聚合物乳液，对新旧水泥混凝土的黏结强度提高程度不明显。

（3）用环氧树脂乳液改性的水泥基界面剂，使新旧水泥混凝土的黏结强度明显低于用有机溶剂型环氧树脂胶黏剂作为界面剂的黏结强度。这是因为在水乳液中的环氧树脂，是作为液滴形式悬浮在液相（水）中的，因此，在液相（水）中，环氧树脂的分散极其不均匀。但在机溶剂型环氧树脂胶黏剂中，环氧树脂在溶剂中是以乳液的形式、以分子状态存在的，因此，环氧树脂在有机溶剂型胶黏剂中的分散非常均匀，能充分发挥环氧树脂的环氧基对新旧水泥混凝土的黏结力。

（4）作为新旧混凝土的黏结层，丁苯橡胶乳液＋水泥砂浆的方式可使得新旧混凝土之间的黏结性能良好，对于防止超薄水泥混凝土的开裂提供了技术保障。

第5章　水泥混凝土路面材料路用性能研究

5.1　薄层混凝土路用性能研究

5.1.1　力学性能研究

1)抗压性能

抗压强度试验采用边长为150mm的立方体为标准试件。当纤维长度不大于40mm时,可采用边长100mm的立方体试件。本书所用钢纤维长度为32mm,聚丙烯腈纤维长度为12mm,所以采用了边长为100mm的立方体。

(1)钢纤维混凝土抗压强度

①试验数据

素混凝土、钢纤维试块抗压强度增长趋势线见图5-1。从图中可以看出:

a.抗压强度都随龄期的增长而增加,且钢纤维混凝土与素混凝土增长的趋势相似。

b.钢纤维混凝土各龄期的抗压强度都要高于素纤维混凝土相对应抗压强度,28d的钢纤维混凝土抗压强度比素混凝土的提高9%。钢纤维对混凝土抗压强度增强效果不明显。

c.钢纤维混凝土3d抗压强度为设计强度的78%,7d抗压强度为设计强度的113.1%。3d的抗压强度大于24.5MPa,可以满足白色薄层罩面尽早开放交通的要求。

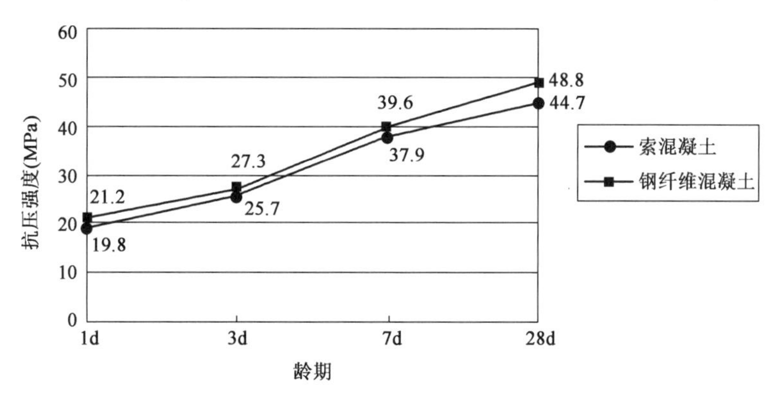

图5-1　钢纤维、素混凝土抗压强度增长趋势线

②试件破坏形态

从钢纤维混凝土抗压试件的破坏形态来看,掺入钢纤维后,其破坏形态有较大改善。当不掺加钢纤维时,试件破坏表现为脆性破坏,试件表面和边角严重脱落,发生的为整体性破坏。当混凝土试件内部掺入钢纤维时,试件基本上保持原形,无碎块、崩裂现象,只是出现细微的裂

缝和脱皮,混凝土破坏由脆性破坏转变为近似于延性开裂。

③试验结果分析

尽管钢纤维对混凝土抗压强度的提高不明显,但抗压试件的破坏形态得到大大改善,由脆性破坏转变为延性破坏。

本试验添加了早强减水剂,其早期抗压强度较高。钢纤维混凝土试件成型时,虽然钢纤维在混凝土中呈三维乱向分布,但由于采用振动成型,使大部分钢纤维都顺着平行于振动台的方向排列,试件受压时,顺向纤维较多,因此反映出钢纤维混凝土抗压强度增强效果不明显。

在混凝土中加入钢纤维,因集料的边壁效应,钢纤维平行集料边壁,在内部微裂缝发展的初级阶段,钢纤维与集料界面裂缝平行,起不到约束裂缝的作用。只有裂缝扩展到砂浆和水泥石后,钢纤维才有可能跨越裂缝约束其发展。但是,这时混凝土的裂缝很快进入非稳定扩展阶段,如要约束混凝土的横向变形,除非像螺旋筋那样强劲的约束手段,一般作用都不显著。钢纤维因为掺量少,又是乱向分布,对进入非稳定扩展裂缝约束作用有限,所以表现出对抗压强度提高程度不大。

综上所述,掺有钢纤维的混凝土,其抗压强度的大小主要取决于混凝土基体的性能。因此可以说,混凝土基体性能以及钢纤维-水泥基体界面黏结强度是决定抗压强度的主要因素。

(2)聚丙烯腈纤维混凝土抗压强度

①试验数据

聚丙烯腈纤维在不同的掺量下随着龄期的增长强度变化如图 5-2 所示。

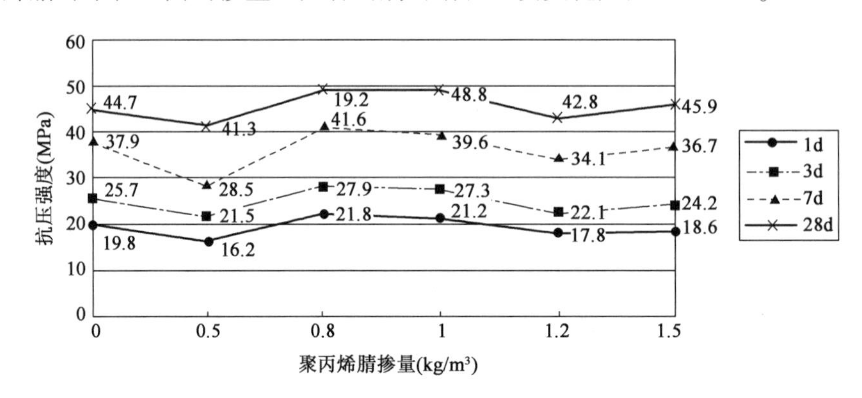

图 5-2　不同纤维掺量下对各龄期抗压强度的影响趋势线

从图 5-2 可以看出:聚丙烯腈纤维混凝土的抗压强度随着纤维掺量的增加并没有明显的变化趋势;龄期对抗压强度的影响,随着龄期的增加,抗压强度都是逐渐提高的。

1.0kg/m³聚丙烯腈纤维含量的抗压强度,随龄期的变化如图 5-3 所示。从中可以看出:3～7d抗压强度增长较大,3d 后强度达到设计强度的 78%。

②破坏形态

聚丙烯腈纤维混凝土破坏后的完整性比素混凝土好,主要是四壁混凝土面层的崩裂以及细小裂缝的发展,没有出现大的碎块、脱角。

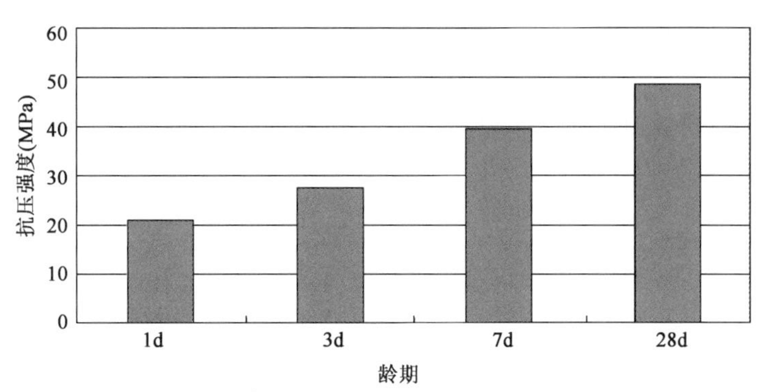

图 5-3　1.0kg/m³聚丙烯腈混凝土抗压强度随龄期增长柱状图

③分析

聚丙烯腈纤维在改善混凝土的抗压强度方面效果不显著,究其原因:聚丙烯腈纤维等合成纤维主要用于提高混凝土的早期抗裂性、抗冲击性、抗冻性等。当纤维掺量过大时,由于纤维分布不均,易引起结团,造成强度的降低。

(3)钢纤维混凝土与聚丙烯腈纤维混凝土抗压性能比较

图 5-4 是掺量为 1.0kg/m³聚丙烯腈纤维混凝土与钢纤维混凝土的抗压强度增长趋势线,各龄期抗压强度比较接近,混凝土强度大小主要取决于混凝土基体的性能。

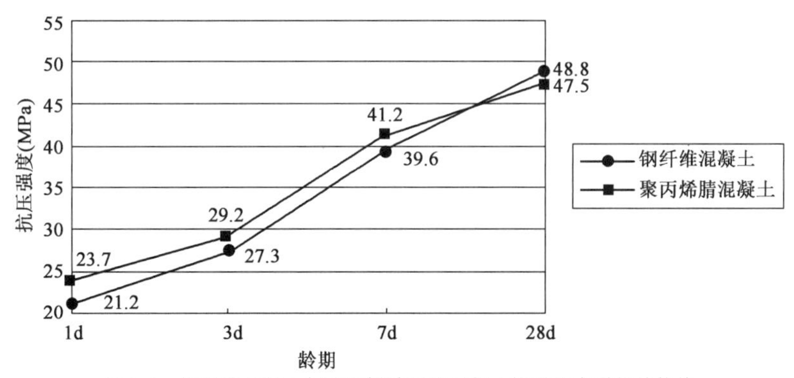

图 5-4　钢纤维混凝土与聚丙烯腈纤维混凝土抗压强度增长趋势线

2)弯拉性能

薄层混凝土在公路路面的应用中主要是承受弯曲应力,研究薄层混凝土的弯拉强度,为公路路面的设计提供数据和作为检验施工期薄层混凝土质量的指标,具有重要的实际意义。

混凝土小梁弯折试验是测定混凝土抗拉强度的间接试验方法,所得到的抗拉强度称为弯拉强度。薄层混凝土弯拉强度的试验方法与普通混凝土基本相同,如图 5-5 所示。

图 5-5　薄层混凝土小梁弯拉试验

(1)钢纤维混凝土的弯拉强度

①试验数据

强度随龄期变化趋势线如图 5-6 所示。从图中可以看出：

a. 钢纤维混凝土的弯拉强度在各个龄期均高于素混凝土，且平均高出 11%。

b. 强度随着龄期的增加而提高。从图中可以看出：1d、3d、7d 的弯拉强度分别达到设计弯拉强度的 88%、102.6%、110.8%，说明了添加合适的早强减水剂和适量的纤维，可以提前开放交通。

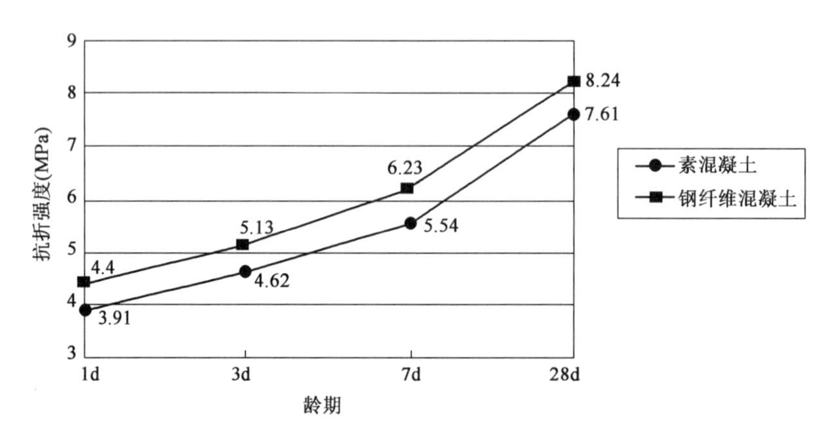

图 5-6　钢纤维、素混凝土试件弯拉强度变化趋势线

②破坏形态与机理

钢纤维在试块受弯曲时，发挥了增强作用，弯拉强度和韧性都有很大的提高。素混凝土试件随着荷载的增加，底部出现裂缝并快速发展，贯穿整个断面，试件突然断裂成两块，表现为脆断。而钢纤维混凝土则不同，当混凝土试件从下部出现裂缝，由于存在钢纤维，通过它们的脱黏和拔出，吸收外部很大的能量，从而大大提高了试件的韧性和抗裂性。同时有效地抑制了裂缝的开展，试件底部只有微小的裂缝，没有贯穿截面。钢纤维混凝土则随着裂缝宽度的继续扩大而缓慢卸载，裂而不断，为延性破坏，破坏形态如图 5-7 所示。

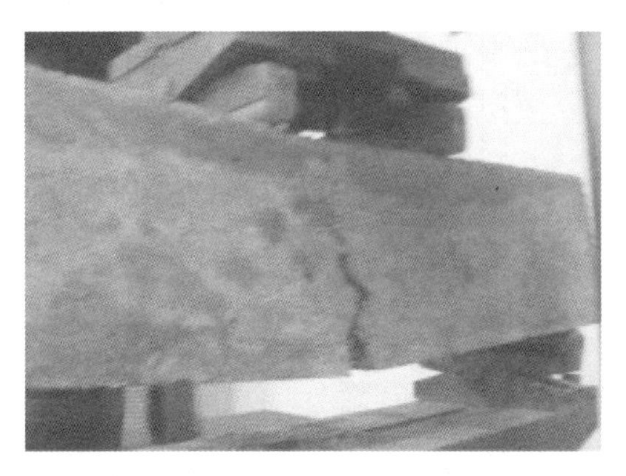

图 5-7　钢纤维混凝土试件弯拉破坏形态

③分析

钢纤维混凝土在弯拉强度和破坏形态方面都有明显的改善，这是钢纤维在水泥混凝土路面中使用的一个重要原因。

(2) 聚丙烯腈纤维混凝土弯拉强度

①试验数据

a. 纤维掺量对弯拉强度的影响：纤维掺量对弯拉强度的影响和抗压强度的影响相似，变化趋势不明显(图 5-8)。

b. 龄期对弯拉强度的影响：随着龄期的增加，弯拉强度都是逐渐提高的。弯拉强度随龄期变化的柱状图如图 5-9 所示。从图中可以看出：1d 的早期强度增长较快，可达到设计强度的 83.2%，3d 的强度达到设计强度的 100.2%；3 ~ 28d 的强度增长也较快。

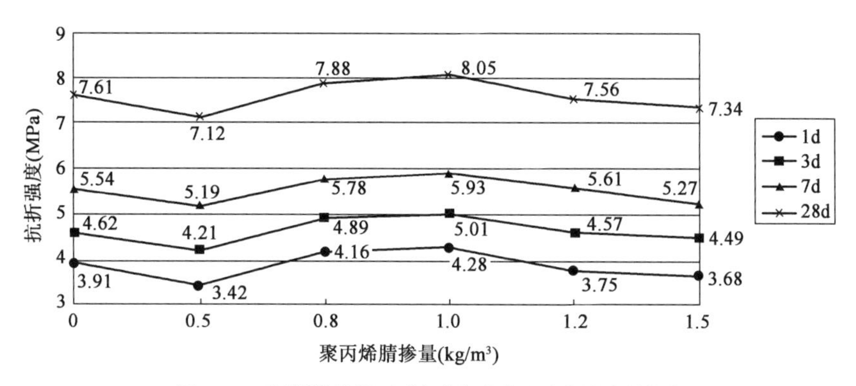

图 5-8 不同纤维掺量下对各龄期弯拉强度的影响趋势线

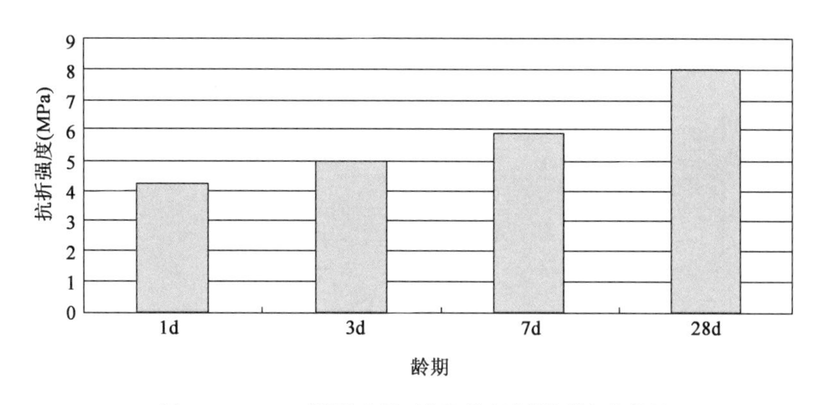

图 5-9 1.0kg/m³纤维含量下弯拉强度随龄期增长柱状图

②破坏形态与机理

聚丙烯腈纤维混凝土的破坏模式由素混凝土的脆性破坏形式变为具有一定的韧性，当试件初裂时，试件大部分还能继续承受荷载，纤维在荷载作用下逐渐被拉断，对混凝土起到了良好的增韧效果。

由于纤维与混凝土基体的黏结强度较高，当应力自基体传递给纤维时，纤维因变形而消耗能量，使试件达到初裂时的荷载及变形增大；同时，纤维在裂纹的表面能阻止裂纹的迅速扩展，只有当应力大于聚丙烯腈纤维与基体的黏结强度或大于纤维抗拉强度时纤维才可能被拔出或拉断，因此纤维混凝土的弯拉强度有明显提高。

③分析

当聚丙烯腈纤维掺量为 1.0kg/m³左右时，混凝土试件的弯拉强度有所提高，韧性也有所增加，如图 5-10 所示。但如果纤维过多，会引起纤维分布不均，造成结团，从而降低强度。

从图 5-9 中可以看出，聚丙烯腈纤维掺量在 1.0kg/m³时，在各个龄期相对素混凝土强度分别提高了 9.5%、8.4%、7.0%、5.8%。改善效果比钢纤维差。

(3)钢纤维混凝土与聚丙烯腈纤维混凝土弯拉性能比较

纤维掺量为 1.0kg/m³时聚丙烯腈纤维混凝土与钢纤维混凝土的弯拉强度数据对比见图 5-11。从图中可看出，钢纤维试件的弯拉强度大于聚丙烯腈纤维试件，这表明抗拉强度和弹性模量高的钢纤维在试件受弯折时发挥了更大的优越性。

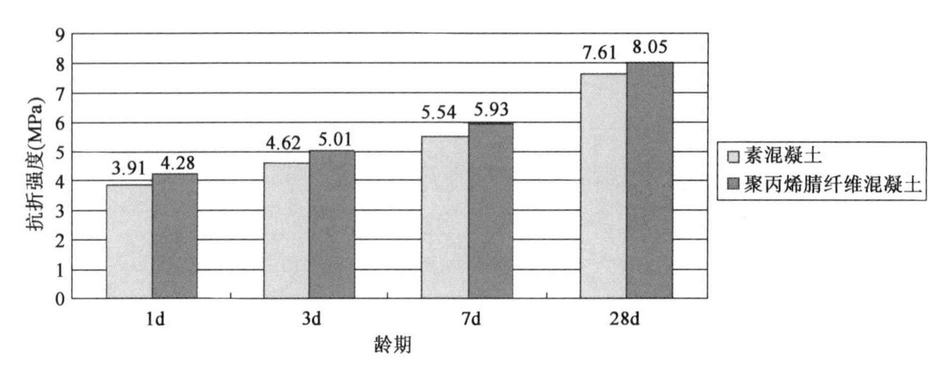

图 5-10　素混凝土、聚丙烯腈纤维混凝土弯拉强度对照图

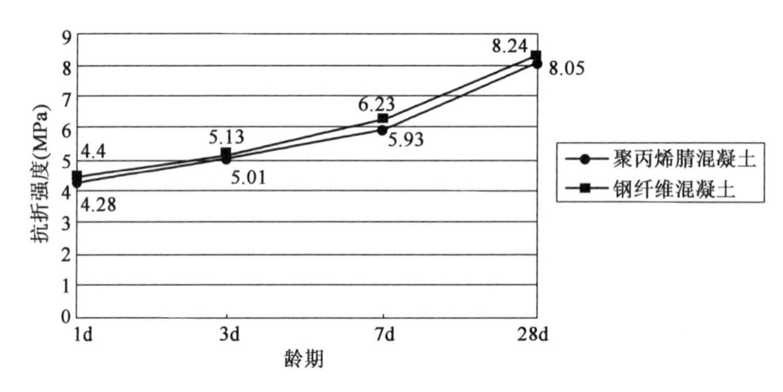

图 5-11　钢纤维混凝土与聚丙烯腈纤维混凝土弯拉强度变化趋势线

3)劈裂性能

混凝土是脆性材料,受拉时很小的变形就会导致开裂,它在断裂前没有残余变形。混凝土的劈裂强度只有抗压强度的 1/20 ~ 1/10,且随着混凝土强度等级的提高,比值降低。根据国内外经验,混凝土的破坏形式主要有横纵裂缝、角隅裂缝,因此研究混凝土劈裂强度对于抗开裂性有重要意义。

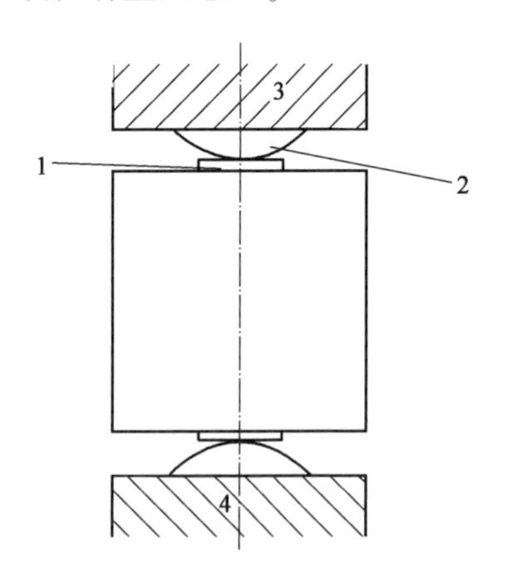

图 5-12　劈裂试件安放示意图

1-木质垫板;2-钢制弧形垫条;3-试验机上压板;4-试验机下压板

纤维混凝土劈裂强度的试验方法与普通混凝土基本相同。钢纤维混凝土的劈裂强度试验采用边长为 150mm 的立方体标准试件。当钢纤维长度不大于 40mm 时,可采用边长为 100mm 的立方体试件。本书选用边长为 100mm 的立方体试件。双层钢纤维混凝土按乘以0.8的尺寸换算系数,普通混凝土和聚丙烯腈纤维混凝土乘以 0.85。

劈裂强度试验示意如图 5-12 所示。

(1)钢纤维混凝土的劈裂强度

①试验数据分析

试件劈裂强度变化趋势见图 5-13。其中强度比是钢纤维混凝土相对于素混凝土的劈裂强度比。从图中可以看出:

a. 钢纤维混凝土的劈裂强度在各个龄期都高于素混

凝土。

b. 素混凝土和钢纤维混凝土劈裂强度随着龄期的增加而提高，在 1d ~ 7d 期间，它们的增长速度相近，然而钢纤维混凝土 28d 劈裂强度增加更快。其中，3d、7d 龄期的钢纤维混凝土劈裂强度是 28d 的 54%、78%。

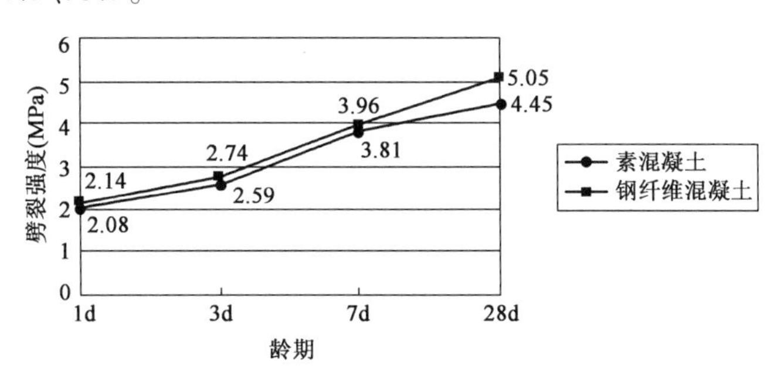

图 5-13 钢纤维和素混凝土劈裂强度变化趋势线

②破坏形态与机理

劈裂强度试验过程表明，钢纤维混凝土劈裂试件的破坏形态有很大的改善。素混凝土试件随着荷载的增加，顶部出现裂缝并快速发展，贯穿整个断面，试件从中间完全被劈裂成两块，表现为脆性破坏。而钢纤维混混凝土试块顶部开始出现裂缝时，混凝土中的钢纤维能进一步抑制裂缝的扩展，而使裂缝不能继续贯穿，直到裂缝处钢纤维慢慢地被拔出。试件呈现良好的韧性，裂而不断。

钢纤维混凝土提高了试件的抗裂性和韧性，使混凝土的破坏形态得到较大的改善。

(2)聚丙烯腈纤维混凝土劈裂强度

①试验数据

纤维掺量对劈裂强度的影响：纤维掺量对劈裂强度的影响和抗压、弯拉强度的影响相似，变化趋势不明显。如图 5-14 所示。

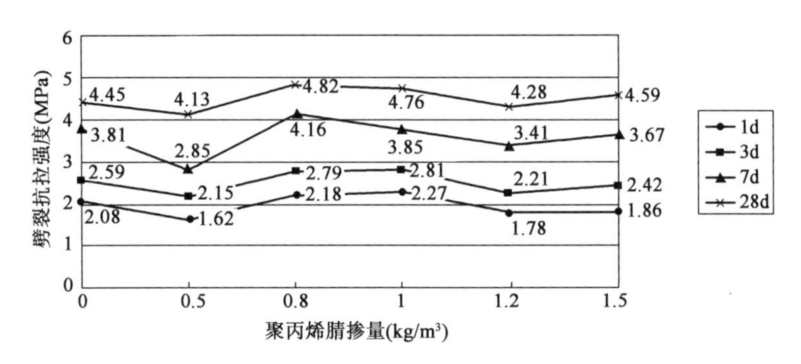

图 5-14 不同纤维掺量下对各龄期抗拉强度的影响趋势线

图 5-15 中数值为测定相邻龄期的强度增长值。从中可以看出：3d ~ 7d 强度增长最快，并且 3d 的强度达到 28d 强度的 61%。

②破坏形态与机理

纤维的掺入未使试件的破坏形态有较大改善，仍然和素混凝土试件一样，试件被破坏成两块，断裂面处凹凸不平，纤维被拉断，这表明纤维虽然增加了试块的断裂能和韧性，但是由于聚丙烯腈纤维不像钢纤维那样是高弹性模量纤维，它仍然改变不了试件的脆性破坏特征。

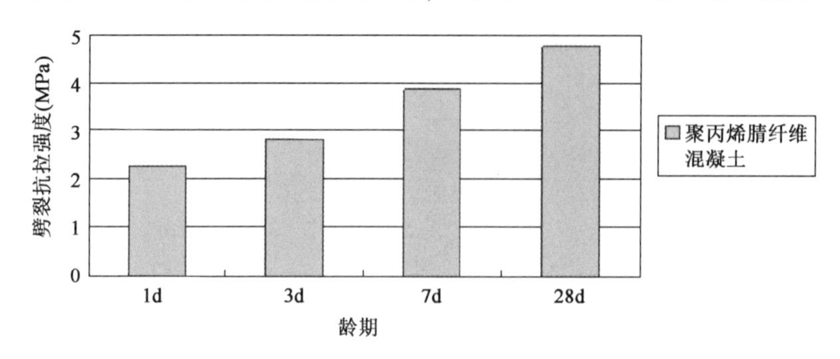

图5-15　纤维含量1.0kg/m³时聚丙烯腈混凝土劈裂强度增长柱状图

③分析

聚丙烯腈纤维混凝土对试件的劈裂强度有所提高，纤维在破坏时吸收了断裂能，但试件的破坏仍然为脆性破坏。

纤维的最佳掺量在1.0kg/m³左右时，掺加聚丙烯腈纤维能提高劈裂强度，但过多会引起强度降低。当掺量为1.0kg/m³时，相对素混凝土的强度提高幅度如图5-16所示。纤维的加入使混凝土的劈裂强度明显高于素混凝土。在各个龄期相对素混凝土分别提高了9.1%、8.5%、1.0%、7.0%。

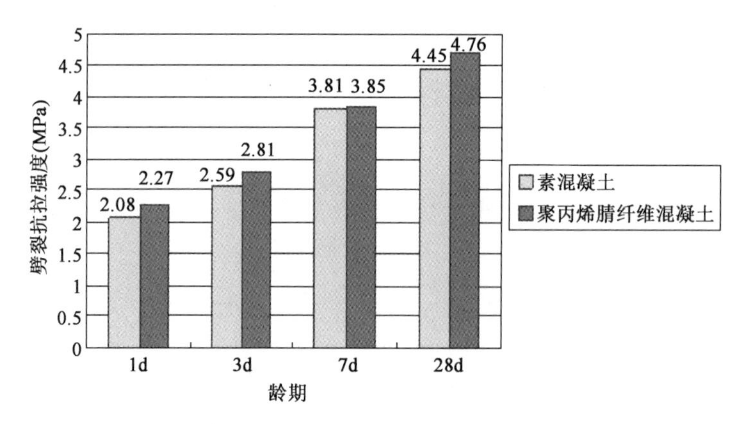

图5-16　素混凝土、聚丙烯腈纤维混凝土劈裂强度对比图

(3)钢纤维混凝土与聚丙烯腈纤维混凝土劈裂性能比较

聚丙烯腈纤维掺量为1.0kg/m³时与钢纤维的劈裂强度趋势比较见图5-17。从中可看出，两者的劈裂强度相差较小，钢纤维混凝土试件的破坏形态优于聚丙烯腈试件，具有较完整的延性破坏。

4)静力抗压弹性模量

(1)钢纤维混凝土受压弹性模量分析

钢纤维、素混凝土试件抗压弹性模量增长趋势线见图5-18。从图中可以看出：

①抗压弹性模量都随龄期的增长而增加，且钢纤维混凝土与素混凝土增长的趋势很相似，都近似呈直线。

②钢纤维混凝土各龄期的抗压弹性模量都要高于素纤维混凝土相对应的抗压弹性模量，

28d 的钢纤维混凝土抗压弹性模量要比素混凝土的提高 6.6%。加入了钢纤维后，混凝土抗压弹性模量最大可提高 7.8%。

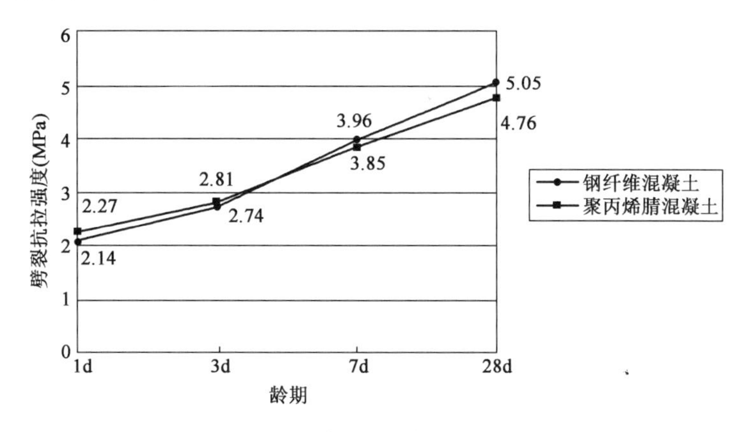

图 5-17 钢纤维、素混凝土劈裂强度变化趋势线

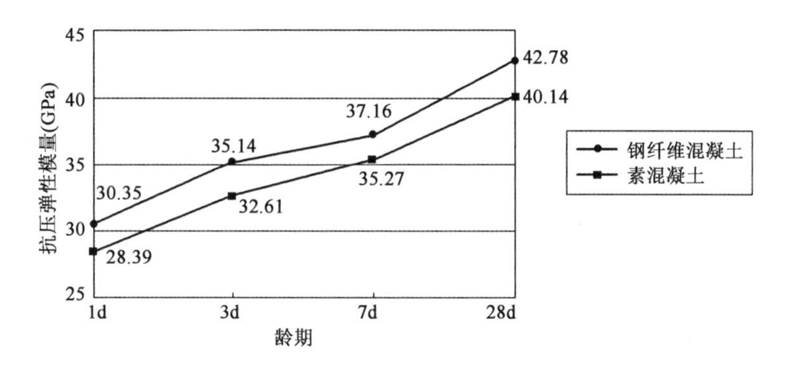

图 5-18 钢纤维、素混凝土抗压弹性模量增长趋势线

(2)聚丙烯腈纤维混凝土抗压弹性模量分析

①纤维掺量对抗压弹性模量的影响。

纤维掺量对抗压弹性模量的影响如图 5-19 所示。

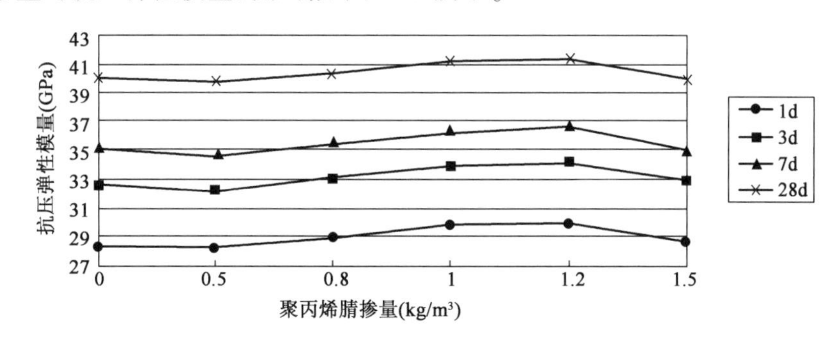

图 5-19 不同纤维掺量下对各龄期抗压弹性模量的影响趋势线

纤维过多，会引起纤维分布不均，造成结团，从而使弹性模量下降。当纤维掺量为 0.8～1.2kg/m^3时，抗压弹性模量能较好地增强；掺量为 1.0kg/m^3时，相对素混凝土的抗压弹性模量增长幅度见图 5-20。

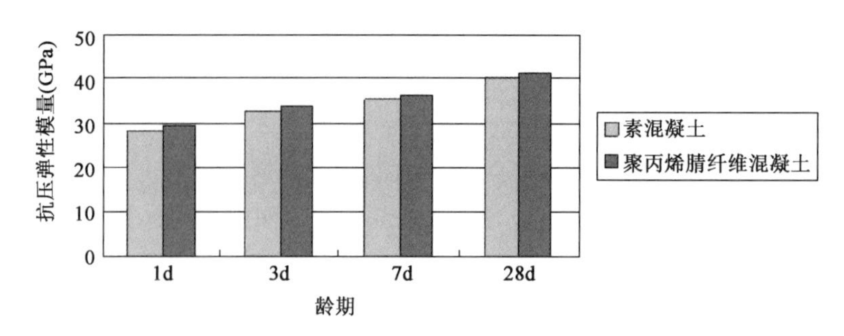

图 5-20　素混凝土、聚丙烯腈纤维混凝土抗压弹性模量对比图

②龄期对抗压弹性模量的影响：随着龄期的增加，弹性模量都是逐渐提高的。掺量为 1.0kg/m^3 聚丙烯腈纤维含量的抗压弹性模量，随龄期变化的柱状图如图 5-21 所示，3d 的抗压弹性模量可达到 28d 的 82.5%。

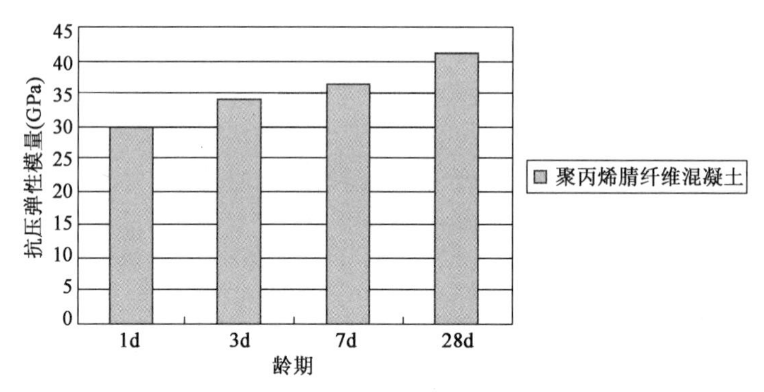

图 5-21　1.0kg/m^3 纤维含量下抗压弹性模量随龄期增长柱状图

(3)钢纤维混凝土与聚丙烯腈纤维混凝土抗压弹性模量比较

纤维掺量为 1.0kg/m^3 时聚丙烯腈纤维混凝土与钢纤维混凝土的抗压弹性模量数据比较见图 5-22。从图中可看出，它们在各个龄期相差不大，但钢纤维试件的抗压弹性模量稍大于聚丙烯腈纤维试件。

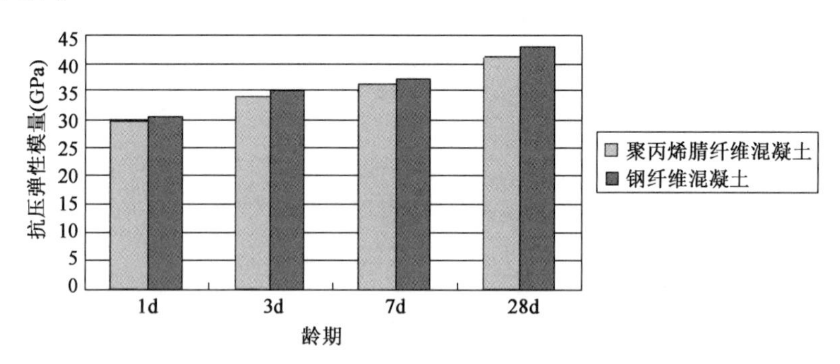

图 5-22　钢纤维混凝土、聚丙烯腈纤维混凝土抗压弹性模量对比图

5.1.2　抗冲击性能研究

薄层混凝土在使用过程中，行车荷载会在面板间与板边角处的接缝和其他障碍物处形成

高速反复冲击作用,虽然车辆荷载远远低于混凝土材料的容许强度,但在动荷载作用下,混凝土内部的原有缺陷在冲击能量的作用下,裂缝尖端会出现应力集中现象并扩大连通,从而导致整个混凝土路面板的破坏。因此,抗冲击性能也成为评价混凝土材料路用性能的重要指标之一。

抗冲击性能是指在反复冲击荷载作用下材料吸收动能的能力,而本书就是研究在薄层混凝土中掺加纤维的抗冲击性能效果。

1)试验方法和步骤

(1)抗冲击性能试验方法

国内外对混凝土抗冲击性能进行过一些有益的探索。国外的方法有:N. Banthia 混凝土冲击试验方法、SHPB 混凝土冲击试验方法、ACI544 冲击试验方法等;国内的方法有:浙江水利河口研究院的模拟打桩的冲击试验方法、北京工业大学建工学院自行研制的自由落锤抗弯冲击装置等。常采用的有 ACI544 冲击试验方法如下:

试件呈圆饼状,直径 152mm、厚度 63.5mm。试验装置:试件底部抹一层黄油,然后按照图 5-23的要求放置,试件表面正中心放置一个直径为 63.5mm 的硬钢球,测试时用手工操作将一个重 4.54kg 的标准冲击锤从 457mm 的高度落下,落锤冲击装置于试件正中心的硬钢球。刚性挡板是用 1 个粗糙表面朝上的钢板做的,四周有四个钢挡板。测试试件置于底板上。锤子连续落下,仔细观察试件表面,记录使试件产生第一条可见裂缝时冲击的次数和试件完全破坏时的冲击次数。完全破坏为裂缝扩展得非常充分,以至于试件的碎块至少与置于地板上的四块挡板中的三块相接触。

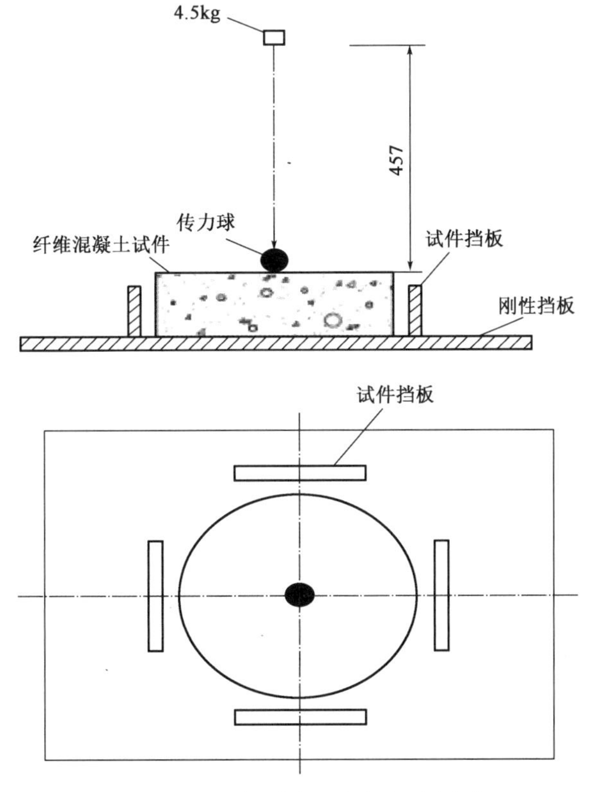

图 5-23　ACI544 混凝土冲击试验简图(尺寸单位:mm)

(2)抗冲击性能试验步骤

采用 ACI544 冲击试验方法,试验步骤如下:

①按标准方法成型试件。

②将试件置于装置内,使测试挡板和试件间距 5mm,然后在试件上安放传力球,传力球直径 63.5mm。

③传力球和试件同心,并在冲击锤的中线上。测试时,冲击锤自由落下。

④记录使试件产生第一条可见裂缝时冲击的次数和试件完全破坏时的冲击次数。

⑤数据整理。

2)抗冲击性能试验

根据确定的 ACI544 落锤冲击试验法,采用尺寸为 152mm×63.5mm 的圆饼状试块作为试件,每组制作 6 个试件。试块在标准养护条件下养护 28d,试验前 4h 将试块从养护室中取出晾干。其中,试验材料及它们的配合比同前面保持一致。而本试验的试验装置(图 5-24)由型钢加工而成。

图 5-24　抗冲击试验装置

(1)试验结果

根据试验方法,利用加工的试验装置进行冲击试验,每个试件的初裂和破坏时的冲击次数见表 5-1。

(2)结果分析

①数据整理

为了全面、客观地分析薄层混凝土动载特性,引入数理统计方法对薄层混凝土抗冲击试验数据进行系统分析。

冲击耗能的计算式为:

$$W = N_2 mgh \tag{5-1}$$

式中:W——冲击能(N·m);

N_2——破坏冲击次数;

m——钢锤质量,本试验中 $m=454$kg;

g——重力加速度,这里取值为 9.81m/s²;

h——冲击锤下落高度,本试验取值 457mm。

该公式是根据试验的基本原理得到的。钢锤下落时,势能转化为动能,运动的钢锤冲击试件,并使混凝土试件最终断裂破坏,钢锤的势能差全部被试件吸收。

落重法测试结果　　表 5-1

类　型	编号	1	2	3	4	5	6
普通混凝土	N_1	80	187	164	220	276	430
	N_2	100	206	180	240	288	479
0.5kg/m³ 聚丙烯腈混凝土	N_1	340	487	539	342	210	543
	N_2	378	508	586	407	265	597
0.8kg/m³ 聚丙烯腈混凝土	N_1	463	587	526	267	593	364
	N_2	489	605	709	350	612	405

续上表

类　型	编号	1	2	3	4	5	6
1.0kg/m³聚丙烯腈混凝土	N_1	396	456	345	583	786	793
	N_2	469	534	414	698	826	831
1.2kg/m³聚丙烯腈混凝土	N_1	486	523	578	734	758	750
	N_2	534	614	698	848	861	860
1.5kg/m³聚丙烯腈混凝土	N_1	412	453	498	598	604	612
	N_2	523	548	578	685	682	694
钢纤维混凝土	N_1	212	348	278	393	196	426
	N_2	284	423	345	480	243	510

注：N_1为试件初裂时冲击次数；N_2为试件破坏时冲击次数。

②数据分析

a. 初裂与终裂破坏分析。

根据表5-2中的初裂次数和破坏次数，拟合出抗冲击次数随着纤维掺量增加的变化趋势如图5-25所示。

试验整理结果 表5-2

类型	初裂冲击性能			终裂冲击性能			冲击能(N·m)		冲击延性	
	N_1	与素混凝土比值	离散系数	N_2	与素混凝土比值	离散系数	W	∇W	延性指标	与素混凝土比值
普通混凝土	179	1.00	0.27	192	1.00	0.24	3911	265	0.07	1.00
0.5	362	2.02	0.28	395	2.06	0.24	8037	670	0.09	1.25
0.8	407	2.27	0.23	468	2.44	0.28	9531	1246	0.15	1.65
1.0	479	2.67	0.36	538	2.80	0.30	10946	1203	0.12	0.82
1.2	539	3.01	0.21	628	3.27	0.19	12778	1797	0.16	1.33
1.5	446	2.49	0.17	513	2.67	0.14	10436	1368	0.15	0.92
钢纤维混凝土	262	1.46	0.30	324	1.69	0.27	6587	1254	0.24	1.56

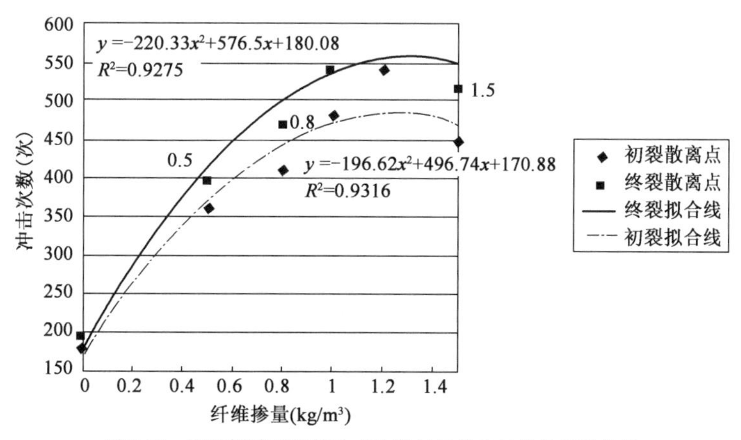

图5-25 聚丙烯腈纤维抗冲击次数与纤维含量的关系趋势线

初裂趋势线的表达式为：

$$Y = -220.33x^2 + 576.5x + 180.08, R^2 = 0.9275$$

破坏趋势线的表达式为：

$$Y = -196.62x^2 + 496.74x + 170.88, R^2 = 0.9316$$

从图中可以看出，两种趋势线都呈现抛物线的形式。随着纤维掺量的逐渐增加，初裂和破坏抗冲击次数都逐渐增大，在 1.2kg/m^{3}时达到最大值。纤维掺量再增加，抗冲击次数会降低。整体上而言，纤维混凝土的初裂抗冲击次数和破坏抗冲击次数都远远大于素混凝土，基本等于素混凝土的 2 ~ 3 倍。可见聚丙烯腈纤维能较大幅度提高混凝土的初裂抗冲击性能。

根据图 5-26，可看出抗冲击能力的强弱排序为：聚丙烯腈纤维混凝土 > 钢纤维混凝土 > 素混凝土。其中，聚丙烯腈纤维混凝土试件的初裂破坏次数是素混凝土破坏次数的 2.67 倍，终裂次数是 2.80 倍。而钢纤维混凝土试件的初裂破坏次数是素混凝土破坏次数的 1.46 倍，终裂次数是 1.69 倍。说明在混凝土中掺加 1.0kg/m^{3}聚丙烯纤维的抗冲击能力比掺加钢纤维的抗冲击能力要强。

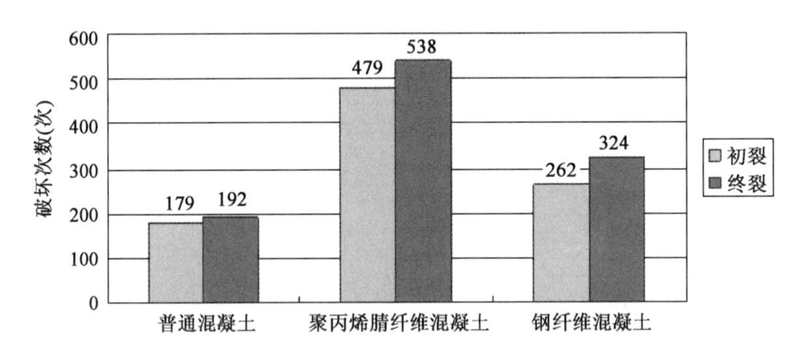

图 5-26　不同类型混凝土冲击次数柱形增长图

b. 冲击耗能分析。

纤维混凝土冲击能如图 5-27 所示。素混凝土由于脆性较高，在发生初裂之后，裂缝很快贯穿断面，初裂冲击次数和破坏冲击次数相差不大；纤维混凝土较素混凝土的破坏性能有了很大改善，尤其是聚丙烯腈纤维混凝土，显示了良好的抗冲击能力。钢纤维混凝土的破坏冲击耗能是素混凝土破坏冲击耗能的 1.68 倍，在纤维掺入量为 1.2kg/m^{3}的情况下，聚丙烯腈纤维的破坏冲击耗能是素混凝土破坏冲击耗能的 3.27 倍，优于钢纤维混凝土的破坏冲击性能。

从纤维混凝土的初裂冲击次数和破坏冲击次数来看：普通混凝土在反复冲击荷载作用下一旦开裂，裂缝便贯穿整个截面、发生断裂，因此普通混凝土的初裂平均冲击次数与破坏平均冲击次数很接近；而纤维混凝土的初始裂缝微小，需仔细观察才能辨认，并且如果有一个裂纹逐步延伸和扩展，再次受到冲击荷载时，裂纹才逐渐发展，到达试件顶部。说明加入纤维提高了混凝土受冲击时吸收动能的能力，纤维能在裂纹发生、发展的各个阶段发挥作用，能减少裂纹尖端应力集中，阻碍裂纹发展，消耗裂纹扩展能量。因此采用纤维混凝土能取得良好的抗冲击性能。

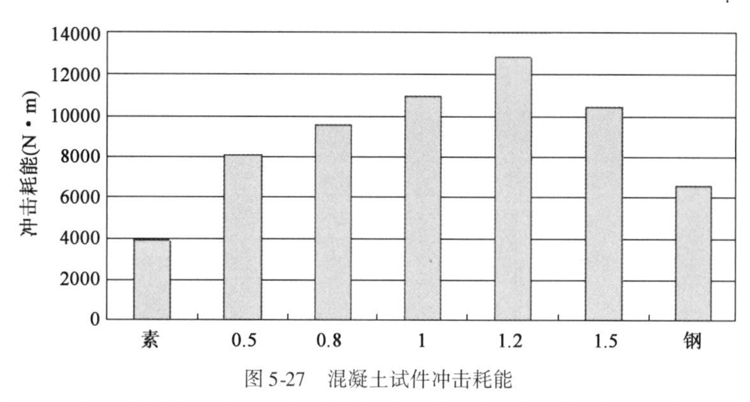

图5-27 混凝土试件冲击耗能

注：图中"素"是指素混凝土，"钢"是指钢纤维混凝土，横坐标数据为掺量聚丙烯腈纤维混凝土。

c. 延性分析。

纤维混凝土的延性指标$\beta=(N_2-N_1)/N_1$，该值表示纤维混凝土从出现裂纹到破坏阶段所需要的冲击能量与混凝土初裂之时所需要能量的比值，它直观上反映了纤维混凝土试件在初裂之后的延性。

混凝土的延性指标反映了混凝土在基体开裂后的耗能和变形能力，它对于混凝土结构的使用安全性能有着重要的意义。从表5-2中可以看出，钢纤维混凝土和聚丙烯纤维掺量1.0kg/m^{3}的混凝土延性指标分别为0.24和0.12。

试验表明：聚丙烯腈纤维对混凝土初裂、破坏冲击性能的提高作用比钢纤维好，这是因为：①聚丙烯腈纤维的相对密度较小，在同一体积掺率下，纤维数量更多，可形成更密实的乱向纤维网。②聚丙烯腈纤维长度较大，纤维的搭接机会更多。③钢纤维混凝土在冲击荷载的反复作用下，容易在钢纤维两个端部截面增大处产生应力集中而发生疲劳破坏。

5.1.3 抗裂、抗渗性能研究

1）纤维砂浆早期抗裂性能

混凝土结构中存在的一个普遍问题就是结构物开裂，这严重影响了混凝土的耐久性，且白色薄层罩面常有横纵裂缝、角隅裂缝破坏等病害。因此，如何有效地抑制混凝土裂缝发展是本书关注的重点。

从混凝土产生裂缝的机理看，产生裂缝的原因主要有两类：一类是静、动荷载引起的裂缝；另一类是变形引起的裂缝。当混凝土中的应力超过其抗拉强度时，混凝土可能产生裂缝。

变形裂缝主要是由于温度应力、收缩、不均匀沉降等引起的。变形裂缝与时间有关，当变形累积到一定量时，混凝土开裂。即当混凝土的应变超过其极限应变时，混凝土发生开裂。产生变形裂缝的主要原因是混凝土体积变形引起的，约占全部裂缝的80%。

混凝土的早期塑性收缩裂缝主要是由于水泥砂浆在硬化过程中发生收缩，致使混凝土内部应力分布不均匀引起的。本书重点研究砂浆的早期抗裂性能。

（1）试验方法

为了更好地检测纤维材料对砂浆的阻裂性能，在总结国内外一些关于纤维砂浆抗裂试验方法优缺点的基础上，我国《纤维混凝土应用技术规程》（JGJ/T 221—2010）提出大板试验法。

大板试验法中，试件尺寸为600mm×600mm×20mm，模板底部衬有一层聚乙烯塑料薄膜，以减小底板对试件收缩变形的影响，模具边框用高 20mm 的等肢角钢制作，边框内设 ϕ6mm、间距 60mm 的单排栓钉，栓钉长度为 100mm，用于限制收缩变形。模具如图 5-28 所示。同时成型纤维砂浆和对比用基体试件各一个为一组试件，试件浇筑、振实、抹平后立即用聚乙烯塑料薄膜覆盖。

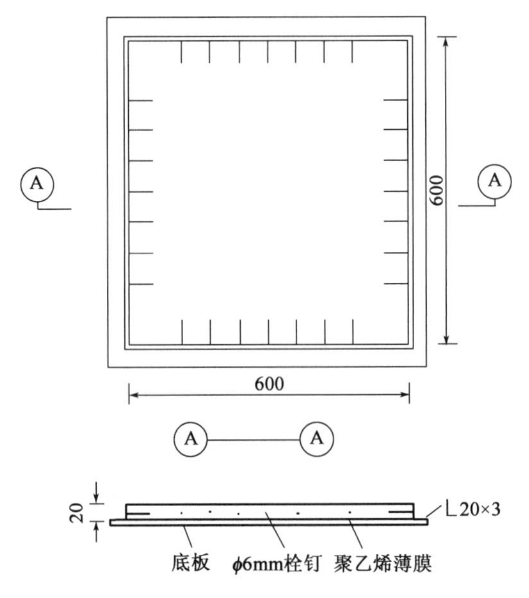

图 5-28　纤维砂浆开裂试验模具图（尺寸单位：mm）

试件成型 2h 后取下塑料薄膜，取出一组试件，各用一个电风扇吹试件表面，风向平行试件表面，风速为 0.5m/s，环境温度 20 ± 2℃，相对湿度不大于 60%。成型后 4h、5h、6h 和 24h 分别观察一次裂缝数量、宽度和长度。

首先，对每条肉眼可见裂缝编号，用钢尺测量其长度，近似取裂缝两端直线距离为裂缝长度，当裂缝出现明显弯折时，以折线长度之和代表裂缝长度，记为每条裂缝长度（l_i）；再用读数显微镜（分度值为 0.01mm）测读裂缝宽度，取裂缝中点附近裂缝宽度代表该裂缝最大宽度，记为每条裂缝的名义最大裂缝宽度（$w_{i\max}$）。

（2）评价方法

我国《纤维混凝土应用技术规程》（JGJ/T 221—2010）规定：用每条裂缝名义最大裂缝宽度乘以相应裂缝长度定义为裂缝名义面积，再相加起来的总和称为裂缝名义总面积 A_{cr}，表达式为：

$$A_{cr} = \sum_{i=1}^{n} \omega_{i,\max} l_i \tag{5-2}$$

式中：A_{cr}——试件裂缝的名义总面积（mm^2），对混凝土试件记作 A_{fcr}，对对比用的基体试件记 A_{mcr}；

$\omega_{i,\max}$——第 i 条裂缝名义最大宽度（mm）；

l_i——第 i 条裂缝的长度（mm）。

按下列规定计算裂缝降低系数（η），表达式为：

$$\eta = \frac{A_{mcr} - A_{fcr}}{A_{mcr}} \tag{5-3}$$

纤维砂浆早龄期阻裂效能等级按表5-3评定。

纤维砂浆早龄期阻裂效能等级　　表5-3

阻裂效能等级	评 定 标 准
一级	$\eta \geq 70$
二级	$55 \leq \eta < 70$
三级	$40 \leq \eta < 55$

(3)试验数据及分析

纤维砂浆裂缝的试验数据见表5-4、表5-5。从试验结果可以看出,纤维的掺入极大地改善了砂浆的早期抗裂性,裂缝的名义总面积、平均裂缝宽度、裂缝总条数的数量都大大减少。聚丙烯腈纤维砂浆与素水泥砂浆的早期抗裂效果如图5-29所示。

纤维砂浆早期抗裂试验结果　　表5-4

时间(h)	裂缝名义总面积(mm^2)			裂缝降低系数	
	素砂浆	聚丙烯腈纤维砂浆	钢纤维砂浆	η_1	η_2
4	498	121	268	76%	46%
5	589	143	336	76%	43%
6	712	159	427	78%	40%
24	967	194	535	80%	45%

注:η_1、η_2分别指聚丙烯腈纤维砂浆、钢纤维相对素砂浆的裂缝降低系数。

钢纤维、聚丙烯腈纤维砂浆成型后24h裂缝状况试验结果　　表5-5

试 件 名 称	最大裂缝宽度(mm)	平均裂缝宽度(mm)	裂缝总条数
素砂浆	1.2	0.4	26
钢纤维砂浆	0.6	0.18	20
聚丙烯腈纤维砂浆	0.3	0.11	18

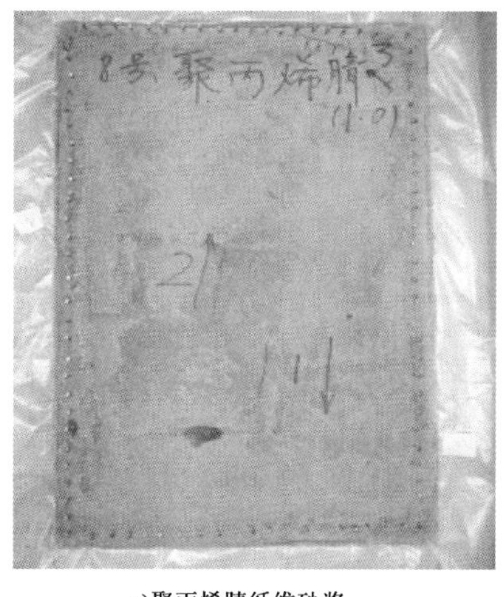

a)聚丙烯腈纤维砂浆

b)素砂浆

图5-29　聚丙烯腈纤维砂浆与素砂浆

①砂浆裂缝名义总面积评价指标

根据表5-4纤维砂浆早期抗裂试验结果，可以得到素砂浆、聚丙烯腈纤维砂浆、钢纤维砂浆裂缝名义总面积与时间的关系曲线图，见图5-30。

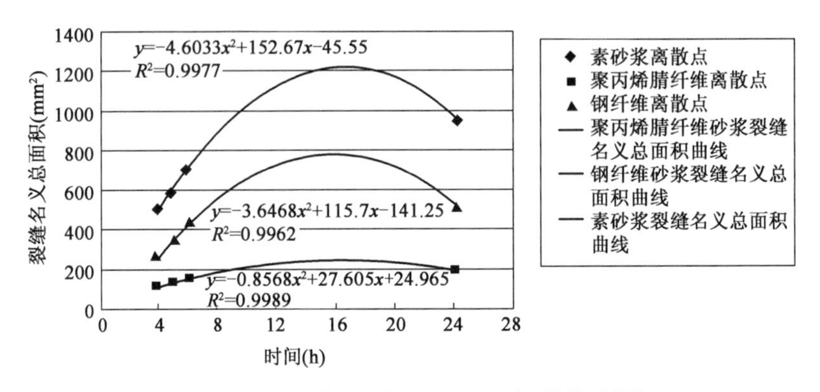

图5-30　三种砂浆裂缝名义总面积与时间的关系曲线

由图5-30可知，在试件成型后4～15h，素砂浆裂缝名义总面积增长较快，15h后增长平缓；而纤维砂浆裂缝名义总面积随时间的增长幅度小于素砂浆，并且聚丙烯腈纤维砂浆增长幅度更加平缓，接近于直线。聚丙烯腈和钢纤维砂浆早期裂缝名义总面积分别相对素砂浆平均降低了77%和43%，表明聚丙烯腈纤维和钢纤维对砂浆早期阻裂性能都有提高作用，但前者的作用更加显著。

②纤维对裂缝的细化作用

由表5-5可知，在试件成型后24h，聚丙烯腈纤维砂浆的最大裂缝宽度是素砂浆的1/4；平均裂缝宽度是素砂浆的27.5%。钢纤维砂浆的最大裂缝宽度和平均裂缝宽度都大约是素砂浆的1/20。

表明：a.聚丙烯腈纤维和钢纤维对裂缝的细化作用显著，纤维砂浆裂缝在发展时，开裂面之间纤维的拉力作用，有效地抑制了裂缝宽度的扩大。b.聚丙烯腈纤维对裂缝的细化作用优于钢纤维。

(4)纤维在砂浆、混凝土中的阻裂机理

素砂浆、混凝土在浇筑后的24h内，若处于干热或有风的环境中，由于表面水分的急剧蒸发，极易产生大量的塑性收缩裂缝。低掺量的聚丙烯腈纤维可明显减少塑性态混凝土、砂浆的表面析水量与集料的沉降。这主要是由于均布于混凝土中的数以千万计的细小纤维可消除混凝土、砂浆中的析水通道。在混凝土发生塑性收缩时，纤维可使混凝土因收缩而引起的内应力下降并阻止微裂扩展成为大裂缝。

非连续纤维在砂浆、混凝土中主要起阻裂作用，其阻裂效果很大程度上取决于纤维的平均间距(S)值与单位体积纤维混凝土中纤维的根数(N)值。S值与N值可分别由下式导出：

$$S = 12.5d\sqrt{\frac{1}{V_f}} = 12.5d\sqrt{\frac{10\gamma}{W}} \tag{5-4}$$

$$N = \frac{1.27W}{d^2 l\gamma} \times 10^6 \tag{5-5}$$

式中：S——纤维平均间距(mm)；

d——纤维直径(mm)；

V_f——纤维体积掺率(%)；

γ——纤维密度(g/cm^3)；

W——单方纤维混凝土中纤维的重量(kg)；

N——单方纤维混凝土中纤维的根数(根)；

l——每根纤维的长度(mm)。

根据以上公式，表5-6分别列出当聚丙烯腈纤维掺量为$1.0kg/m^3$、钢纤维体积率为1.0%时，两种纤维混凝土中的S值与N值。

由表5-6可知，纵然聚丙烯腈纤维在纤维混凝土中的单方重为钢纤维的1.6%，但其S值要比后者小98.7%，而N值要为后者的2.0×10^4倍。因此，不难理解聚丙烯腈纤维在混凝土中的阻裂作用要胜于钢纤维。

两种纤维中的S值与N值 表5-6

纤维种类	纤维密度	纤维直径	纤维长度	纤维体积率	单方纤维混凝土纤维量	S值(mm)	N值
聚丙烯腈纤维	$1.18g/cm^3$	15μm	12mm	0.085%	$1.0kg/m^3$	0.643	3.98×10^8
钢纤维	$7.85g/cm^3$	0.9mm	31mm	1.0%	$78.5kg/m^3$	11.25	5.06×10^5

(5)试验结论

①钢纤维和聚丙烯腈纤维对砂浆的早期塑性开裂都有一定的阻止作用，但聚丙烯腈纤维的阻裂作用和对裂缝的细化作用要胜于钢纤维。聚丙烯腈纤维能有效地降低塑性裂缝的宽度和数量，纤维的掺量增大，能进一步降低砂浆或混凝土中纤维的间距，增强阻裂效应。

②当聚丙烯腈纤维体积掺率为0.085%时，纤维砂浆早期裂缝名义总面积相对素砂浆降低了77%，阻裂等级达到了一级。当钢纤维体积掺率为1.0%时，纤维砂浆裂缝名义总面积相对素砂浆降低了43%，阻裂等级达到了三级。

实际上，纤维的阻裂效应不仅表现在能阻止塑性裂缝的产生，还能有效抑制混凝土内部由于失水、水化热、泌水、收缩、温差、自干燥引起的微裂缝产生。聚丙烯腈纤维良好的阻裂效应实际上通过使混凝土具有更好的整体性，达到了改善混凝土内在品质的作用，使混凝土的性能得到了改善。

2)抗渗性能研究

水泥混凝土是耐水材料，但由于其具有多孔的特点，在一定水压下水分将浸湿并渗入。一定深度内的干湿交替作用对混凝土的耐久性非常不利，因为几乎所有的混凝土的耐久性问题，如碱集料反应、混凝土碳化和钢筋锈蚀、冻融破坏，都以水为反应物或以水为媒介。

混凝土的抗渗性是指混凝土在一定水压下水的渗透能力。对于路面、桥面等设施，混凝土渗水带来的危害是巨大的，可能造成下部结构耐久性损坏。抗渗性差的混凝土，水分容易进入混凝土内部引起侵蚀、冰冻等破坏作用，对于钢纤维混凝土还可能引起钢纤维的锈蚀和保护层的开裂和剥落。抗渗性能不好，有害物质的侵蚀速度越快，侵蚀深度越深，耐久性越差，反之，抗渗性好，耐久性高。故薄层混凝土要考虑抗渗性。

试验方法和步骤按照《公路工程水泥及水泥混凝土试验规程》(JTG 3420—2020)的规定，抗渗性能试验数据见表5-7。

混凝土抗渗性试验结果 表5-7

类别	普通混凝土	钢纤维混凝土	1.0
渗水高度(mm)	12.5	6.9	5.9
降低百分比	0	44.8%	52.8%

注：表中“1.0”是指掺加1.0kg/m^{3}聚丙烯腈纤维的混凝土。

由表5-7可见，掺入纤维能改善混凝土的抗渗性能，掺入1.0kg/m^{3}聚丙烯腈纤维可使混凝土的渗水高度与基准混凝土相比降低52.8%，钢纤维混凝土的渗水高度比基准降低44.8%。

从路用性能的研究结果来看：两种纤维的混凝土在不同龄期的抗压、弯拉、劈裂强度基本相同，不过在抗冲击性和早期抗裂性方面，聚丙烯腈纤维混凝土更优。

5.2 填缝料路用性能研究

我国目前将填缝材料主要分为加热施工式填缝料和常温施工式填缝料。加热施工式填缝料主要有：改性沥青或沥青橡胶类、聚氯乙烯胶泥类和沥青玛瑞脂类等。常温施工式填缝料主要有聚氨酯类、氯丁胶乳类、乳化沥青橡胶类等。此外还有工厂预制型固体填缝材料，如预制氯丁橡胶嵌缝条等。

《公路水泥混凝土路面接缝材料》(JT/T 203—2014)将填缝材料分为加热施工式填缝料和常温施工式填缝料两种类型。常温施工式密封料的主要品种有：

(1)预制嵌缝密封条

①鱼刺形缩缝密封条：用于水泥混凝土路面缩缝的预制型硫化橡胶制品。

②空胀缝密封条：用于水泥混凝土路面胀缝的预制型硫化橡胶制品。

(2)填缝密封料

①通用类：包括聚(氨)酯类、聚硫类、氯丁橡胶类和乳化沥青橡胶类等。

②硅酮类：硅酮类比通用类具有优越的耐久性和抗位移能力。

常温施工式填缝料的技术要求应符合表5-8的规定。

常温施工式填缝料的技术要求 表5-8

试验项目	灌入稠度(s)	失黏时间(h)	弹性(复原率)(%)	流动度(mm)	拉伸量(mm)
技术要求	<20	6~24	>75	0	>15

硅酮类常温施工式密封料性能技术指标见表5-9。

硅酮类常温施工式密封料的性能指标 表5-9

测试项目	非自流平型	自流平型
表干时间(mm)	≤45	≤90
质量损失率(%)	≤6	≤5
失黏(固化)时间(h)	≤3	≤8

续上表

测试项目		非自流平型	自流平型
流动度(mm)		0	0
弹性(复原)率(%)		≥80	≥80
拉伸模量(+100%)	温度条件:20℃	≤0.3	≤0.1
	温度条件:-20℃	≤0.3	≤0.1
(-10℃)拉伸量(mm)		≥65	≥100
延伸性(%)		≥500	≥600
与混凝土黏结面积		黏结丧失面积不大于20%,胶体内具有局部破坏	
拉伸强度(MPa)	无处理	≤0.4	≤0.15
	热老化(80℃,168h)	≤0.8	≤0.2
	紫外线(300W,168h,41℃)	≤0.8	≤0.2
	浸水(4d)	≤0.4	≤0.5
伸长率(%)	无处理	≥400	≥800
	热老化(80℃,168h)	≥300	≥700
	紫外线(300W,168h,41℃)	≥300	≥700
	浸水(4d)	≥400	≥600

如表5-9所示的硅酮类常温施工式密封料性能技术指标中有初始性能指标,有耐水、耐热、耐紫外线条件下的性能技术指标,没有耐油及耐疲劳性能指标。另外,初始性能和耐久性能都没有密封性指标。

水泥混凝土路面填缝料的两个主要功能,防砂石等硬物嵌入性由填缝料本身的抗嵌入性能(硬度、弹性恢复率等)来保障,防水性由填缝料的密封性能及强度性能来保障,其中,强度性能包括填缝料的内聚强度和填缝料与混凝土缝壁的黏结强度,内聚强度可用扯断强度表示,黏结强度又包括水平黏结强度和竖向抗剪强度两项。

根据《公路水泥混凝土路面设计规范》(JTG D40—2011)的规定,水泥混凝土路面的设计使用基准期至少为20年(二级及以上公路为30年),为了保证水泥混凝土路面的承载能力和使用寿命,避免或减少出现开裂、断板、沉陷、错台等损害,应该使填缝料在整个使用基准期内都能满足抗嵌入性能、密封性能、强度性能的要求。因此,对填缝料的性能检测应包括初始性能检测和耐久性能检测,其相应的技术指标也分为初始性能指标和耐久性能指标两类。

5.2.1　试验模型

目前,国内外对水泥混凝土路面填缝料的试验方法研究较少,路面接缝有机硅填缝料的路用性能试验方法研究鲜见报道。本书结合水泥混凝土路面的力学特征,采用现行《建筑密封材料试验方法》(GB/T 13477)中的试验模型进行试验。试验模型如图5-31、图5-32所示。

黏结拉伸试验和黏结剪切试验都在实验室内进行。实验室的标准试验条件为:温度23℃±2℃、相对湿度50%±5%。

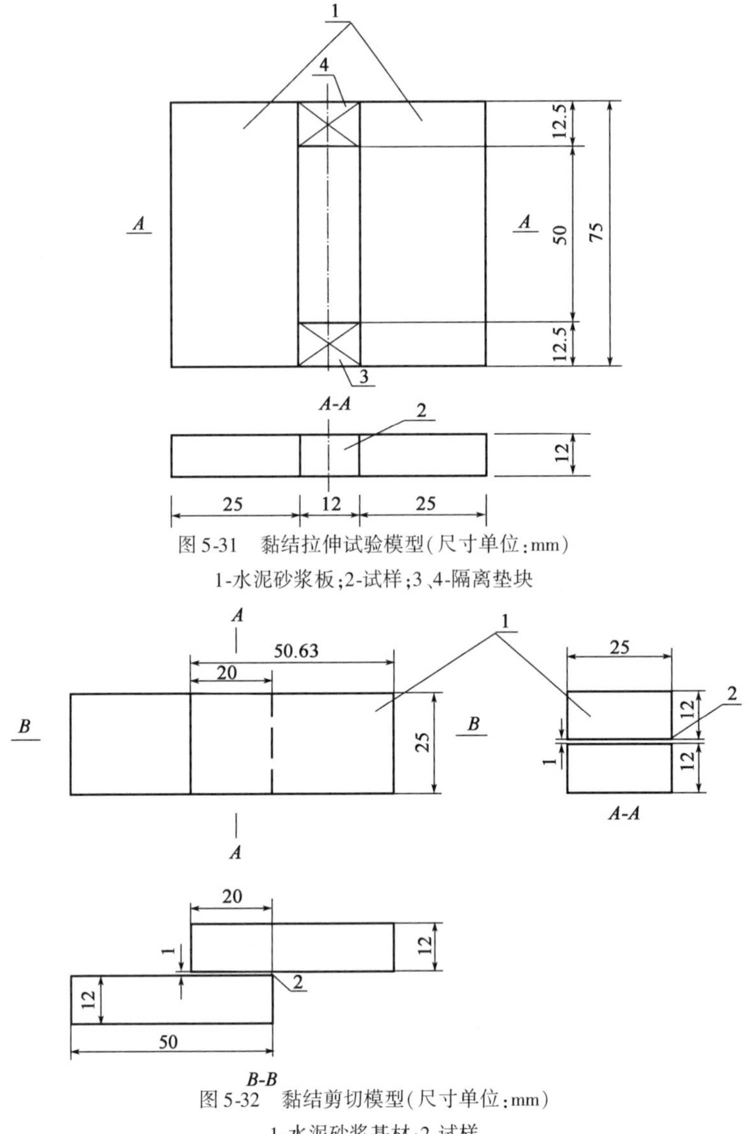

图 5-31　黏结拉伸试验模型(尺寸单位:mm)

1-水泥砂浆板;2-试样;3、4-隔离垫块

图 5-32　黏结剪切模型(尺寸单位:mm)

1-水泥砂浆基材;2-试样

5.2.2　仪器设备

(1)黏结基材:符合《建筑密封材料试验方法　第1部分:试验基材的规定》(GB/T 13477.1—2002)规定的水泥砂浆板(其配合比为水泥∶中砂∶水=1∶1.8∶0.9)、玻璃板,用于制备试件(每个试件用两个黏结基材)。黏结基材的形状及尺寸如图5-30和图5-31所示。

(2)隔离垫块:用于制备填缝料试件截面为12mm×12mm的试件。

(3)防黏材料:防黏薄膜或防黏纸,本试验采用的是聚乙烯薄膜。

(4)其他:钢尺及嵌填时所用的工具。

5.2.3　试件成型

将切割好的水泥砂浆块基材先进行黏结面处理(表面经电动手锯打毛处理,以模拟水泥混凝土路面的锯缝表面，使水泥砂浆块基材的黏结表面更接近工程实际，见图5-32），再用脱脂纱布以及水洗法清除黏结面表面的浮灰，然后按照图5-31和图5-32在试样所示的位置嵌填新型填缝料。成型的试件及成型的过程见图5-33～图5-36。将成型后的试件在标准条件下自然硫化至规定时间，在帘布剥离机上进行黏结拉伸和黏结剪切试验，检测其黏结拉伸强度、黏结伸长率、抗剪强度、剪切变形，以及耐嵌入性、耐老化性、耐疲劳性、抗弯曲等性能。

a)拉伸黏结面处理效果

b)剪切面处理效果

图5-33　水泥砂浆块基材表面处理后效果

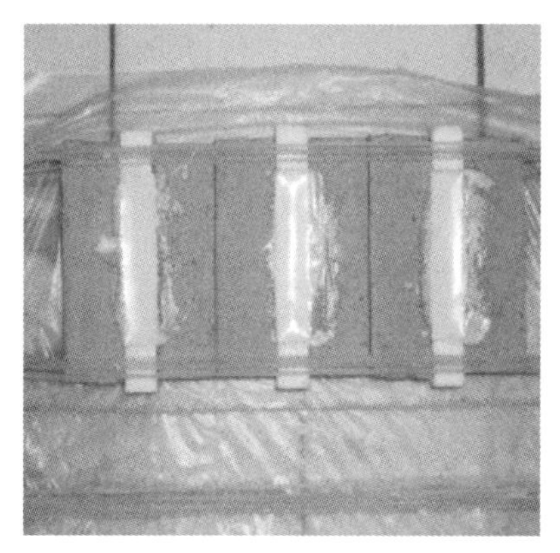

图5-34　黏结拉伸试件成型效果

图5-35　剪切试件成型效果

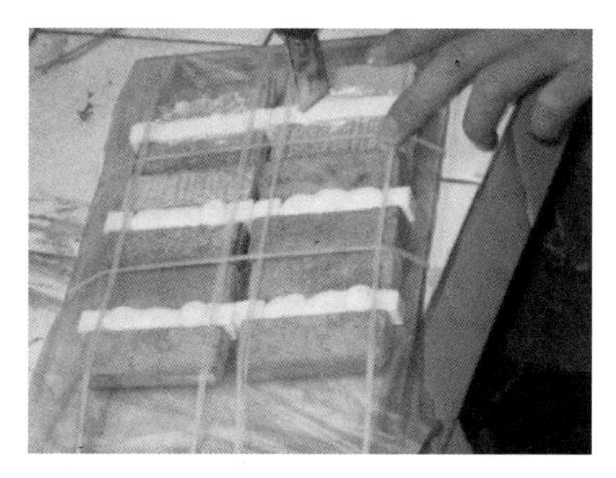

图5-36　成型过程

5.2.4 黏结拉伸试验

试验仪器采用帘布剥离试验机：配有自动记录装置，拉伸速度可调为5～6mm/min；制冷箱：温度可以调节到－20℃ ±2℃；鼓风干燥箱：温度可调到70℃ ±2℃及其他辅助性设备及工具。

本书分别从正常条件、浸水后以及温差变化的情况出发，对填缝料进行拉伸黏结性、浸水后拉伸黏结性和冷拉热压后拉伸黏结性试验，试验方法如下：

1）正常条件下黏结拉伸性能试验

试验分别在23℃ ±2℃和－20℃ ±2℃两个温度下进行。每个温度测一组，一组为3个试件。当试件在－20℃温度下进行测试时，试件需预先在－20℃ ±2℃温度下至少放置4h。将试件装入帘布剥离试验机的上、下两夹具间，以5～6mm/min的速度将试件拉伸至破坏。

2）浸水后黏结拉伸性能试验

将试件放入23℃ ±2℃的蒸馏水中浸泡4d，接着将试件在标准试验条件下放置1d。拉伸试验在23℃ ±2℃温度下进行，以同样的设备、同样的速度拉伸试件。

3）冷拉热压后黏结拉伸性试验

由于缩缝缝宽的变化是由混凝土板伸缩变形引起的，这种伸缩变形主要由两部分组成：湿胀干缩变形和热胀冷缩变形。

（1）湿胀干缩变形：自由变形时收缩值取0.15～0.2mm/m，若每块混凝土板长按5m计，则缩缝干缩裂缝宽度为0.2mm/m×5m＝1mm。

（2）热胀冷缩变形：混凝土板的温度膨胀系数α与材料的配合比有关，一般取值范围为$(0.6 \sim 1.2) \times 10^{-5}/℃$，自由变形时常取为$1 \times 10^{-5}/℃$。同样考虑到基层对面层的摩阻作用，可取为$0.5 \times 10^{-5}/℃$，据此就可以计算混凝土板的最大收缩值：

混凝土板的最大收缩值 ＝ 板长×施工期与冬季最大温差×α＝5m×60℃×$0.5 \times 10^{-5}/℃$＝1.5mm。

缩缝宽度最大变化值 ＝ 干缩裂缝宽度＋混凝土板最大收缩值＝1.0mm ＋ 1.5mm＝2.5mm。

缩缝伸长率＝1.5/2.5＝60%

因此，当填缝材料能在使用过程中具有50%以上的弹性恢复能力，即可满足接缝密封的使用要求。试验采用±50%的拉伸压缩量，试件宽度为12mm，则12mm×(±60)%＝7mm。

4）正常条件下黏结拉伸性试验结果分析

按照上述试验方法进行试验，得到了黏结拉伸性试验结果，见表5-10和图5-37。

黏结拉伸性试验结果 表5-10

试件编号	7d黏结强度（MPa）	7d黏结伸长率（%）	28d黏结强度（MPa）	28d黏结伸长率（%）	冷处理后黏结强度（MPa）	冷处理后黏结伸长率（%）	破坏形式
	23℃				－20℃		
4	0.08	325	0.08	225	0.08	180	黏结面撕裂
5	0.18	577	0.17	276	0.17	220	黏结面撕裂

续上表

试件编号	7d 黏结强度(MPa)	7d 黏结伸长率(%)	28d 黏结强度(MPa)	28d 黏结伸长率(%)	冷处理后黏结强度(MPa)	冷处理后黏结伸长率(%)	破坏形式
	23℃				-20℃		
6	0.10	395	0.11	198	0.11	160	黏结面撕裂
7	0.16	577	0.15	213	0.15	170	黏结面撕裂
8	0.17	675	0.18	256	0.18	210	黏结面撕裂
9	0.11	758	0.11	212	0.11	175	黏结面撕裂
18	0.12	679	0.12	170	0.12	140	黏结面撕裂
26	0.36	1363	0.39	709	0.37	615	黏结面撕裂

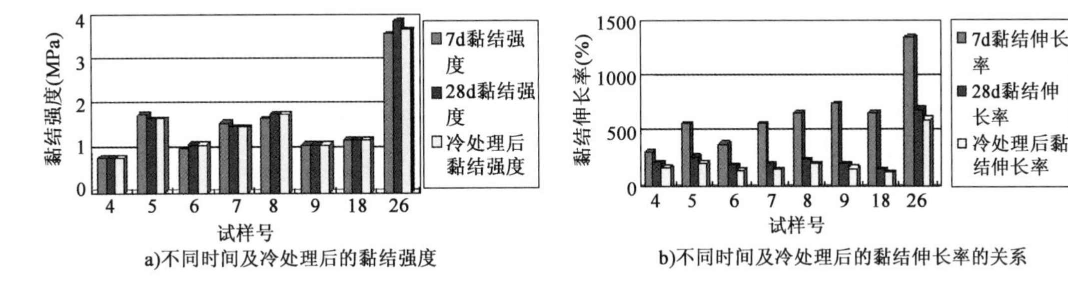

a)不同时间及冷处理后的黏结强度　　b)不同时间及冷处理后的黏结伸长率的关系

图 5-37　黏结拉伸性试验结果比较

由表5-10和图5-37可知,所有试件的7d黏结强度均与28d黏结强度基本相同,即黏结强度与填缝料的固化交联时间的长短没有太大关系,一般不会随着交联时间的增长而增加或减小。但所有试件的7d黏结伸长率均大于28d的黏结伸长率,究其原因,我们发现,填缝料深处的固化交联程度随着时间的增长而增加,填缝料本身的内聚强度随之增加,弹性模量增大,直至填缝料交联完成。而在此过程中填缝料与混凝土块的黏结强度保持不变,由此可得:

$$E_0\varepsilon_0 = E_1\varepsilon_1 \tag{5-6}$$

式中:E_0——7d 的弹性模量(MPa);

ε_0——7d 的伸长率(%);

E_1——28d 的弹性模量(MPa);

ε_1——28d 的伸长率(%)。

填缝料的弹性模量 E 与它的黏结伸长率 ε 成反比,ε 随 E 增大而减小。根据这种现象,本书课题组调整配方,加入一定量的促进剂,加快填缝料的固化交联速度;减少原有交联剂的含量,如此就减小了填缝料的交联密度,从而也就降低了填缝料的刚度;同时,在原有配方的基础上增加一定量的增黏剂,以求增加填缝料配合体系与水泥混凝土之间的黏结强度。此举得到了试件编号26的效果(图5-38)。通过试件黏结拉伸试验的试验,结果证明26号试件黏结强度和伸长率都有大幅度提升,达到了预期的效果。本书采用此配方作为试生产配方。

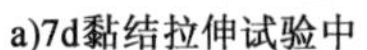
a)7d黏结拉伸试验中

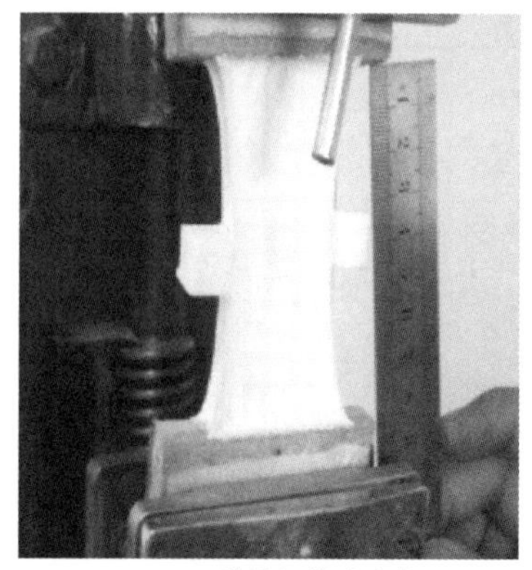
b)28d黏结拉伸试验中

图 5-38　试件 26 的黏结拉伸性能试验

由表 5-10 可知,26 号试件的黏结强度接近以往试件的 3 倍。黏结强度的增加应为增黏剂的作用。由于增加了增黏剂的掺量,使得填缝料的力学性能大大加强。

从表 5-10 中还可看出,冷处理后的黏结强度与冷处理前的黏结强度基本一致,说明黏结强度与环境温度关系不大,但冷处理后填缝料的伸长率略有降低,约为 23℃时的 80%。这是因为在太低温的条件下,新型填缝料分子链的热运动降低,Si-O 键自旋运动的阻力增大,相应填缝料的抗变形能力增加,即弹性模量增大。因此,当温度降低时,在黏结强度不变的情况下,试件的黏结伸长率将有所下降,但亦能够满足路用性能的要求。

表中的破坏形式全部为黏结面撕裂,说明填缝料与混凝土的黏结强度小于填缝料本身的内聚强度。

5)浸水后黏结拉伸试验

按照上述试验方法进行试验,得到浸水后的黏结拉伸试验结果(表 5-11),浸水前后的黏结拉伸试验结果对比见图 5-39。

浸水后黏结拉伸性能试验结果　　表 5-11

试件编号	黏结强度(MPa)	黏结伸长率(%)	浸水后黏结强度(MPa)	浸水后黏结伸长率(%)
8	0.18	256	0.19	245
9	0.11	212	0.10	223
18	0.12	170	0.13	180
26	0.39	709	0.38	694

由表 5-10、表 5-11 及图 5-39 得知,黏结强度、黏结伸长率与经过浸水处理后的黏结强度、黏结伸长率基本相同,这说明了水对试件的黏结面基本没有影响。原因可能是:①填缝料和水泥基体本身的抗渗透能力比较强,水无法通过填缝料和水泥基体对黏结面造成影响;②水泥基体与填缝料黏结紧密,阻止了水的浸入;③即使水浸入了黏结面,在水的作用下,填缝料不发生溶胀,不会在黏结面上产生内应力,亦不会减小黏结拉伸强度。

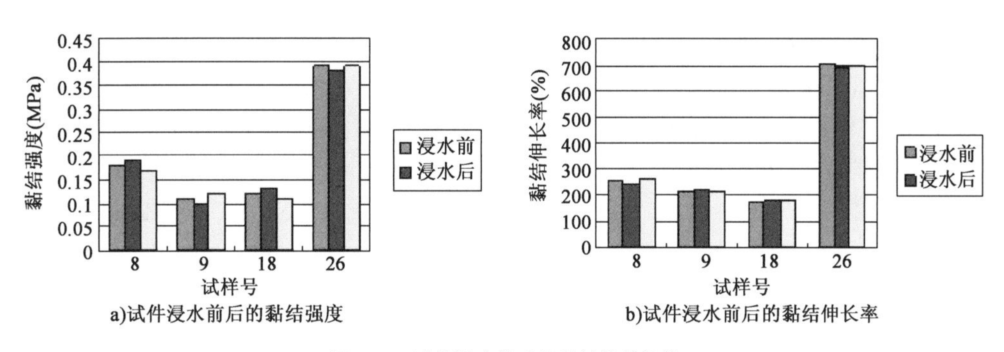

图5-39 试件浸水前后的黏结拉伸性能

6)冷拉热压后黏结拉伸试验结果分析

冷拉热压试验的目的在于模拟路面在四季气候不断交替变化时,水泥混凝土路面填缝料在循环交替的冷拉热压加载后的路用性能。试验结果见表5-12。

冷拉热压后黏结拉伸试验结果　　表5-12

试件编号	黏结强度(MPa)	伸长率(%)	冷拉热压后破坏情况	冷拉热压后黏结强度(MPa)	冷拉热压后伸长率(%)
8	0.18	256	未见破坏	0.17	261
9	0.11	212	未见破坏	0.12	215
18	0.12	170	未见破坏	0.11	176
26	0.39	709	未见破坏	0.39	701

从表中可以看出,试件在受到冷拉热压的反复作用后,未见任何破坏。然后再进行黏结拉伸试验,试验结果是其黏结强度和黏结伸长率基本没有变化,冷拉热压后未出现黏结和内聚破坏。说明冷热气候在填缝料弹性范围内的拉伸压缩均不会对新型填缝料的性能造成影响。

5.2.5 抗剪性能试验

将水泥砂浆试块的一面的半截用电动手锯进行打毛处理,用水和无脂纱布将表面清理干净、晾干,将新型填缝料样品涂抹在表面上,然后合拢两块试块,同时保证所夹填缝料密实饱满,并与水泥试块接触良好,填缝料厚度1mm。在标准条件下养生7d或28d后,进行剪切性能试验。

固化交联7d和28d的有机硅新型填缝料剪切强度见表5-13。

填缝料剪切强度试验结果　　表5-13

试件编号	黏结强度(MPa)	剪切强度(MPa)	剪切变形(mm)	破坏形式
1	0.25(7d)	0.27(7d)	15(7d)	黏结面破坏
2	0.11(7d)	0.41(7d)	13(7d)	黏结面破坏
3	0.12(7d)	0.25(7d)	13(7d)	黏结面破坏
26	0.38(7d)	0.64(7d)	14(7d)	黏结面破坏
26	0.39(28d)	0.67(28d)	11(28d)	黏结面破坏

从表 5-13 可以看出：①所有试件的剪切破坏形式均为黏结面破坏，这表明黏结面仍然为最薄弱的位置；②从剪切变形来看，固化交联 7d 的剪切变形比固化交联 28d 的大，这是由于固化交联有一个过程，7d 时填缝料的硫化交联程度较 28d 的低些，在受到剪切应力的作用时，只进行 7d 交联的填缝料，有发生塑性变形的因素；③26 号试件的黏结强度和剪切强度均大于其他试件，其原因主要是针对性地加入了增黏剂，使黏结强度大大提高，黏结强度提高了，剪切强度也相应地得到了增强。最重要的是，所有试件的黏结强度均小于其剪切强度，这与填缝料的受力机理相符，在受到反复频繁的剪切作用下，由于剪切变形很大，具有足够的变形空间，这使填缝料在多种力的作用下，不会因为剪力不足而破坏；填缝料的黏结强度和黏结变形足以满足路用性能的要求，剪切应力又大于黏结强度，且剪切变形很大，表明了在正常道路使用中，新型有机硅填缝料的性能完全满足路用要求。

5.2.6 抗弯性能试验

弯曲试验的试件采用拉伸标准试件进行试验。弯曲试验加载示意图见图 5-29，试验过程中无论怎样加载，试件均未产生破坏，试件是从两支点之间滑落，填缝料本身未发生破坏。将试件弯曲到 180°时，试件仍未出现破坏。弯曲性能试验效果如图 5-40 所示。

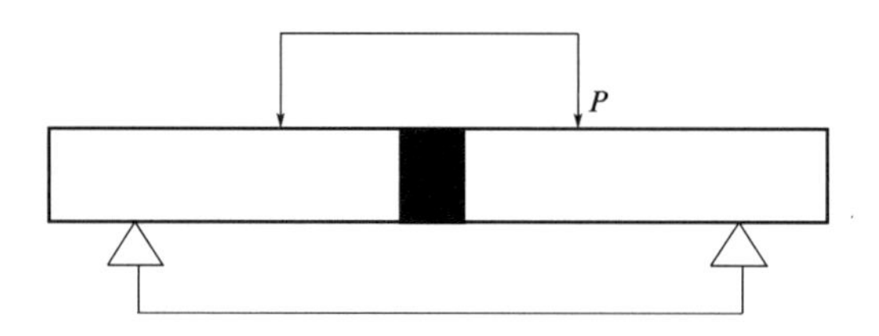

图 5-40 弯曲试验的加载

如图 5-41 所示的弯曲性能试验效果充分说明了新型有机硅填缝材料具有优异的抗弯性能。深入研究发现，新型有机硅填缝料的抗弯性能，与其本身优异的变形能力和黏结性能密不可分。较低的模量和较高的黏结伸长率给新型填缝料的容许变形提供了充足的空间，使其能够在较小的应力下发生较大的位移和变形。在路用过程中，无论路面产生什么样的弯曲变形，新型有机硅填缝料都有足够的适应能力。

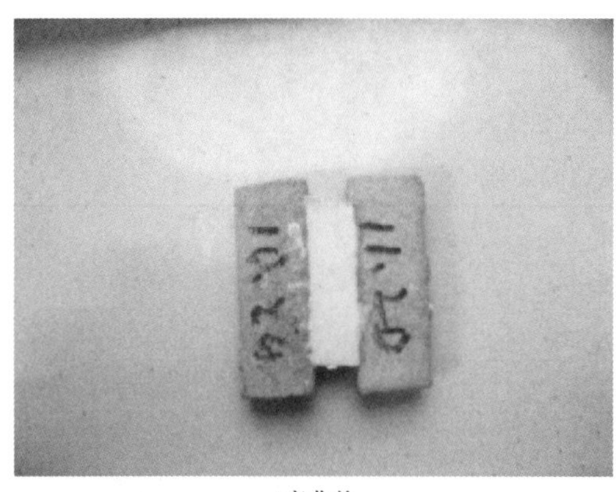

a)弯曲前

b)小角度受弯

图 5-41

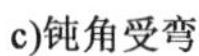
c)钝角受弯

d)180°弯曲状态

图5-41 弯曲性能试验效果

5.2.7 耐嵌入性能试验

本书采用2.36~9.5mm的机制砂进行了耐嵌入试验,试验方法如下:

将成型好的新型填缝料黏结试件放在木板上固定。将新型填缝料的正下方木板掏空,用聚氨酯泡沫填满空隙作为垫层。再用2.36~9.5mm的机制砂铺在新型填缝料试件上方,并保证新型填缝料上面有一层机制砂。用一块钢板压在机制砂上,用压力机将机制砂压入新型填缝料内,然后松开。如此反复50次,最后除去松动的机制砂。

试验结果发现,没有砂粒嵌入新型有机硅填缝料中。究其原因,由于新型有机硅填缝料具有很好的弹性和伸长率,在砂粒压入过程中,新型有机硅填缝料便进行弯曲和伸长,将砂粒包裹在新型有机硅填缝料的表面中,实际上砂颗粒并没有嵌入新型有机硅填缝料内部;当外力去除后,新型有机硅填缝料进行弹性恢复,砂颗粒即被弹出。

5.2.8 耐久性试验

耐久性是指材料在冷、热、光、雨等自然条件综合作用下,能够长久地保持其使用性能的能力。由于新型有机硅填缝料为有机硅橡胶类材料,因此雨水不会影响其耐久性;且温度稳定性较好,使用温度的范围较宽,一般的使用范围为-50~160℃,而夏季路面的温度一般为70℃左右,所以温度对新型填缝料耐久性的影响可以忽略。根据经验分析,光中的紫外线是最有可能对新型填缝料的耐久性造成影响的,但从此种有机硅的分子链结构可以知道,Si-O键结长、键能大,能让日光中的紫外线穿透而不伤害到它的化学键,可以长期抵御紫外线的破坏,因此,在紫外线长期照射下,也不会老化。为了证明以上结论,本试验采用UV-Ⅱ型非金属材料人工加速老化试验仪进行紫外线辐射试验。

5.2.8.1 老化时间的确定

紫外线强度(mW/cm^2)是指与紫外线传播方向垂直的单位面积上接收到的紫外线功率。根据紫外线强度的定义,利用单位面积上紫外线辐射能互等公式可以确定试验老化时间(h):

$$试验老化时间=\frac{太阳光中紫外线强度}{试验辐射有效强度}\times日照时间 \tag{5-7}$$

式中：太阳光中紫外线强度——根据有关资料，采用平均紫外线强度为 1.63mW/cm^2；

试验辐射有效强度——试验所采用的紫外灯管均为40W，每平方厘米新型填缝料所接收到的紫外线强度需要通过紫外线测定仪器测量得到，试验实测紫外线辐射强度为 368mW/cm^2。

将以上具体试验数据整理代入式（5-7）得到：

$$试验老化时间=\frac{1}{225.8}\times日照时间$$

从上式可以看出，新型填缝料在紫外箱内老化1h相当于日晒自然老化225.8h。平均日照时间取10h，则紫外箱内老化1h相当于日照老化22.58d。高速公路水泥混凝土路面预期使用寿命为30年，试验取日照自然老化30年对应的紫外老化时间为试验时间。则得到的试验老化时间为：

$$h=\frac{1}{225.8}\times30\times365\times10=484.9$$

试验实际进行的老化时间为485 h，即对应自然老化的时间为30年。

5.2.8.2　试验结果分析

为了研究紫外线老化对新型填缝料性能的影响。试验结果见表5-14。

新型填缝料紫外线老化后黏结拉伸试验　　表5-14

品种代号	生产日期	黏结强度（MPa）				剪黏结伸长率（%）				破坏形式
		1	2	3	平均	1	2	3	平均	
CPC-1	07.7.28	0.36	0.38	0.38	0.37	912	897	886	898	黏结面撕裂
	07.8.15	0.38	0.39	0.41	0.39	889	903	894	895	黏结面撕裂
CPC-2	07.8.5	0.39	0.40	0.42	0.40	734	718	728	727	黏结面撕裂
	07.9.14	0.41	0.38	0.37	0.39	726	704	716	715	黏结面撕裂

从表5-14中可以看出，新型有机硅填缝料老化30年以后的黏结强度和黏结伸长率与老化前相比变化很小。这表明了新型填缝料在紫外线的作用下，其性能发生改变较小。而新型有机硅填缝料优良的抗紫外老化性能将有利于其使用寿命的延长，从而降低水泥混凝土路面的养护成本，延长道路的寿命。

5.2.9　耐疲劳试验

填缝料的使用寿命检测，目前相关规范还没有验证填缝料使用寿命的相关方法，为了验证新型填缝料的使用寿命，本书除了采用老化试验检测外，还研制了填缝料疲劳试验仪器（图5-42），制定了填缝料疲劳试验方法，并进行了新型填缝料疲劳试验。

a)疲劳试验仪

b)试件夹具

图5-42　疲劳试验仪

根据试验方法进行试验,得到的试验结果见表5-15、表5-16。

新型填缝料疲劳试验结果　　表5-15

品　种	疲劳时间(h)	疲劳次数(次)	基准疲劳次数(次)	基准疲劳时间(h)	试验后状态
CPC-1	216	3.7×10^7	1.0×10^7	58.3	未见疲劳破坏
CPC-2	216	3.7×10^7	1.0×10^7	58.3	未见疲劳破坏
CPC-3	216	3.7×10^7	1.0×10^7	58.3	未见疲劳破坏
CPC-4	216	3.7×10^7	1.0×10^7	58.3	未见疲劳破坏

新型填缝料疲劳试验后黏结拉伸性能　　表5-16

品种代号	黏结强度(MPa)				剪黏结伸长率(%)				破坏形式
	1	2	3	平均	1	2	3	平均	
CPC-1	0.12	0.11	0.14	0.12	365	384	376	375	黏结面撕裂
	0.14	0.13	0.12	0.13	387	378	389	385	黏结面撕裂
CPC-2	0.15	0.14	0.13	0.14	286	279	294	286	黏结面撕裂
	0.13	0.12	0.11	0.12	274	281	288	281	黏结面撕裂
CPC-3	0.11	0.13	0.09	0.11	375	386	384	382	黏结面撕裂
	0.15	0.12	0.13	0.13	398	376	387	387	黏结面撕裂
CPC-4	0.10	0.12	0.08	0.10	268	276	276	273	黏结面撕裂
	0.12	0.13	0.11	0.12	269	278	283	277	黏结面撕裂

表5-15和表5-16中的数据表明了新型有机硅填缝料具有优异的耐疲劳性能。试件在远高于高速公路重载交通的累计标准轴载次数的作用下仍然未见疲劳破坏。由此可以说明,新型填缝材料的耐疲劳性能非常优异,从力学角度看,完全能够达到与路面同寿命的长久使用效果。

5.3 本章小结

(1)针对目前填缝料的封水效果和使用寿命没有试验检测方法的情况,本书研究形成了填缝料性能成套试验方法。

(2)有机硅新型填缝料路用性能优良,具有与混凝土黏结性能好、耐嵌入性能好、易于施工、使用寿命可达30年以上等优点。

(3)从路用性能的研究结果来看:两种纤维的混凝土在不同龄期的抗压、劈裂强度基本相同,在抗冲击性及早期抗裂性方面,聚丙烯腈纤维混凝土更优,但钢纤维混凝土表现出更强的弹性模量和较好的抗弯拉强度。

第6章　超薄混凝土罩面快速检测技术研究

6.1　混凝土快速检测方法选取

随着混凝土快速检测方法日臻成熟,许多国家开始了这类检测方法的标准化工作,如美国的ASTM、英国的BSI均已颁布或正准备颁布有关标准,其中以ASTM所颁布的有关标准最多。此外,国际标准化组织(ISO)也先后提出了回弹法、超声法、钻芯法、拔出法等相应国际标准草案,为结构混凝土快速检测技术的工程应用起到良好的推进作用。

我国在快速检测这一领域的研究工作始于20世纪50年代中期,开始引进瑞士、英国、波兰等国回弹仪,60年代初即开始批量生产回弹仪,现已使回弹法、超声回弹综合法、钻芯法、拔出法、超声缺陷检测法等主要快速检测技术规范化。有关仪器的研究也发展迅速,仪器的标准也在制定中。但在新的快速检测技术的开拓方面却比较落后,需要更多的研究。

根据混凝土快速检测技术原理可分为三种:半破损法、非破损法和综合法。

(1)半破损法

半破损法以不影响结构或者构件的承载能力为前提,在结构上或者构件上直接进行局部破坏试验,或者直接钻芯取样进行破坏试验,然后根据试验值与结构混凝土标准强度的相关性,换算成标准强度换算值,并以此推算出混凝土结构强度标准的推定值或特征强度。

(2)非破损法

非破损法以混凝土强度与某些物理量之间的相关性为基础,检测时,在不影响结构或构件混凝土任何性能的前提下,测试这些物理量,然后根据相关关系推算出强度标准值的推定值或特征强度。

(3)综合法

所谓综合法就是采用两种或两种以上的快速检测方法,获取多种物理量,并建立强度及多项物理参量的综合相关关系,以便从不同角度综合评价混凝土的强度。由于综合法采用多项物理参数,能比较全面地反映构成混凝土强度的各种因素,并且能抵消部分影响强度与物理相关关系的因素,因此它比单一物理量的快速检测方法具有更高的可靠性与准确性。因此,综合法被认为是混凝土强度快速检测的一个重要发展方向。目前已被采用的有超声回弹综合法、超声钻芯综合法、声速衰减综合法等。其中超声回弹综合法在我国已被广泛应用,本书采用回弹法与超声回弹综合法进行快速检测研究。

6.2 薄层混凝土回弹法与超声回弹综合法测强影响因素分析

6.2.1 回弹法对超薄混凝土测强影响因素分析

回弹法检测混凝土强度受各种因素的影响。其中,外因主要包括混凝土龄期、测试面及测试角度的影响、混凝土表面干湿状况等;内因主要包括水泥品种、水灰比、集料性质、粗集料所占比重等。下面对影响回弹值的主要因素进行研究分析。

1)外因对回弹值的影响及修正

(1)碳化及龄期的影响

水泥经水化就游离出大约35%的氢氧化钙,它对混凝土的硬化起到了重大的作用。已硬化的混凝土表面受到空气中二氧化碳的作用,使氢氧化钙逐渐发生变化,生成硬度较高的碳酸钙,这就是混凝土的碳化现象。而龄期对回弹测强的影响实质反映的是碳化对回弹测强的影响。碳化使混凝土的回弹值偏高,碳化深度可以用酚酞来检测,并据碳化深度对回弹值加以修正。但对于超薄混凝土来说,由于只检测混凝土1d或3d强度,最早的只需检测其8h的强度,根据试验结果,薄层混凝土基本没有发生碳化反应。

(2)湿度对回弹测强的影响

混凝土表面湿度对混凝土回弹测强的影响很大。因为规程统一测强曲线要求所测混凝土表层为干燥状态,当结构或构件混凝土表面潮湿或浸水时,要制定专用测强曲线或经过试验进行修正。目前,大多数地方没有建立专用测强曲线,大部分采用统一测强曲线,这样就给检测带来误差。通过试验,湿度对于低强度的混凝土影响较大,随着混凝土强度的增长,湿度对回弹测强的影响逐渐减小。

(3)不同测试角度与测试面对回弹测强的影响及修正

由于用室内试验制定专用测强曲线时,回弹仪是在标准状态下工作的,即回弹仪处于水平面上垂直弹击在混凝土试件的侧面,而在室外水泥混凝土路面检测时,回弹仪都是垂直向下弹击在混凝土路面的表面,由于受回弹仪弹击锤自重以及混凝土板强度由上向下增长的特性的影响,这两种方法测得的值不一致。因此,必须对室外现场回弹仪检测角度与测试面进行修正。

影响回弹值的外界因素还包括混凝土表面情况及选点等人为因素。因此,在用回弹仪测强时应遵守以下原则:

①测区表面应保持清洁、干燥,不应有接缝、饰面层、粉刷层、浮浆、油垢、蜂窝及麻面现像,必要时用砂轮将表面磨光,扫净表面的粉末或碎屑。

②测试时环境温度低于5℃或高于35℃时不适合进行回弹检测。

③选点要科学。规程对测区的大小和测点的布置规定:“测区的面积不宜大于0.04m^2”“测点宜在测区范围内均匀分布,相邻两测点的净距不宜小于20mm”。在实际操作中采用网格法确保测区的大小和测点的均布性,具体做法为:在构件的表面选定测区后,用粉笔在测区处画一个200mm×200mm的方框,然后将方框纵横均分4等份,形成16个小方格,每个方格

的中心点就是一个测点的位置。

2)内因对回弹值的影响及修正

所谓内因就是指由于组成混凝土混合料的原材料本身的变异所导致对回弹值的影响,包括所用水泥品种、水泥用量、集料性质、最大集料粒径以及细集料所占的比例等。

在这些影响因素中,根据本书研究的实际情况选取同一种水泥不同水泥用量做对比试验。而同一种水泥品种(所用普通硅酸盐水泥)不同强度等级及不同用量的影响,试验检测表明,其实质上反映了为获得不同强度等级的混凝土的水灰比影响,它对混凝土的强度及回弹值产生的影响基本一致,因此它对“f_{cu}-R”相关关系没有显著的影响。

6.2.2 超声回弹综合法对超薄混凝土测强影响因素分析

采用超声回弹综合法测定混凝土抗压强度,不但涉及混凝土表面硬度,而且还涉及混凝土内部密实性与匀质性。超声回弹综合法对混凝土的测强影响因素很多,主要分为内因与外因两大影响因素,应根据其影响程度进行修正。下面分别对内外因素进行分析。

1)外因对超声回弹综合法影响因素分析及修正

(1)龄期或碳化的影响

混凝土处于早龄期时,内部含水率较高,表面碳化极微甚至不碳化,这时所测回弹值偏低,而声速值偏高。对超声回弹综合法测强而言,两者互补,影响因素不显著。

(2)测试面的影响

当测试在混凝土浇筑上表面或底面进行时,由于石子离析下沉及表面水、浮浆等因素的影响,其回弹值与声速值均与侧面测量时不同。若以侧面测量为准,上表面或底面测量时对回弹值及声速值均分别乘以修正系数。回弹值的修正已在上节阐述过,不再重复。声速的修正见表6-1。

超声值修正系数　表6-1

测试状态	K
浇筑的两侧面	1.0
浇筑的上表面与底面	1.034

注:1. 表中有关混凝土浇筑面的修正值,是指一般原浆抹面后的修正值。
2. 表中有关混凝土底面的修正,是指结构或构件底面与侧面采用同一类模板在正常浇筑情况下的修正值。

(3)测距的影响

根据南京水利科学研究院的试验结果,得出不同测距声速修正系数值,见表6-2。

声速修正系数　表6-2

测距(cm)	15	50	100	200	300	400	500
声速修正系数	1.000	1.003	1.015	1.023	1.027	1.030	1.031

注:表中未列入的相应于测距的声速修正系数,可用内插法求得,精确至三位小数。

2)内因对超声回弹综合法影响因素分析及修正

(1)水泥用量的影响

根据研究结果证明,在每立方米混凝土中,水泥用量在200kg、250kg、300kg、350kg、400kg、450kg范围内变化时,对超声回弹综合法测强没有显著的影响。

(2)细集料影响

混凝土中细集料用量较少,砂率的波动范围一般为28% ~44%,同时砂的粒径远小于超声波波长,对超声波在混凝土中的传播状态影响不大,但当砂率小于28%或大于44%时,影响不可忽略,应进行修正。由于本书研究的砂率都在28% ~44%以内,所以不考虑细集料的影响。

(3)外加剂影响

由于本书研究中所用非加气型外加剂,则对超声回弹综合法测强无显著影响。

6.3 薄层混凝土强度快速检测方法的室内试验研究

薄层混凝土的抗折抗压强度与回弹值以及声波波速之间存在着一定的数学关系,即有一定的相关性。随着混凝土强度等级的提高,其回弹值和声波波速也增大。因此,应用概率统计的方法,选择合理的曲线对抗折抗压强度值与回弹值以及抗折抗压强度值与声波波速、回弹值之间的关系进行回归,得出能近似描述其相关关系的曲线,对回弹法与超声回弹综合法在工程中的应用有重要意义。本书分别对回弹法和超声回弹综合法进行室内试验研究。

6.3.1 回弹法测强的室内试验研究

1)原材料情况

(1)水泥

根据薄层混凝土的特点,选取了较常用的水泥:普通硅酸盐325、425及325R、425R。试验前,对水泥的强度、细度、凝结时间及安定性进行了检验,各项指标均满足《通用硅酸盐水泥》(GB 175—2007)的规定。

(2)集料

粗集料选取了花岗岩碎石,细集料采用中砂,试验前分别对粗、细集料进行了物理力学性能的检验,各项指标均满足《公路水泥混凝土路面施工技术细则》(JTG/T F30—2014)的要求。其具体的试验结果见表6-3、表6-4。

砂的主要性能指标检测结果　　表6-3

表观密度(g/cm^3)	堆积密度(kg/m^3)	空隙率(%)	含泥量(%)	细度模数
2.67	1479	40	0.5	2.94

碎石的主要性能指标检测结果　　表6-4

表观密度(g/cm^3)	自然堆积密度(kg/m^3)	振实密度(kg/m^3)	振实紧密空隙率(%)	含泥量(%)	压碎指标(%)
2.67	1575	1680	38	0.6	8.7

(3)外加剂

试验所采用的外加剂为薄层混凝土外加剂LW系列,各项性能都符合出厂时的各项要求。

2)试验设计

本试验选取碎石作为粗集料,中砂作为细集料,分别用P. O. 32.5、P. O. 32.5. R、P. O. 42.5、

P. O. 42. 5R 与 5 种水灰比进行正交试验，试验总组数为 20 组。根据回弹试验数据，通过回归分析找出回弹值与混凝土强度值之间的关系曲线。试验方法为：

(1)保持砂、石、水用量不变，通过改变水泥用量和外加剂用量的方法，得到一组不同强度等级的混凝土。

(2)保持砂石和水泥及外加剂用量不变，通过改变用水量来实现。

3)试验数据处理

室内对比试验结果见表 6-5。

回弹、抗折抗压强度测试结果(单位：MPa)　　表 6-5

水泥品种产地	类型	水灰比				
		0.35	0.40	0.45	0.50	0.55
P. O. 32.5 重庆	R_m	27.6	26.1	25.8	19.4	15.2
	R_a	24.4	22.5	21.9	18.1	14.7
	R_f	3.64	3.51	3.32	3.11	2.79
P. O. 32.5R 重庆	R_m	34.3	29.6	26.4	22.7	17.6
	R_a	27.2	24.6	22.7	19.2	16.4
	R_f	4.37	3.95	3.51	3.12	2.67
P. O. 42.5 重庆	R_m	35.2	32.4	29.1	27.7	19.3
	R_a	28.9	26.7	24.5	22.1	18.2
	R_f	4.42	4.06	3.66	3.31	2.74
P. O. 42.5R 重庆	R_m	38.0	34.8	29.8	28.6	19.9
	R_a	33.5	32.1	26.8	22.2	19.7
	R_f	4.51	4.27	3.93	3.51	3.32

4)薄层混凝土回弹测强专用曲线的建立

回归方程的建立采用最小二乘法原理列表进行计算并采用幂函数曲线，回归方程采用《回弹法检测混凝土抗压强度技术规程》(JGJ/T 23—2011)中所给公式：

$$f_{cu}^{c} = AR_{m}^{B} \tag{6-1}$$

式中：R_m——试件的平均回弹值；

f_{cu}^{c}——由回归方程式算出的混凝土的强度换算值(MPa)；

B——回归系数。

(1)建立抗压强度回归方程

建立抗压强度测强曲线时，将回弹值系列作为自变量，将抗压强度作为因变量，利用概率统计的方法进行回归计算，找出二者之间的关系曲线(图 6-1)。抗压强度回归方程为：

$$f_{cu}^{c} = 1.542R_{m}^{0.825} \tag{6-2}$$

$$r = 0.9654$$

(2)建立抗折强度回归方程

建立抗压强度测强曲线时，将回弹值系列作为自变量，将抗折强度作为因变量，利用概率统计的方法进行回归计算，找出二者之间的关系曲线(图 6-2)。

抗折强度回归方程为：

$$R_{\mathrm{f}}=0.514R_{\mathrm{m}}^{0.591} \tag{6-3}$$

$$r=0.9556$$

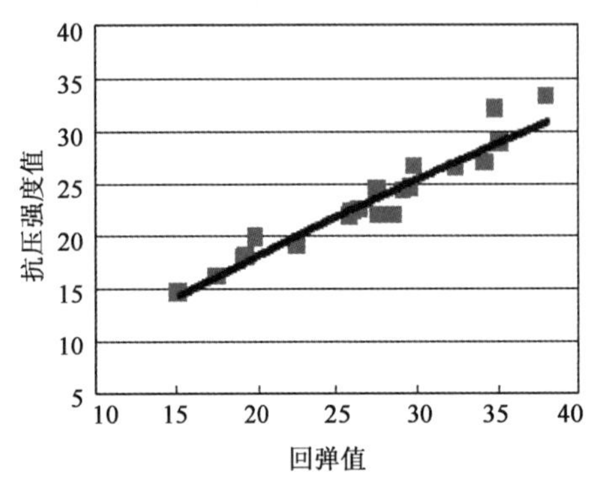

图 6-1　混凝土抗压强度与回弹值相关曲线图

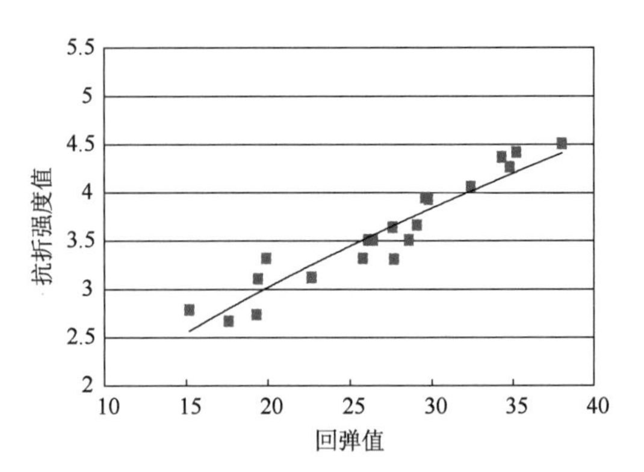

图 6-2　混凝土抗折强度与回弹值相关曲线图

6.3.2　超声回弹综合法测强的室内试验研究

采用超声回弹综合法进行试验研究所用试件与回弹法测强所用为同一试件，先对水泥混凝土试件进行回弹值与声速值测量后，再用试验机检测抗压强度。

1）试验仪器

超声仪：采用低频 UTA 2000 型超声快速检测仪。

2）试验数据处理

测试数据结果见表 6-6。

超声、回弹、抗折抗压强度测试结果　　表 6-6

水泥品种产地	测试结果类型	水灰比				
		0.35	0.40	0.45	0.50	0.55
P. O. 32.5 重庆	v	4.67	4.52	4.41	4.38	4.17
	R_{m}	27.6	26.1	25.8	19.4	15.2
	R_{a}	24.4	22.5	21.9	18.1	14.7
	R_{f}	3.64	3.51	3.32	3.11	2.79
P. O. 32.5R 重庆	v	4.83	4.72	4.56	4.41	4.33
	R_{m}	34.3	29.6	26.4	22.7	17.6
	R_{a}	27.2	24.6	22.7	19.2	16.4
	R_{f}	4.37	3.95	3.51	3.12	2.67
P. O. 42.5 重庆	v	4.91	4.74	4.61	4.55	4.33
	R_{m}	35.2	32.4	29.1	27.7	19.3
	R_{a}	28.9	26.7	24.5	22.1	18.2
	R_{f}	4.42	4.06	3.66	3.31	2.74

续上表

水泥品种产地	测试结果类型	水灰比				
		0.35	0.40	0.45	0.50	0.55
P.O.42.5R 重庆	v	4.98	4.77	4.62	4.63	4.49
	R_m	38.0	34.8	29.8	28.6	19.9
	R_a	33.5	32.1	26.8	22.2	19.7
	R_f	4.51	4.27	3.93	3.51	3.32

3)薄层混凝土超声回弹专用曲线的建立

超声回弹综合法测强曲线的回归方程是按每一标准试件测得的超声值 v、回弹值 R_m 和抗折抗压值 R_a 或 R_f,采用最小二乘法原理,按《超声回弹综合法检测混凝土抗压强度技术规程》(T/CECS 02—2020)中推荐,采用如下回归方程:

$$f_{cu}^{c} = Av^{B} \cdot R_{m}^{C} \tag{6-4}$$

(1)建立超声回弹综合法测混凝土抗压强度回归方程

抗压强度回归方程式为:

$$f_{cu}^{c} = 0.173v^{2.268}R_{m}^{0.439} \tag{6-5}$$

(2)建立超声回弹综合法测混凝土抗折强度回归方程

抗折强度回归方程式为:

$$R_{f} = 0.002v^{5.610}R_{m}^{-0.366} \tag{6-6}$$

6.4　薄层混凝土快速检测的实体工程研究分析

根据研究需要,在重庆铺筑了一条试验路。为了验证超薄混凝土在道路维修中的应用,并能够按时通车的要求,对修筑的试验路用回弹仪与超声仪进行了测强,并通过该测强对回弹法与超声回弹综合法检测超薄混凝土强度的室内试验研究进行验证。

本次试验路所用外加剂为早强减水剂 LW 系列;碎石为花岗岩碎石,压碎值为 8.7%;砂为中砂,细度模数为 2.70 ~ 2.95,含泥量为 0.60%;水泥为 P.O.42.5 级水泥,先采用振动板振实,然后采用振动梁振动。

现场检测分为回弹法测强与超声回弹综合法测强,见表 6-7 ~ 表 6-10。

1d 龄期混凝土回弹检测数据　　表 6-7

测段	测区	名称					
		R_m	角度修正	浇筑面修正	修正值	测区强度(MPa)	
						抗压	抗折
1d-GD	1	22.5	3.85	2.65	29.00	24.8	3.76
	2	22.0	3.92	2.75	28.67	24.6	3.74
	3	21.6	3.95	2.62	28.17	24.2	3.70
	4	20.4	3.91	2.56	26.87	23.3	3.59
	5	19.7	3.86	2.55	26.11	22.7	3.53

续上表

测段	测区	名称					
		R_m	角度修正	浇筑面修正	修正值	测区强度(MPa)	
						抗压	抗折
1d-GD	6	21.8	3.92	2.48	28.20	24.2	3.70
	7	20.7	3.84	2.51	27.05	23.4	3.61
	8	22.1	3.95	2.61	28.66	24.6	3.73
	9	20.8	3.83	2.53	27.16	23.5	3.62
	10	21.4	3.81	2.64	27.85	24.0	3.67
	回弹强度评定值					23.9	3.67
	C_v(%)					2.790	2.002

3d 龄期混凝土回弹检测数据 表 6-8

测段	测区	名称					
		R_m	角度修正	浇筑面修正	修正值	测区强度(MPa)	
						抗压	抗折
3d-GD	1	30.6	4.15	2.77	37.52	30.7	4.38
	2	29.2	4.22	2.81	36.23	29.8	4.29
	3	30.6	4.21	2.88	37.69	30.8	4.39
	4	29.2	4.14	2.95	36.29	29.8	4.29
	5	29.1	4.22	2.87	36.19	29.8	4.29
	6	30.3	4.16	2.89	37.35	30.6	4.37
	7	28.6	4.17	2.80	35.57	29.4	4.24
	8	29.7	4.23	2.84	36.77	30.2	4.33
	9	31.8	4.19	2.83	38.82	31.6	4.47
	10	30.5	4.27	2.92	37.69	30.8	4.39
	回弹强度评定值					30.3	4.34
	C_v(%)					2.166	1.550

1d 龄期混凝土超声回弹检测数据 表 6-9

测段	测区	名称					
		R_m修正值	超声声速值(km/s)	测试面修正(km/s)	声速修正值(km/s)	测区强度(MPa)	
						抗压	抗折
1d-GD	1	26.20	4.55	0.18	4.73	24.6	3.70
	2	27.21	4.62	0.17	4.79	23.3	3.91
	3	27.14	4.68	0.16	4.84	23.6	4.15
	4	28.56	4.69	0.15	4.84	24.7	4.08
	5	27.64	4.65	0.15	4.80	24.3	3.94

续上表

测段	测区	名称					
		R_m 修正值	超声声速值 (km/s)	测试面修正 (km/s)	声速修正值 (km/s)	测区强度(MPa)	
						抗压	抗折
1d-GD	6	28.21	4.58	0.17	4.75	24.6	3.68
	7	27.27	4.56	0.16	4.72	24.4	3.60
	8	28.18	4.50	0.18	4.68	25.0	3.39
	9	28.58	4.62	0.17	4.79	24.3	3.84
	10	28.39	4.54	0.16	4.70	24.2	3.46
	超声回弹强度评定值					24.3	3.78
	C_v(%)					2.103	6.670

3d 龄期混凝土超声回弹检测数据 表6-10

测段	测区	名称					
		R_m 修正值	超声声速值 (km/s)	测试面修正 (km/s)	声速修正值 (km/s)	测区强度(MPa)	
						抗压	抗折
3d-GD	1	35.41	4.85	0.18	5.03	32.3	4.68
	2	35.65	4.77	0.17	4.94	31.1	4.21
	3	35.21	4.81	0.18	4.99	31.6	4.48
	4	36.87	4.79	0.17	4.96	31.9	4.26
	5	35.23	4.84	0.16	5.00	31.8	4.53
	6	36.65	4.82	0.17	4.99	32.2	4.41
	7	35.34	4.78	0.16	4.94	31.0	4.23
	8	35.31	4.83	0.16	4.99	31.7	4.48
	9	36.46	4.82	0.17	4.99	32.1	4.42
	10	35.47	4.71	0.16	4.87	30.0	3.90
	超声回弹强度评定值					31.6	4.36
	C_v(%)					2.193	4.988

6.5 回弹法及超声回弹综合法测强与钻芯取样强度对比

对试验路进行了钻芯取样检测混凝土的抗折抗压强度,其结果见表6-11。

回弹法测强与钻芯取样强度对比 表6-11

测段	龄期(d)	抗压强度(MPa)			抗折强度(MPa)		
		回弹评定	钻芯取样	误差(%)	回弹评定	钻芯取样	误差(%)
1d-GD	1	23.9	24.2	1.25	3.67	3.74	1.89
3d-GD	3	30.3	31.2	2.93	4.34	4.38	0.92

超声回弹综合法测强与钻芯取样强度对比 表6-12

测 段	龄期(d)	抗压强度(MPa)			抗折强度(MPa)		
		超声回弹评定	钻芯取样	误差(%)	超声回弹评定	钻芯取样	误差(%)
1d-GD	1	24.3	24.2	0.41	3.78	3.74	1.06
3d-GD	3	31.6	31.2	1.27	4.36	4.38	0.46

由表6-11与表6-12可以看出,回弹法与超声回弹综合法测强与钻芯取样强度有良好的相关性,误差均在5%以内,但超声回弹综合法比回弹法测强更接近实际强度值,其误差更小,测试结果更准确。因此,采用超声回弹综合法在现场进行快速检测更为切实可行。

6.6 本章小结

本书经过大量的调研,采用回弹法与超声回弹综合法作为薄层混凝土在高速公路维修工程中的现场快速检测方法,并通过大量的室内试验研究,建立了回弹法与超声回弹综合法与混凝土抗折抗压强度之间的回归曲线,且该回归曲线具有良好的相关性。通过对该两种方法对比分析可知,超声回弹综合法检测结果误差更小,检测结果更准确。为了检验该回归曲线的准确性,铺筑了试验工程,并对不同龄期(24h、72h)的试验段进行了超声回弹检测,确定了检测段的代表强度值,以此作为开放交通的依据,为验证检测结果的正确性,同时进行了钻芯取样,经检测证明快速检测的误差在5%以内,证明了现场快速检测数据的可信性。通过室内试验和现场检测,可得出以下结论:

(1)用超声回弹综合法检测薄层混凝土强度避免了单一的回弹法测强的缺陷,具有较好的可操作性。

(2)针对当地材料特点,用薄层混凝土的强度发展规律建立起来的专用测强曲线可以用来进行现场检测,误差较小。

(3)作为薄层混凝土在道路维修工程中应用的配套技术,超声回弹综合法检测以其快速、检测面广、简单等优点必将得到大量的应用,用于及时确定开放交通的时间,摆脱了钻芯取样的局限性和时效性。

第7章 薄层水泥混凝土路面施工工艺研究

7.1 路面板底脱空处治

国内学者在路面板底脱空压浆处治方面已做过很多的工作,对压浆材料和压浆工艺等课题进行了全面系统的研究,但是针对压浆处治效果评价的研究不够深入,距工程的实际需要还有一定的差距。因此本章在板底脱空力学分析的理论指导下结合工程实践,主要针对压浆处治材料性能指标、压浆处治技术等方面的内容进行研究,为旧水泥混凝土路面板底脱空处治技术和材料设计等研究提供理论基础。

板底压浆是利用液压原理,在混凝土面板底部有脱空处钻孔,通过注浆管利用高强压力将流质材料压入脱空空隙,流质材料以充填、渗透和挤密等方式排除板下空隙中的水分、空气,凝固后产生一定的强度,恢复板底的均匀支撑,以达到对水泥混凝土路面板底脱空的有效处治,减小未来发生唧泥、沉降、错台、断裂的可能性,延长路面使用寿命,提高路面使用质量。压浆处治方法由于其成本低,旧路面利用率高,技术成熟,工艺简便,且交通封闭时间短,在国内是一种广泛应用的板底脱空处治方法。

板底脱空压浆处治的主要作用包括:结合作用;隔水作用;密实作用;稳固作用。

7.1.1 压浆处治材料研究

1)压浆材料性能

压浆材料一般分为无机类和有机类两种,无机类压浆材料主要是水泥浆类材料,有机类压浆材料包括改良乳化沥青压浆材料和高聚物压浆材料。水泥浆类材料是以水泥为主料,按一定比例与水配合成的浆液,有时根据实际需要添加一定量的如粉煤灰、膨胀剂、减水剂等外加剂以改善浆体本身及硬化后的性能,是目前国内最常用的压浆材料。改良乳化沥青压浆材料是以乳化沥青为主要成分,同时按一定比例加入水泥、粉煤灰等无机材料以改善浆体本身及硬化后的性能而配合成的浆液,它具有流动性好、可以方便施工及形成板底下封层能够防止水损害等优点。高聚物压浆材料主要包括:聚氨酯密封胶与硅酮密封胶、聚硫密封胶等。高聚物压浆材料具有良好的耐磨性、黏结性、耐候性及弹性复原性。不论是对无机类还是有机类压浆材料而言,从使用性能和施工工艺上讲,压浆加固材料都应具备以下特性:流动性好,早期强度高,无离析、无泌水,无收缩。

从以上对压浆材料的性能要求分析可以看出,压浆材料的性能对路面板底脱空处治至关重要,而压浆材料组成和配比则是使用性能的关键。采用组成合理、配比科学的压浆材料才能取得良好的板底脱空处治效果,否则将会加剧路面使用性能的下降。

2)压浆材料体积变形

由压浆材料中成分相互作用原理可知,压浆材料水化开始后体积不断膨胀,当水化作用结束时达到最大的膨胀量,接下来在干燥环境中使用时,体积逐渐收缩,最后达到最大收缩量,体积相对稳定。但由于压浆材料位于路面板和基层之间,故其体积膨胀与收缩均受到约束。压浆材料在膨胀阶段存在以下三种变形:

(1)膨胀。压浆材料随着水化作用的进行生成钙矾石或$Ca(OH)_2$、$Mg(OH)_2$结晶等膨胀化合物后,开始发生体积膨胀。水化作用结束后,膨胀化合物的生成并未终止,体积继续膨胀,但膨胀速度逐渐减慢。

(2)弹塑性压缩。压浆材料的膨胀对路面板和基层产生作用力,而路面板和基层同时对压浆材料的膨胀产生反作用力,该反作用力使压浆材料产生弹性和塑性压缩。弹性和塑性压缩随着压浆材料硬化强度的增加而减少。

(3)徐变收缩。路面板和基层同时对压浆材料膨胀产生的反作用力在压浆材料中所引起。当路面板和基层对压浆材料膨胀约束较小时,徐变收缩很小,可不予考虑。但约束较大时,应考虑徐变收缩。

可见压浆材料在体积膨胀阶段中,同时存在着膨胀变形与收缩变形。但由于膨胀变形大于收缩变形,故总体表现为体积膨胀。压浆材料在此阶段中的膨胀量E_p可表示为:

$$E_p = E_Z - (S_e + S_p + S_c) \tag{7-1}$$

式中:E_Z——自由膨胀;

S_e——弹性压缩;

S_p——塑性收缩;

S_c——徐变收缩。

压浆材料在体积收缩阶段存在以下三种变形:

(1)收缩。与体积膨胀过程变化趋势类似,压浆材料开始收缩较快,然后逐渐变慢,最后趋于稳定。当路面板和基层对压浆材料收缩约束较小时,压浆材料的限制收缩小于自由收缩,但相差不大,而当约束较大时或压浆材料膨胀性能较高时,限制收缩比自由收缩要小得多。

(2)弹塑性膨胀。压浆材料收缩使得因其体积膨胀而产生的路面板和基层对其的压应力,转变为因黏结作用而产生的路面板和基层对其的拉应力,压浆材料卸去压应力后会产生部分弹塑性体积恢复,而在拉应力作用下发生弹塑性应变则体积膨胀。

(3)徐变。压浆材料卸去压应力后产生的部分弹塑性体积恢复因徐变而减小,而压浆材料收缩同样会因徐变减小,所以徐变对压浆材料体积变化起双重作用。当路面板和基层对压浆材料收缩约束较小时,不必考虑徐变对约束拉应力作用下弹塑性应变的影响,但约束较大时,应加以考虑。

由此可见,压浆材料在体积收缩阶段中,同样也存在着膨胀变形与收缩变形,其中占主导地位的是收缩变形。压浆材料在经历膨胀和收缩阶段后,体积相对稳定后最终的变形量D可表示为:

$$D = E_p - S_s + E_e + E_p \pm C \tag{7-2}$$

式中:S_s——限制收缩;

E_e——弹性应变;

E_p——塑性应变；

C——徐变。

3)压浆材料收缩量

压浆材料受配比组成及水温条件等因素的影响会产生塑性、干燥和温差等收缩变形。收缩变形会造成压浆材料硬化后与路面板和基层黏结性能的降低，压浆材料层与路面板和基层之间形成空隙，甚至发生二次脱空，影响板底脱空处治效果。有必要针对不同类型的收缩变形进行研究，确定压浆材料的收缩量，以从材料配比组成入手，防止收缩或反而产生轻微膨胀。

(1)塑性收缩。为保证压浆材料的流动性，目前的压浆材料配合比设计中用水量均普遍较高，如果压浆材料的配比不合理、外加剂保水性较差或环境温度较高时，压浆材料中的水分会因水化反应用水及反应放热蒸发引起失水收缩，或因水灰比过大而产生泌水现象，此时压浆材料产生不均匀的收缩变形，因该收缩变形发生在塑性阶段，故称为塑性收缩，其收缩量可达1%左右。

(2)干燥收缩。主要指因压浆材料中的水分散失而引起的收缩变形。压浆材料中的水分主要包括存在于气孔之内的自由水、毛细孔之内的可蒸发水、胶孔之内的不易蒸发水。其中，存在于气孔之内的自由水的蒸发不引起压浆材料体积的变化，胶孔之内的水分因较难蒸发，对压浆材料体积变化的影响也可忽略，而毛细孔之内的水分蒸发会使压浆材料体积产生一定比例的干燥收缩。本书以国内各地区潮湿系数 K[年降水量(mm)和年蒸发量(mm)的比值]作为分级指标对不同环境湿度条件下压浆材料干燥收缩量范围进行划分，见表7-1。

水泥类压浆材料早期强度要求 表7-1

名称	过湿区	中湿区	润湿区	润干区	中干区	过干区
K	>2.0	2.0~1.5	1.5~1.0	1.0~0.5	0.5~0.25	<0.25
收缩量	0.1%	0.1%	0.1%~0.2%	0.1%~0.2%	0.1%~0.2%	0.2%

(3)温差收缩。压浆材料水化反应过程中产生大量热能，水泥的水化热可达250300J/g，大量热能使压浆材料硬化时内部处于较高温度，温度可达50~60℃。而环境温度一般为20~30℃，因此压浆材料产生内高外低的温度差异。研究表明，当内外温差10℃时，压浆材料产生的冷收缩量为0.01。本书以国内各地区7月平均最高气温作为分级指标对不同自然温度条件下压浆材料温差收缩量范围进行划分，见表7-2。

压浆材料温差收缩量分级 表7-2

名称	夏炎热区	夏热区	夏凉区
7月平均最高气温	>30℃	20~30℃	<20℃
收缩量	0.02%~0.03%	0.03%~0.04%	0.04%~0.05%

综上所述，在综合考虑压浆材料塑性收缩、干燥收缩和温差收缩三种收缩对压浆材料体积变化影响的基础上，推荐压浆材料的总收缩量在1.1%~1.25%范围内。

4)自补偿式压浆材料

为取得良好的板底脱空处治效果，通过对国内近30条各等级公路实际压浆工程材料组成及配比情况的调查，结合对相关参考资料的研究，提出压浆材料各成分性能应满足如下要求：

(1)水泥：为了保证浆体材料硬化后具有一定的抗压、抗弯拉强度，特别是早期强度，宜选用42.5或42.5R型硅酸盐水泥。

(2)粉煤灰:可以提高浆体材料流动性和硬化后强度,同时降低泌水率及减小干缩变形,宜选用干排二级或三级粉煤灰。但如果粉煤灰掺量较大时,反而会降低浆体材料硬化后的强度和增大泌水率,故应合理控制粉煤灰的掺量。

(3)砂:可以提高浆体材料硬化后的强度,减少硬化收缩变形,同时降低水泥用量。但砂粒粒径较大则易产生离析、泌水现象,故应选用细度模数小于2.2,最大粒径小于2.36mm,含泥量小于1%的细砂。

(4)膨胀剂:膨胀剂的作用是使浆体材料硬化后体积发生膨胀,减少并抵消浆体材料的收缩变形,以防止发生二次脱空,影响板底脱空处治效果。目前国内最常用的为UEA型膨胀剂。选择膨胀剂时应注意以下几点:取代胶凝材料率K值一般为8%~12%;水中7d限制膨胀率$\geq 3.0\times10^{-4}$;干空中21d限制干缩率$\leq 1.0\times10^{-4}$。

(5)早强剂:可以掺加适量的元明粉或氯盐等早强剂以提高浆体早期强度。

(6)减水剂:可以掺加适量的萘系或水溶性树脂等高效减水剂以增加浆体的流动性及和易性。

(7)水:宜采用饮用水。

在以上材料组成研究的基础上,针对旧水泥路面不同程度的脱空,引入浆体硬化自身膨胀补偿收缩理论对压浆材料配合比设计,特别是对膨胀剂的掺量进行分析,具体配比和试验结果如下:

(1)针对路面板底轻度脱空,配制了有机类自补偿式压浆材料:水泥+乳化沥青+膨胀剂+水,不同配合比的压浆材料5d收缩率试验结果见表7-3。

有机类自补式压浆材料　　表7-3

压浆材料配合比	5d收缩率
水泥:乳化沥青:膨胀剂:水=1:0.5:0.10:0.4	1.51%
水泥:乳化沥青:膨胀剂:水=1:0.5:0.12:0.4	0.64%
水泥:乳化沥青:膨胀剂:水=1:0.5:0.13:0.4	0.53%
水泥:乳化沥青:膨胀剂:水=1:0.5:0.14:0.4	0.44%
水泥:乳化沥青:膨胀剂:水=1:0.5:0.15:0.4	0.23%
水泥:乳化沥青:膨胀剂:水=1:0.5:0.16:0.4	0.10%
水泥:乳化沥青:膨胀剂:水=1:0.5:0.17:0.4	-0.03%

由表7-3可见,7种配合比压浆材料的5d收缩率分别为1.51%、0.64%、0.53%、0.44%、0.23%、0.10%和-0.03%。当膨胀剂的掺量比<0.17时,有机类自补偿压浆材料硬化后体积均发生收缩变形,而当膨胀剂的掺量比≥0.17时,有机类自补偿压浆材料硬化后体积发生膨胀变形。通过对以上不同配比材料膨胀自补偿性能结合经济性等因素的分析,本书推荐有机类自补偿式压浆材料配合比为水泥:乳化沥青:膨胀剂:水=1:0.5:0.17~0.20:0.4。同时考虑到乳化沥青作为压浆材料组成部分,虽具有流动性较好、方便施工及破乳后水膜形成板底下封层能够防止水损害等优点,但硬化后强度偏低,使得压浆材料硬化后强度不足,故有机类自补偿式压浆材料宜适用于对压浆材料硬化强度要求不高的路面板底轻度脱空压浆

处治。

(2)针对路面板底中度脱空,配制水泥类自补偿式压浆材料:水泥＋粉煤灰＋膨胀剂＋水,不同配合比的压浆材料5d收缩率试验结果如表7-4所示。

水泥类自补式压浆材料　　表7-4

压浆材料配合比(水泥:粉煤灰:膨胀剂)	5d收缩率
1:0.525:0.11　水泥比=0.4	1.42%
1:0.525:0.12　水泥比=0.5	0.97%
1:0.55:0.15　水泥比=0.45	0.92%
1:0.525:0.15　水泥比=0.45	0.82%
1:0.525:0.17　水泥比=0.45	0.42%
1:0.525:0.19　水泥比=0.50	0.24%
1:0.525:0.19　水泥比=0.45	-0.08%
1:0.525:0.19　水泥比=0.47	-0.025%

由表7-4可见,8种配合比压浆材料的5d收缩率分别为1.42%、0.97%、0.92%、0.82%、0.42%、0.24%、-0.08%和-0.025%。其中,当膨胀剂的掺量比≤0.17时,水泥类自补偿压浆材料硬化后体积均发生收缩变形,而当膨胀剂的掺量比≥0.19且水灰比≤0.47时,水泥类自补偿压浆材料硬化后体积发生膨胀变形。通过对以上不同配比材料膨胀自补偿性能结合经济性等因素的分析,本书推荐水泥类自补偿式压浆材料配合比为水泥:粉煤灰:膨胀剂=1:0.525:0.19~0.2,水灰比=0.45~0.47。因水泥类自补偿式压浆材料流动性要差于有机类自补偿式压浆材料,当路面板底轻度脱空时浆体不易流动填充,故有机类自补偿式压浆材料宜适用于路面板底中度脱空压浆处治。

(3)针对路面板底重度脱空,配制了掺砂自补偿式压浆材料:水泥＋粉煤灰十膨胀剂＋砂＋水,其中砂的粒径为0.6~2.36mm,不同配合比的压浆材料5d收缩率试验结果如表7-5所示。

掺砂自补式压浆材料　　表7-5

压浆材料配合比　水灰比=0.55　(0.6mm<粒径<2.36mm)	5d收缩率
水泥:粉煤灰:UEA:砂=1:0.40:0.15:1.5	0.79%
水泥:粉煤灰:UEA:砂=1:0.45:0.15:1.5	0.37%
水泥:粉煤灰:UEA:砂=1:0.45:0.16:1.5	0.16%
水泥:粉煤灰:UEA:砂=1:0.45:0.17:1.5	-0.03%

由表7-5可见,4种配合比压浆材料的5d收缩率分别为0.79%、0.37%、0.16%和-0.03%。其中,当膨胀剂的掺量比<0.17时,掺砂自补偿压浆材料硬化后,体积均发生收缩变形;而当膨胀剂的掺量比≥0.17时,掺砂自补偿压浆材料硬化后,体积发生膨胀变形。

通过对以上不同配比材料膨胀自补偿性能结合经济性等因素的分析,推荐掺砂自补偿式压浆材料配合比为水泥:粉煤灰:膨胀剂:砂(0.6mm<粒径<2.36mm)=1:0.45:0.17~0.20:1.5,水灰比=0.55。此外,应注意掺砂自补偿式压浆材料中的细砂成分虽可以提高其压浆材料硬化后的强度,但由于砂子相对其他浆体成分粒径较大,因此掺砂自补偿式压浆材料

流动性较差,且对压浆设备要求较高,当路面板底中度或轻度脱空时浆体较难流动填充,故掺砂自补偿式压浆材料适用于路面板底重度脱空压浆处治。

7.1.2 处治效果评价方法及标准

目前对于压浆处治的效果评价方法一般有:动弯沉检测法和雷达检测法。

路面动弯沉检测在待处治路段路面上布设好弯沉检测点,采用落锤式弯沉仪(FWD)对不同板底脱空程度的路面板压浆处治前后进行动弯沉测量,从而对比分析路面动弯沉的变化情况。压浆处治标准如表 7-6 所示。

旧水泥混凝土路面板压浆处治评价标准　　表 7-6

脱空程度	路面动弯沉(0.001mm)			处治材料
	处治前	处治后	变化范围	
轻度脱空	20 ~ 50	0 ~ 20	5 ~ 30	有机类自补偿式
中度脱空	50 ~ 100	5 ~ 30	30 ~ 75	水泥类自补偿式
重度脱空	> 100	10 ~ 35	75 ~ 150	掺砂自补偿式

雷达检测是针对压浆处治段落采用雷达设备对处治前后进行测试,对比分析前后测试数据从而评价压浆处治效果,该方法主要是定性进行对比分析。

7.1.3 本节小结

(1)水泥混凝土路面板底脱空是内因和外因共同作用的结果,主要影响因素为行车荷载及温度荷载导致的塑性变形、地表水下渗后在行车荷载作用下产生的高动水压力冲刷、结构设计不足、施工质量欠佳和养护管理不及时等。

(2)板底压浆处治技术适用于路面板整体完好的情况,其施工成本低,对旧路面利用率高,技术成熟,工艺简便,且交通封闭时间短。

(3)对压浆材料性能、体积变形、收缩量等方面进行探讨,并在对现有实际工程压浆材料组成及配比情况调查的基础上,结合对相关参考资料的研究,提出压浆材料各成分性能要求。

(4)给出了路面脱空压浆处治在不同脱空程度及压浆材料的条件下的评价标准。

(5)示范工程表明,从现场检测工作的工作效率及人力消耗等因素综合考虑,采用雷达进行水泥混凝土路面脱空检测具有较好的工程应用效果。

7.2 旧水泥混凝土板界面处治技术

7.2.1 旧水泥混凝土板黏结面粗糙度对黏结的影响

水泥混凝土是由水泥、粗集料、细集料、外加剂和水等材料在水化反应下胶结凝固而形成的复合材料。这种复合材料的最大特点是其内部有大量的微孔和微裂缝存在,具有不均匀性。如果把旧水泥混凝土看作一块特大粗集料,那么新旧水泥混凝土的黏结过程,就可以看作是由旧水泥混凝土和新的水泥、集料、外加剂等在水化反应下形成一种特定复合材料的物理化学过程。这种通过新旧水泥混凝土黏结形成的特殊材料与一般水泥混凝土材料一样含有大量的微孔和微裂缝。但不同的是,在特大粗集料(水泥旧混凝土)与新水泥浆的界面上微裂缝更加发育,因此可用类似于研究新水泥混凝土内部微裂缝发展破坏的模式来研究新旧水泥混凝土黏结界面的破坏与界面粗糙度的关系。

为了验证黏结面的粗糙度对黏结性能的影响,我们对界面粗糙度进行了单项试验研究,在试验中对用于试验的旧水泥混凝土试块进行表面凿毛,然后用灌砂法测定平均灌砂深度,其测量方法是:用四片塑料板将混凝土处理面围起来,使塑料板的最高平面和处理面的最高点平齐,如图 7-1 所示。在表面上灌入标准砂且与塑料板顶面抹平,以平均灌砂深度表示处理面的粗糙度。测得标准砂的体积,则平均灌砂深度可用砂的体积除以处理面的面积来表示:

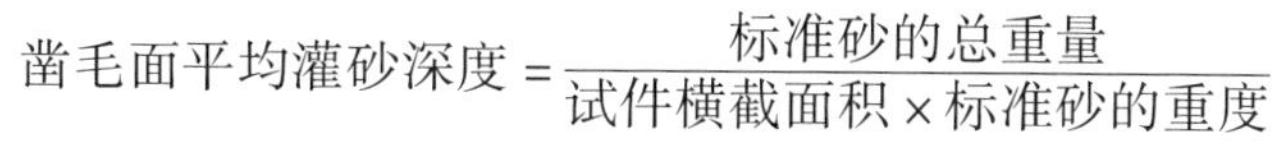

$$凿毛面平均灌砂深度 = \frac{标准砂的总重量}{试件横截面积 \times 标准砂的重度}$$

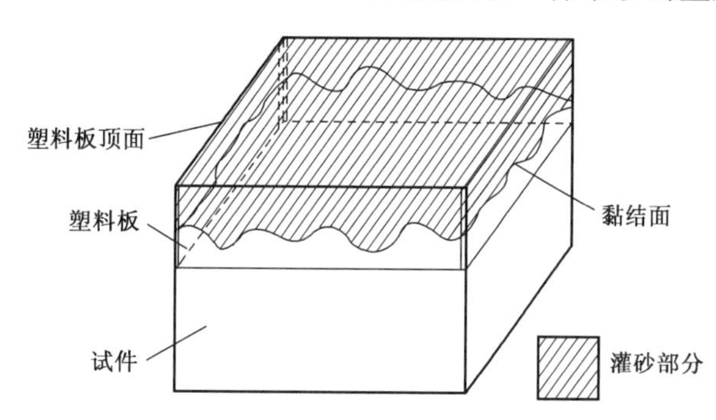

图 7-1 灌砂法测量黏结面粗糙度

通过处理,使处理面的灌砂深度分别达到 1.021mm、1.057mm、2.309mm。浇筑的新水泥混凝土均采用 C35。将三组试件的黏结强度进行了试验对比,试验结果是劈裂抗拉黏结强度分别为 1.986MPa、2.130MPa、2.215MPa。从试验结果看出,黏结界面粗糙度对新旧水泥混凝土的黏结强度影响十分显著。

7.2.2 聚合物对黏结的影响

在水泥基界面剂中掺入聚合物后,会使水泥基界面剂的性质发生一系列变化,例如:抗折强度、抗压强度、弹性模量、柔性、变形能力、耐磨性、黏结强度、耐久性等都会发生变化。由于聚合物,特别是高活性聚合物,容易与水泥水化产物及其新旧水泥混凝土产生化学键,化学键的键能比一般极性力、范德华力等大得多,因此,对于新旧水泥混凝土的界面黏结技术研究,应当主要研究和分析聚合物使新旧水泥混凝土的黏结强度发生的变化。

关于聚合物乳液对水泥基界面剂的改性作用,目前比较一致的看法是,改善作用是通过聚合物在水泥浆与集料间形成具有较高黏结力的膜,并堵塞砂浆内的空隙来实现的。水泥水化与聚合物成膜同时进行,最后形成水泥浆与聚合物膜相互交织在一起的互穿网络结构。含有化学反应活性基团的聚合物可能会与水泥水化生成的氢氧化钙表面或集料表面的硅酸盐发生化学反应,这种化学反应可望改进水泥水化产物与集料之间的黏结,从而改善新旧水泥混凝土的黏结性能。

1)聚合物乳液改性水泥基界面剂形态结构形成模型

前人已提出过关于聚合物改性水泥混凝土的许多模型,其中最著名的是 Ohama 模型,此外还有 Konirtzko 模型和 Puterman 与 Malorny 模型等。

这里借用 Ohama 模型,如图 7-2 所示。

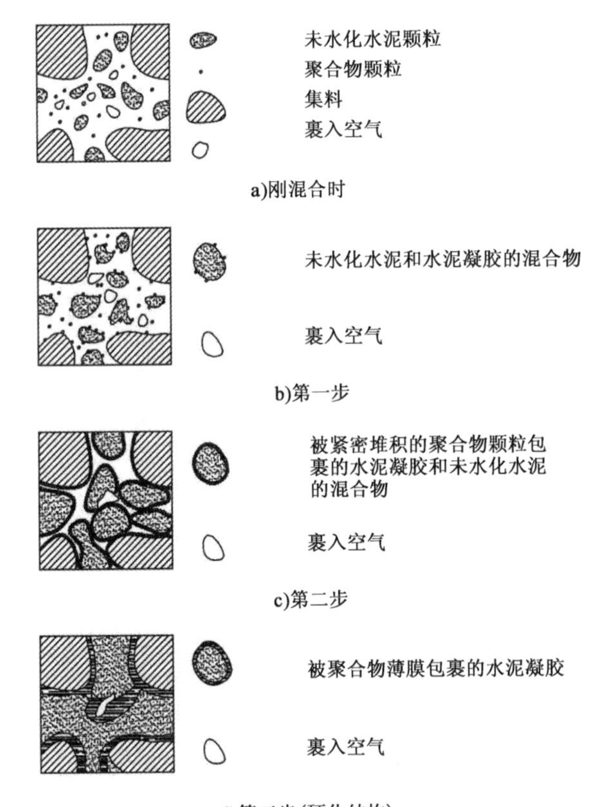

图 7-2 聚合物改性水泥基界面剂结构形成过程的 Ohama 模型

聚合物乳液的成膜是通过水分耗失后聚合物颗粒相互靠近、黏结成整体而完成的。这个过程可以简单地用图 7-3 表示。最初,聚合物乳液颗粒是悬浮分散在水中,水分耗失时,聚合物颗粒逐渐靠近,如果聚合物的玻璃化温度低于室温(或者说使用时的温度高于聚合物乳液的最低成膜温度),那么聚合物颗粒在相互靠近的时候可以变形,以填充颗粒之间的空隙,最后形成透明且没有孔隙的膜。

本项目研究聚合物改性水泥基界面剂借用 Ohama 的结构形成模型,由于乳液中的聚合物只有在失去水分以后才能成膜。随着水泥水化的进行,聚合物几乎全部聚集在水泥浆体的孔隙中(气孔除外),只有水泥水化吸收了存在于孔隙中的乳液的水分以后,聚合物颗粒才相互靠近黏结成整体,形成聚合物薄膜。

2)聚合物改性水泥基界面剂的形貌结构

通常,在水泥基界面剂的水泥浆基体中,存在着大量失水收缩引起的微裂缝,这是因为水化水泥浆体是由水化产物通过相对比较弱的范德华力结合在一起的。在聚合物改性水泥基界面剂中,这种裂纹很少。聚合物通过以下两个途径起到减少裂纹的作用:一是聚合物封堵了水泥基界面剂中的孔隙,降低了水分耗失的速度和数量;二是如果有裂纹形成,由于聚合物的搭接作用,可以阻止裂纹的进一步扩展。即使在氢氧化钙片状晶体之间,也存在聚合物。

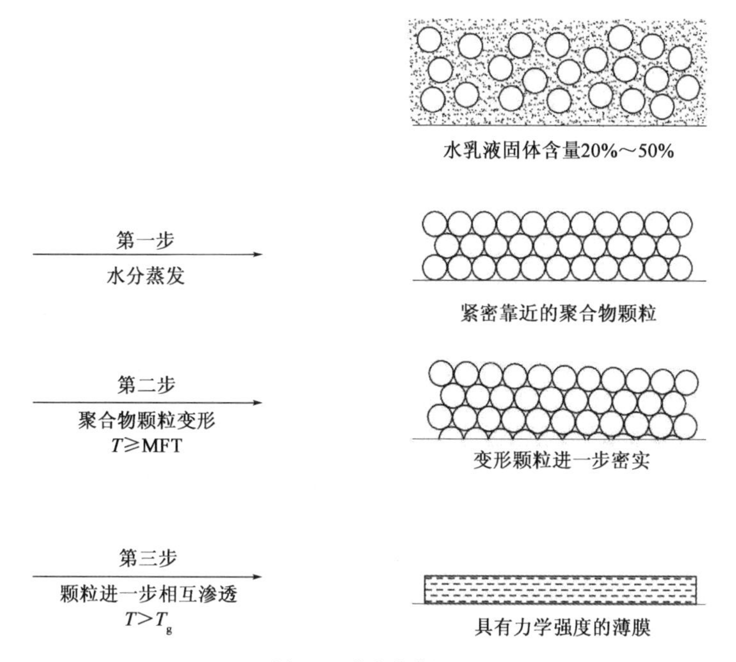

图7-3　乳液成膜机理

聚合物的活性和聚合物与水泥的相适应性是水泥基界面剂选用聚合物的关键。带有羟基、羧基、酯基、酰胺基、环氧基、异氰酸酯基等的聚合物都容易与水泥和集料表面的硅酸盐产生化学反应,生成化学键,显著提高水泥与集料的黏结强度;与所用水泥相适应的聚合物,能与所用水泥好好配伍、相容,更大限度地发挥黏结增进作用。

7.2.3　旧水泥混凝土黏结面的处理要求

1)黏结面处理要求

旧水泥混凝土黏结面的处理是影响新旧水泥混凝土黏结强度的重要因素之一。旧水泥混凝土黏结面最重要的性质是:①旧水泥混凝土黏结面表面的粗糙程度;②黏结面的完好程度,系指进行黏结面处理时黏结面受损伤的程度,损伤越轻,产生的微裂缝越少,完好程度越高;③黏结面的洁净和表面活性程度(新鲜程度)。这些性质很重要。通过对旧水泥混凝土黏结面的处理,一定要使旧水泥混凝土黏结面的粗糙度达到平均灌砂深度3~5mm,尽可能不损伤黏结面,而且要除净黏结面上的所有灰尘污物,保持黏结面的新鲜和活性,不产生碳化。这就要求黏结面处理完后,应当立即进行对黏结面的黏结和浇筑新水泥混凝土作业。如果对黏结面处理不恰当,则会造成新旧水泥混凝土黏结失败。

2)黏结面的处理方法

目前,旧水泥混凝土黏结面的处理方法分为物理方法和化学方法,如图7-4所示。

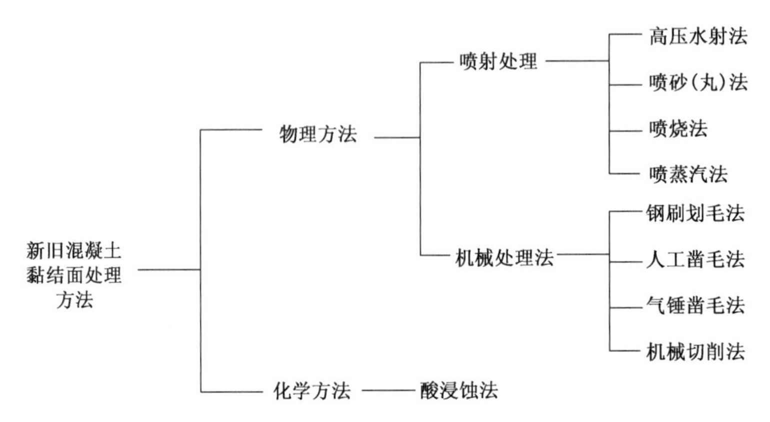

图 7-4　旧水泥混凝土黏结面处理方法

研究结果表明,采用高压水射法处理旧水泥混凝土黏结面,工作效率高,成效显著。与人工凿毛法相比,高压水射法处理的界面黏结强度为其 2 倍,原因是,对黏结面的处理,在获得较大粗糙度时,采用人工凿毛(或风镐凿毛)会在旧混凝土内产生裂纹损伤,引起黏结力下降,而高压水处理则不存在这样的问题,它能在保证旧水泥混凝土不损伤和均匀处理黏结面的前提下获得很好的黏结性能。试验测得,用高压水射法处理的黏结面,黏结面破坏率仅为 7%,而人工凿毛法对黏结面的破坏率却达到 31%。由此可见,为了获得新旧水泥混凝土良好的黏结性能,用高压水射法处理黏结面显著优于人工凿毛法。

7.3　薄层混凝土对原材料和施工工艺要求

7.3.1　薄层混凝土对原材料的要求

1)水泥

混凝土路面用水泥必须是旋窑硅酸盐水泥,不用矿渣水泥,宜选用水泥强度等级为 42.5、42.5R 或以上等级,水泥进场应做强度、凝结时间和安定性检测,其指标应满足相应技术规范。

2)粗集料

粗集料应使用质地坚硬、耐久、洁净的碎石、卵碎石,级别不低于Ⅱ级,技术指标要满足表 7-7的要求。

粗集料技术要求　　表 7-7

项　目	技术要求
碎石压碎指标	<15
卵石压碎指标	<14
坚固性(按质量损失计,%)	<8
针片状颗粒含量(按质量计,%)	<15
含泥量(按质量计,%)	<1.0

续上表

项　　目	技术要求
泥块含量(按质量计,%)	<0.2
有机物含量(比色法)	合格
硫化物及硫酸盐(按 SO_3 质量计,%)	<1.0
岩石抗压强度	火成岩不小于100MPa;变质岩不小于80MPa;水成岩不小于60MPa
表观密度	>2500kg/m^3
松散堆积密度	>1350kg/m^3
空隙率	<47%
碱集料反应	试验后,试件无裂缝、酥裂、胶体外溢等现象,在规定试验龄期的膨胀率应小于0.10%

不得使用不分级的粗集料,应按最大公称粒径的不同采用2~4个粒径的集料进行掺配,其级配应符合表7-8的要求。

粗集料级配范围 表7-8

方筛孔尺寸(mm)		累计筛余(以质量计,%)							
		2.36	4.75	9.50	16.0	19.0	26.5	31.5	37.5
级配	4.75~26.5	95~100	90~100	70~90	50~70	25~40	0~5	0	
	4.75~31.5	95~100	90~100	75~90	60~75	40~60	20~35	0~5	0

3)细集料

细集料采用质地坚硬、耐久、洁净的天然砂,并不低于Ⅱ级砂的质量要求,见表7-9。

细集料技术指标 表7-9

项　　目	技术要求
氯化物含量(氯离子质量计,%)	<0.02
坚固性(按质量损失计,%)	<8
云母(按质量计,%)	<2.0
含泥量(按质量计,%)	<2.0
泥块含量(按质量计,%)	<1.0
有机物含量(比色法)	合格
硫化物及硫酸盐(按 SO_3 质量计,%)	<0.5
轻物质(按质量计,%)	<1.0
表观密度	>2500kg/m^3
松散堆积密度	>1350kg/m^3
空隙率	<47%
碱集料反应	试验后,试件无裂缝、酥裂、胶体外溢等现象,在规定试验龄期的膨胀率应小于0.10%

细集料的级配要求见表7-10，宜用中砂，也可用细度模数在2.0～3.5之间的砂，同一配合比用砂的细度模数变化范围不应超过0.3。

细粗集料级配范围 表7-10

方筛孔尺寸(mm)	累计筛余(以质量计,%)					
	0.15	0.30	0.60	1.18	2.36	4.75
粗砂	90～100	80～95	71～85	35～650	5～35	0～10
中砂	90～100	70～92	41～70	10～50	0～25	0～10

4)钢纤维

钢纤维除应满足现行《混凝土用钢纤维》(YB/T 151)的规定外，还应符合下列技术要求：

(1)单丝钢纤维抗拉强度不宜小于600MPa。

(2)钢纤维长度应与混凝土粗集料最大公称粒径相匹配，最短长度宜大于粗集料最大公称粒径的1/3；最大长度不宜大于粗集料最大公称粒径的2倍；钢纤维长度与标称值的偏差不应超过±10%。

5)外加剂

外加剂选用早强型普通减水剂或高性能减水剂，其质量应符合表7-11的各项技术指标的要求。

外加剂技术指标 表7-11

项目		外加剂品种	
		早强型高性能减水剂	早强型普通减水剂
减水率(%),不小于		25	8
泌水率(%),不大于		50	95
含气量(%)		≤6.0	≤4.0
凝结时间差(min)	初凝	-90～+90	-90～+90
	终凝		
抗压强度比(%),不小于	1d	180	135
	3d	170	130
	7d	145	110
	28d	130	100
收缩率比(%),不大于	28d	110	135

6)水

饮用水可直接使用。

7.3.2 早强薄层钢纤维混凝土的施工工艺要求

1)早强薄层钢纤维施工的工艺流程

在薄层罩面的维修工程中，主要的施工方式是以人工辅以小型机具或者三轴机组施工，因此本研究将按人工辅以小型机具或者三轴机组施工作为施工方式进行施工工艺的研究。

早强薄层钢纤维混凝土施工工艺见图7-5和图7-6。

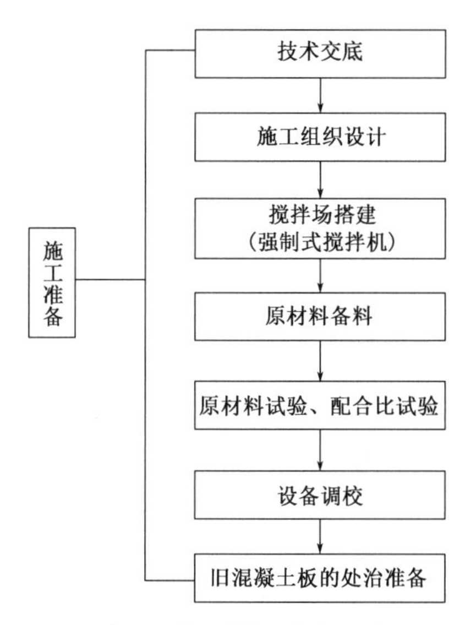

图7-5　施工准备工作流程图

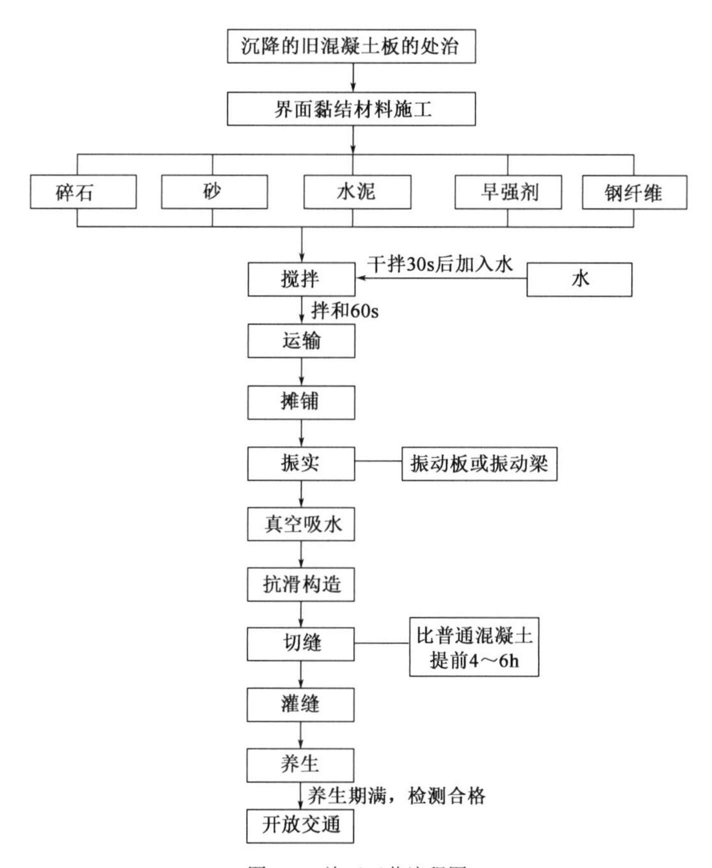

图7-6　施工工艺流程图

2）早强薄层钢纤维混凝土施工的工艺要求

为了尽量不改变常规的施工工艺，该薄层混凝土的施工工艺与普通混凝土相比，未做大的

调整,具体要求如下:

(1)搅拌

搅拌采用强制式搅拌机集中拌和,注意以下几点:

①早强剂与水泥一起加入搅拌机,先干拌30s后再加水拌和,拌和总时间不少于90s,保证搅拌的均匀性。

②如前所述,早强混凝土对水灰比非常敏感,要严格控制水灰比。

③早强剂的用量对早强效果起直接作用,因此要派专人添加早强剂,并做好施工记录,以免漏加或计量不准,早强剂的误差要求控制在2%以内。

(2)运输

混凝土拌和物有条件时可采用搅拌车运输,一般可采用自卸车运输,维修工程中运输距离以5km以内为宜,或控制两车的间隔时间不超过45min。

(3)摊铺与振捣

在常温下施工,早强超薄钢纤维混凝土的初凝时间与普通混凝土相比略有提前,但对摊铺和振捣做面基本没有影响,可按常规的施工工艺进行,拌和物从出料到做面完成,最长允许时间应满足表7-12的要求。

混凝土拌和物出料到运输、铺筑完毕允许最长时间 表7-12

施工温度(℃)	到运输完毕允许最长时间(min)	到铺筑完毕允许最长时间(min)
5~9	60	75
10~19	30	45
20~29	21	30
30~35	15	21

(4)切缝

早强薄层钢纤维混凝土的切缝时间比普通混凝土提前5~8h,一般情况下,可按抗压强度8~12MPa控制,有条件的企业尽量采用软切缝施工,按抗压强度达到1~1.4 MPa或人可在上面行走来控制。在降雨刮风后引起路面温度骤降,面板内温差较大时,应提前切缝。

(5)养生

早强薄层钢纤维混凝土的养生期较短,在路面抗滑构造施工完成后应立即进行养生,可采用喷洒养护剂或保湿覆盖的方式养生,养生期根据通车指标不同分别为1~3d。因养生期较短,最好采用喷洒养护剂的养生方法。养生期满,检验合格,即可开放交通。

第 8 章 刚性路面薄层水泥混凝土罩面施工实例

8.1 重庆试验路概述

为了宏观验证白色薄层罩面路面在混凝土路面上的修筑效果,分析不同影响因素时其使用性能的影响,本书课题组进行了试验路段铺筑及实体示范路段工程应用研究。

综合考虑道路的交通、停车及施工时混凝土拌和等因素,在重庆选取了一条水泥混凝土路面铺筑试验路。试验路段铺筑宽度为 3.5m,长度为 5m。对该段道路原有混凝土进行凿毛处理,然后在新旧混凝土界面上涂界面剂,最后铺筑 10cm 的水泥混凝土罩面层,其结构形式如图 8-1 所示。

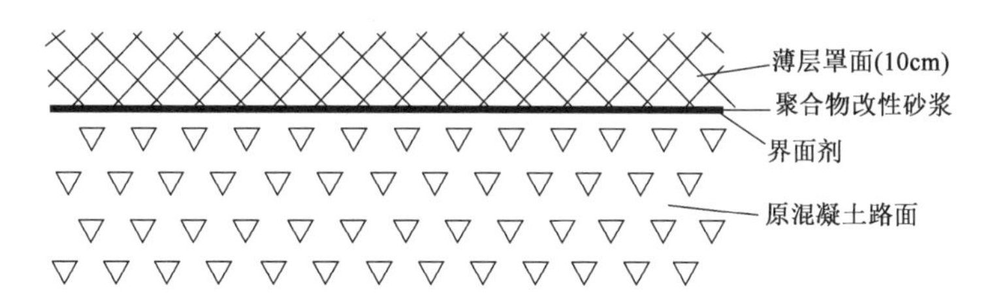

图 8-1 薄层罩面结构图

罩面层是行车面,应保证其耐磨、抗滑且具有规范要求的平整,给行车提供一个舒适、安全、美观的环境。原路面与罩面相接触,只有保证这个界面黏结牢固,在行车荷载作用下不出现剥离现象,才能保证整个罩面结构的耐久性,使其在设计年限内不出现破坏。因此,如何使得原路面与罩面间的黏结增强,使得交界面成为一个共同的结构体是薄层罩面施工的关键所在。

8.1.1 新旧混凝土界面处理

由于受场地条件的限制,该段道路旧混凝土路面的界面处理不适宜采用机械化方式进行,故对其界面处理采用人工凿毛方式进行。

使用钻子和锤凿毛新旧混凝土黏结面。首先人工对路面板表面遗留的遗浆进行轻凿处理,然后使用钻子和锤子对路面板进行凿毛处理。人工凿毛时凿毛点间距控制在 5cm 左右,呈梅花状布置。人工凿毛处理后,采用 4MPa 的水枪对路面进行清洗。人工凿毛处理的混凝土表面如图 8-2 所示。

图 8-2　人工凿毛处理的混凝土表面

8.1.2　喷涂界面剂

高压水清洗凿毛的路面，得到坚实、洁净的路面板表面，再人工刷涂界面处理剂（乳液：水 = 1∶2），涂刷过程中力求薄而均匀，如图 8-3 所示。

图 8-3　人工刷涂界面处理剂

8.1.3　涂抹聚合物改性砂浆

界面剂喷涂完成后立即开始准备涂抹聚合物改性砂浆，聚合物改性砂浆的配合比如表 8-1所示。

聚合物改性砂浆的配合比　　表 8-1

水泥(g)	砂(g)	聚合物乳液(g)	用水量(mL)
1000	1000	125	225

改性砂浆拌和时，先将乳液和砂充分拌和，然后分别加入水泥，最后加水，装乳液的容器应用称量好的水冲洗两次，冲洗后倒入正拌和砂浆内。

聚合物砂浆的配置应符合下列规定：

（1）配置前，应先将聚合物乳液搅拌均匀。

（2）计量应按照产品说明书的要求进行，不得任意改变配合比。

(3)聚合物水泥砂浆的拌和器具应该清理干净。拌和时水泥与砂先拌均匀,然后倒入乳液和水搅拌均匀。

(4)配置好的聚合物水泥砂浆宜在45min内用完。当气温高、湿度小或风速较大时,宜在20min内用完。

采用人工涂抹聚合物水泥砂浆(图8-4),控制砂浆厚度在1~2cm范围。力求均匀而不漏涂。

图8-4 涂抹聚合物改性砂浆

8.1.4 铺筑混凝土罩面层

铺筑的混凝土采用聚合物混凝土和钢纤维混凝土两种。铺筑时采用机械拌和混凝土,浇筑混凝土时,注意轻放,以防止对界面剂的损伤。用铁铲将混凝土初步整平,然后用振捣板进行捣实处理。如图8-5、图8-6所示。

图8-5 振捣板捣实混凝土

图8-6 铺筑的混凝土罩面

8.1.5 养护

完成最后一道铺筑工序,等混凝土凝结后(4~5h以内)应马上进行养护,保证混凝土表面不干,使表面始终处于潮湿的状态。养护持续3d以上。

8.2 广东实体路面铺筑

8.2.1 试验路方案

试验路铺筑采用了三个方案,具体方案见表8-2。

试验路方案汇总表 表8-2

编号	方案名称	黏结材料种类	超薄混凝土种类	备注
1	Ⅰ	聚合物乳液 + 聚合物高标号水泥砂浆	钢纤维混凝土	3d通车
2	Ⅱ	聚合物乳液 + 聚合物高标号水泥砂浆	聚合物混凝土	3d通车

8.2.2 原材料检测与配合比

材料性能试验按照《公路工程集料试验规程》(JTG E42—2005)等部颁标准进行。

试验路采用的原材料水泥为星岗牌 P. O. 32.5 级水泥。

粗集料最大粒径为 31.5mm,属花岗岩轧制的碎石,石质坚硬,压碎值 8.7%,自然堆积密度为 $1565kg/m^3$。

试验路现场备料为两种规格的碎石,粒径为 5~20mm 和 20~31.5mm,铺筑试验路时集料由这两种集料混合而成,其比例为 40:60。掺配后的合成级配见表 8-3。

粗集料的级配 表 8-3

粒径(mm)	31.5	26.5	19.0	16.0	9.50	4.75	2.36
累计筛余(%)	1.9	22.5	61.0	76.2	96.3	98.0	99.1

砂为中砂,细度模数在 2.70~2.95 之间变化,含泥量为 0.60%。

早强减水剂重庆乐德新材料有限责任公司研制的 LW-1 早强减水剂,该产品具有良好的保塑性,可保持混凝土的流动性,减少坍落度损失,1h 的坍落度的损失为 1~2cm;该产品含有阻锈成分,可防止钢筋锈蚀。

根据现场的原材料情况以及室内试验的配合比设计确定的原则,确定的试验路的配合比组成如表 8-4 所示。

早强钢钎维混凝土配合比 表 8-4

水泥	细集料	粗集料	水	钢纤维	早强外加剂
398	761	1048	162	78	6.624

8.2.3 薄层钢纤维混凝土施工关键技术

1)沉降路段原有水泥混凝土板的处治

在调研国内外资料的基础上,对技术经济比较之后选定两种方法:锯片切割加人工剔除的方法;采用混凝土铣刨机。

2)界面黏结工艺

(1)原有旧混凝土表面铣刨到预定的深度后除渣、清扫,然后对铣刨的表面进行人工处理,表面形状要求为斜向 45°左右沟槽满布,沟槽深度 1~2cm。表面处理完后用高压水配合钢丝刷除净表面松动部分和尘渣,以保持表面清洁度。

(2)界面黏结材料的施工:界面黏结材料为聚合物乳液 + 聚合物高标号水泥砂浆。方法如下:先用聚合物乳液处理前面所得到的旧路新鲜表面;待表干后再用聚合物高标号水泥砂浆涂覆该表面,涂覆厚度 1~2cm;涂覆后 3h(或 1h)内摊铺新水泥混凝土路面。

3)施工的振捣技术

(1)所采用的振捣机械和振捣方式除应保证钢纤维混凝土密实性外,尚应保证钢纤维在混凝土中分布的均匀性。

(2)由于施工的混凝土面板较薄,一般情况下只有 8~10cm,并且维修工程不属于大面积施工,因此,混凝土的振实不宜采用插入式振捣振实,宜采用振动梁或振动板振实。

8.2.4　薄层钢纤维混凝土施工工艺

1)沉降路段原有水泥混凝土板的处治

(1)测量

施工单位技术人员在基本确定的沉降段的部位进行测量,确定该沉降段应铣刨的深度。

(2)铣刨

在确定罩面部位及罩面面积以及铣刨深度后,采用混凝土铣刨机进行铣刨,铣刨掉的混凝土废料由自卸汽车运往指定的地方堆放。

(3)界面人工处理

原有旧混凝土表面铣刨到预定的深度后除渣、清扫,然后对铣刨的表面进行人工处理,表面形状要求为斜向45°左右沟槽满布,沟槽深度1~2cm。表面处理完后用高压水配合钢丝刷除净表面松动部分和尘渣,以保持表面清洁度。如图8-7~图8-9所示。

图8-7　用机械进行清除作业

图8-8　人工进行清除作业

图8-9　人工用钢丝刷结合高压水配合清除表面松动部分和尘渣

2)黏结材料的施工

(1)喷涂聚合物乳液的稀释液

①将聚合物乳液的原液用2倍重量的水(建筑用水)稀释、搅匀,待用。

②用喷水机将聚合物乳液的稀释液均匀喷涂到处理好的黏结面上,为防止漏涂,要连续喷

涂2遍(图8-10)。

图8-10　人工喷涂稀释液

③待稀释液下渗后,进行下道工序施工。

(2)拌制聚合物砂浆

①砂浆配合比。

中砂∶聚合物乳液原液∶水泥∶外加剂∶水=1∶0.125∶1∶0.018∶0.225。

②砂浆拌制工艺。

a.先向搅拌机内加入配方量的中砂。

b.边搅拌边加入聚合物乳液原液,让其完全裹附砂。

c.边搅拌边加入水泥和外加剂。

d.最后加水,搅拌均匀,即可使用。

(3)片抹聚合物砂浆

①砂浆片抹厚度:1~2cm。

②片抹要求厚度均匀,无漏抹。

③片抹后禁止人和车辆进入污染。

④砂浆初凝前必须浇筑新水泥混凝土(浇筑时间根据当时气候条件而定)。如图8-11、图8-12所示。

图8-11　人工片抹聚合物砂浆

图8-12　人工片抹成型聚合物砂浆

3)混凝土施工

(1)混凝土的搅拌与运输

①掺外加剂的混凝土比普通混凝土多了掺外加剂的工序,要特别注意外加剂的掺量。

②早强钢纤维混凝土的搅拌采用将钢纤维、水泥、粗细集料和外加剂先干拌30s,再加水,搅拌充分,总的搅拌时间不少于90s。

③其他见《公路水泥混凝土路面施工技术细则》(JTG/T F30—2014)第6节。

(2)混凝土的铺筑

①布料。见《公路水泥混凝土路面施工技术细则》(JTG/T F30—2014)7.4.2和8.3。

②振实。薄层混凝土的振捣先采用振动板振实,然后采用振动梁振动。

③整平饰面。见《公路水泥混凝土路面施工技术细则》(JTG/T F30—2014)7.3.3和8.3(图8-13、图8-14)。

图8-13 三辊轴整平

图8-14 人工用刮刀精平饰面

(3)接缝施工

①早强薄层钢纤维混凝土的锯缝时间应比普通混凝土提前5~8h。

②其他项目的接缝施工见《公路水泥混凝土路面施工技术细则》(JTG/T F30—2014)第9节。

(4)混凝土的养生

薄层钢纤维混凝土养生与普通混凝土相同,但由于早强混凝土的养生周期较短,一般为1~3d,因此不建议采用砂养生或围土饱水养生,可采用专用路面养护剂或覆盖塑料薄膜,这样便于保持路面的干净和便于及时开放交通。

(5)开放交通

检测合格的路面可及时开放交通,恢复路面的使用。

8.2.5 试验路施工情况

2010年10月底广东铺筑了试验路,根据以前拟定的试验路方案有三种,在铺筑试验路时由于材料的准备的情况以及工期的要求,试验路最终采用了原设计方案中的方案Ⅱ:聚合物乳液 + 聚合物高标号水泥砂浆 + 早强钢纤维混凝土,试验路桩号为ZK60+000~K60+030,面积为 315m²。3d 后开放交通，路面性能达到了预定指标。

8.3 试验路检测

试验路达到养生期在开放交通以前，对试验路进行了相关检测，主要包括：施工中的现场成型试件测强及现场超声回弹法综合测强两种方法。

8.3.1 现场成型试件测强

在施工时现场成型试件并养生(图 8-15)，在规定的龄期进行试验，结果如表 8-5 所示。

图 8-15 现场成型试件

试验路的成型试件抗折、抗压强度测试结果 表 8-5

试件编号	抗折强度(MPa)		抗压强度(MPa)	
	3d	28d	3d	28d
1	4.56	6.51	31.5	44.5
2	4.78	6.92	33.2	45.4
3	4.65	6.78	34.0	46.2

8.3.2 现场超声回弹法综合测强

1)设备情况

为及时掌握混凝土路面强度发展情况，以便及时确定开放交通，项目组根据室内试验成果进行了现场超声回弹法综合测强，采用设备情况见表 8-6。

超声回弹综合测强设备情况 表 8-6

设备名称	型号	生产厂家
超声仪	低频 UTA 2000 型	武汉岩土所
回弹仪	HT-225A	天津建筑仪器厂

2)室内试验结果

为了建立早强混凝土与超声回弹值之间的关系，项目组进行了室内试验研究，得出相关曲线见式(8-1)、式(8-2)。

$$f_{cu}^{c}=9.572v^{-0.789}R_{m}^{0.627} \tag{8-1}$$

式中：v——超声值；

R_m——回弹值；

f_{cu}^{c}——抗压强度(MPa)。

$$R_f=0.542v^{0.132}R_{m}^{0.516} \tag{8-2}$$

式中：R_f——抗折强度(MPa)。

3)现场检测结果

对验路段均进行了回弹超声的现场检测,结果见表8-7。

混凝土超声回弹检测数据　表8-7

测段	测区	名称					
		R_m 修正值	超声声速值(km/s)	测试面修正	声速修正值	测区强度(MPa)	
						抗压	抗折
3d-CQ	1	33.80	4.23	0.14	4.37	27.2	4.05
	2	33.04	4.28	0.15	4.43	26.5	4.01
	3	34.65	4.17	0.14	4.31	27.9	4.09
	4	33.29	4.25	0.14	4.39	26.8	4.02
	5	34.14	4.22	0.14	4.36	27.4	4.07
	6	33.55	4.21	0.14	4.35	27.2	4.03
	7	33.89	4.21	0.14	4.35	27.3	4.05
	8	33.80	4.14	0.14	4.28	27.6	4.04
	9	33.38	4.34	0.15	4.49	26.4	4.04
	10	33.80	4.40	0.15	4.55	26.3	4.07
	超声回弹强度评定值					27.1	4.05
	C_v(%)					4.236	1.012

从检测结果看,试验路段在规定的龄期内的强度均超过了设计强度的70%,达到并超过了本书课题的预期目标,试验路取得了成功。

8.4 本章小结

根据研究内容,铺筑了试验路,通过工后多种方法检测,各试验段均达到了提前通车,实现了薄层早强钢纤维混凝土罩面后3d快速通车的目标。根据试验路施工的情况,得出以下结论供使用中参考：

(1)罩面工程规模一般都不大,工点分散,施工的连续性不好,因此在配合比设计时应充分考虑施工的变异。

(2)水灰比对薄层早强钢纤维混凝土的强度影响显著,施工时应根据材料、天气情况及时调整并严格控制水灰比。

(3)薄层钢纤维混凝土的初凝时间与普通混凝土差别不大,但初凝和终凝之间的时间较短,因此在施工组织时应注意各工序之间的衔接,适当缩短做面时间。

(4)相对于普通混凝土,薄层钢纤维混凝土的黏聚性增强,这对强度的形成有利,但对做面提出了更高的要求,应适当地延长震动的时间。

(5)薄层钢纤维混凝土的锯缝时间比普通混凝土大大提前,一般提前5~8h,应注意及时锯缝。

(6)薄层钢纤维混凝土的养护周期较短,但要求较高,应及时养护。

(7)对施工工艺的研究是根据薄层罩面工程的特点提出的,基本不改变常规的施工工艺。当然,由于薄层钢纤维混凝土与普通混凝土相比性能上有较大的差异,因此要求施工单位严格组织,精心施工。

参考文献

[1] 袁登琼,张东长,王进勇. 超薄混凝土抗裂性能研究[J]. 交通标准化,2013(04):16-19.

[2] 余贤宇. 薄层水泥混凝土罩面有限元数值模拟分析[J]. 公路交通技术,2012(04):10-12.

[3] 龙丽琴,张东长,贾学明. 超薄水泥混凝土加铺层界面黏结性能研究[J]. 公路,2012(03):89-92.

[4] 王进勇,龙丽琴,王宝松. 水泥混凝土路面填缝料封水试验方法研究[J]. 公路交通技术,2012(05):8-14.

[5] 葛琦,龙丽琴. 新旧混凝土界面粘结材料与性能分析[J]. 山西建筑,2018,44(05):109+210.

[6] 王宝松,王进勇,龙丽琴. 水泥混凝土路面填缝料疲劳试验方法研究[J]. 公路交通技术,2012(03):1-5.

[7] 肖冠成,张东长. 水泥混凝土路面早期裂缝原因及防治研究[J]. 山西建筑,2014,40(24):152-154.

[8] 张东长,袁登琼,刘茂光. 超薄混凝土罩面层间粘结技术研究[J]. 公路交通技术,2010(03):1-4+8.

[9] 张东长,袁登琼,刘茂光. 层间粘结机理及聚合物乳液界面剂的研发[J]. 山西建筑,2010,36(10):1-3.

[10] 邱俊,曹盛明,张东长. 早强混凝土配合比正交试验研究[J]. 公路交通技术,2007(05):32-35+38.

[11] 李骞. 在"白+白"超薄水泥砼罩面中新旧混凝土界面粘结技术研究[D]. 重庆交通大学,2009.

[12] 王训锋. 水泥混凝土路面超薄罩面层的配合比及性能研究[D]. 重庆交通大学,2009.

[13] 袁明园,龙丽琴. 新旧公路技术状况评定标准对比[J]. 公路交通技术,2019,35(06):31-35.

[14] 贾学明,李兵. 瑞雷波技术在巨粒土路基检测中的应用研究[J]. 路基工程,2012(05):118-120+125.

[15] 张东长,曹志勇,袁登琼. 二灰碎石基层中 SO_3 含量控制指标试验研究[J]. 公路交通技术,2008(06):31-33+38.

[16] 贾学明,杨建国. 土石混填路基强夯法施工质量无损检测技术[J]. 重庆交通大学学报(自然科学版),2008,27(S1):945-947.

[17] 袁林阳,柴贺军,贾学明. 附加质量法在土石混填路基密度检测中的应用研究[J]. 公路交通技术,2009(S1):1-4.

[18] 张东长,袁登琼,吴培关,徐则民. 再生技术在复合式路面改造中的应用[J]. 昆明理工大学学报(理工版),2010,35(03):62-66.

[19] 张东长,龙丽琴,刘茂光. 新型长寿命填缝料的开发研究[J]. 公路交通技术,2009(06):52-55.

[20] 曹盛明,张东长,邱俊. 石粉含量对中低强度机制砂混凝土性能的影响[J]. 工程建设,2007(05):47-50.

[21] 王鹏,黄苹. 地质雷达在梅河高速公路路面脱空检测中的应用[J]. 公路交通科技,2007,(06), 12-15.

[22] 林杜. 基于模糊物元的水泥混凝土路面性能评价研究[D]. 长沙理工大学,2006.

[23] 刘伟强. 水泥混凝土路面性能评价及养护决策研究[D]. 长沙理工大学,2008.

[24] 曾胜. 路面性能评价与分析方法研究[D]. 中南大学,2003.

[25] 王泽民. 混凝土路面破损评价与维修对策研究[D]. 长安大学,2007.

[26] 吴志昂. 旧水泥混凝土路面评价与加铺改建技术研究[D]. 合肥工业大学,2005.

[27] 胡霞光,王秉纲. 两种基于遗传算法的路面性能综合评价方法[J]. 长安大学学报(自然科学版),2002(02):6-9.

[28] 曹東,周根贵,张定岳. 一种基于 AHP 和模糊理论的多方案综合评价方法[J].《浙江工业大学学报》,2003,(04)15-19.

[29] 王兴忠,王泽民. 水泥混凝土路面破损的灰色评价[J]. 重庆交通学院学报,2006,25(5)68-70.

[30] 李林. 清连路旧水泥混凝土路面改建工程关键技术研究[D]. 长安大学,2007.

[31] Song Jinhua, Du Yanqing, Shang Yinchuan. Evaluation of old cement concrete pavement performance with artificial neural network[C]. Macau:NAEA 2010.

[32] M. Y. Shahin. Pavement management PAVER Update In 78th Annual Meeting(CD-ROM), TRB, Nationla Research Council. Washington, D. C. 1999.

[33] 资建民. 路面管理与管理系统[M]. 广州:华南理工大学出版社. 2003.

[34] 古劲松,杨平. 旧水泥混凝土路面处治技术初探[J]. 华东公路,2003,12.

[35] 周德云,姚祖康. 水泥混凝土路面接缝传荷能力的分析[J]. 同济大学学报(自然科学版),1993(01):57-65.

[36] M. T. Darter, Design. Construction and Rehabilitation of Porland Cement Concrete Pavements [M]. Workshop Material, SciTech Book News Volume 33, Issue 4. 2009.

[37] 刘春华. 水泥混凝土路面快速薄层修补技术研究[D]. 湖南大学,2008.

[38] 代新祥,文梓芸. 水泥混凝土路面损坏原因分析及修补材料的选择[J]. 公路,2000(11):71-76.

[39] 李中秋. 水泥混凝土路面维修技术研究[D]. 河北工业大学,2002.

[40] 李明杰. 河南省水泥混凝土路面修筑技术发展与现状[J]. 公路交通科技,2006(02):82-84.

[41] Yanfeng Ouyang, Samer Madanat. Optimal Scheduling of Rehabilitation Activities for Multiple Pavement Facilities: Exact and Approximate Sulutions. Transportation Research Part A. 2004,38(4):347-365.

[42] Samuel Labi, Raghu Pasupathy, Kumares C. Sinha. Optimal Performance Thresholds for Reconstruction in Infrastructure Asset Management. TRB 2004.

[43] 许志双. 水泥混凝土路面维修策略及技术研究[J]. 黑龙江科技信息,2014(10):122.

[44] AI, Asphalt Overlay for highway and street rehabilitation, MS-17, 2000.

[45] American Concrete Pavement Association, Rubblizing of Concrete Pavements: A Discussion of its Use, Technical Information, Concrete Pavement Engineering andResearch, 1998.

[46] 邵学良. 旧水泥混凝土路面破碎施工控制参数与加铺层结构研究[D]. 长安大学,2011.

[47] Arpad Horvath, Life-Cycle Environmental and Economic Asessment of Using Recycled Materials for Asphalt Pavement, Technical Report, Department of Civil and Environmental Engineering, University of California, September 2003.

[48] J ohn P. Donahue, P. E. , Missouri Guide for Pavement Rehabilitation, Research Investigation Ri00-008, Research, Development and Technology MoDOT, 2002.

[49] Thomas E. Freeman, P. E. , Evaluation Of Concrete Slab Fracturing Techniques In Mitigating Reflective Cracking Through Asphalt Overlays, Virginia Transportation Research Council, Charlottesville, Virginia, VTRC 03-R3, September 2002.

[50] 中华人民共和国交通部. 公路水泥混凝土路面养护技术规范:JTJ 073. 1—2001[S]. 北京:人民交通出版社,1996.

[51] 尹奇志,肖金生,吕运冰,等. 孔边应力集中和裂纹尖端应力强度因子的有限元分析[J]. 武汉理工大学学报(交通科学与工程版),2002(01):47-50.

[52] 张宁,钱振东,黄卫. 水泥混凝土路面板下地基脱空状况的评定与分析[J]. 公路交通科技,2004(01):4-7+21.

[53] 曹东伟,胡长顺. 水泥混凝土路面板底脱空判别方法研究[J]. 西安公路交通大学学报,1998(S1):99-103.

[54] 陈瑜,张起森. 基于 FWD 检测结果旧路地基脱空状况的模糊评定[J]. 公路交通科技,2005(06):46-49.

[55] 元松,张起森. 基于 FWD 的水泥混凝土路面脱空与传荷作用机理动力有限元分析[J]. 公路工程,2007(06):70-75.

[56] 王陶. 基于遗传算法的刚性路面脱空判定[J]. 中国公路学报,2003(03):24-27.

[57] 曾海,张东长. 地质雷达在混凝土路面板脱空检测中的应用探讨[J]. 公路交通技术,2005(03):72-74.

[58] Loulizi A . Development of Ground Penetrating Radar Signal Modeling and Implementation for Transportation Infrastructure[D]. 2001.

[59] 张蓓. 路面结构层材料介电特性及其厚度反演分析的系统识别方法——路面雷达关键技术研究[D]. 重庆大学,2003.

[60] 高翔. 混凝土路面脱空红外成像检测及有限元数值模拟研究[D]. 武汉理工大学,2005.

[61] 宋长柏. 水泥混凝土路面脱空的振动模型分析[J]. 河北工业大学学报,2004(04):97-100.

[62] 彭永恒,谭忆秋,张肖宁. 弹性地基接缝板声振法脱空判定[J]. 岩土力学,2005(12):1981-1986.

[63] 杨明理,余志刚. 利用瞬态冲击法进行混凝土路面板脱空检测的研究[J]. 公路,2007(06):104-109.

[64] 刘会勋,丁红岩.水泥混凝土路面脱空振动映象测试技术[J].振动与冲击,2009,28(01):99-103+199.
[65] Ceylan H, Gopalakrishnan K, Coree B J, et al. Rehabilitation of concrete pavements utilizing rubblization: a mechanistic based approach to HMA overlay thickness design[J].
[66] 周洋.水泥混凝土路面板下脱空机理及其力学分析[D].湖南大学,2008.
[67] 谈至明,谭福平.水泥混凝土路面板底脱空区水运动规律的分析模型[J].水动力学研究与进展A辑,2008(03):281-286.
[68] 张擎.考虑冲刷脱空的水泥混凝土路面设计研究[D].长安大学,2009.
[69] 汤立群,胡哲,刘逸平,黄小清.脱空刚性路面的弯沉影响因素分析[J].暨南大学学报(自然科学与医学版),2005(01):107-109+11.
[70] 王显祎,凌建明.水泥混凝土机场道面板角脱空判定分析[J].同济大学学报(自然科学版),2007(05):612-616.
[71] 曾胜,曾小军,许佳.基于弯沉比的水泥混凝土路面板底脱空识别方法[J].长沙理工大学学报(自然科学版),2008(02):14-19.
[72] 郭成超,王复明,钟燕辉.水泥混凝土路面脱空高聚物注浆技术研究[J].公路,2008(10):232-236.
[73] 李野,高伟.水泥混凝土路面板底脱空压浆材料研究[J].低温建筑技术,2007(06):20-21.
[74] 王乾.基于板底脱空的水泥混凝土路面检测、处治与力学行为研究[D].长安大学,2009.
[75] 王勖成,邵敏.有限单元法基本原理和数值方法[M].北京:清华大学出版社,1997.
[76] 贾玉钧,胡长顺,王秉纲.复合式路面荷载应力的统一分析方法[J].西安公路交通大学学报,1995(04):6-13.
[77] 戴建国,黄承逵.网状聚丙烯纤维混凝土的试验研究[J].混凝土与水泥制品,1999(04):35-38.
[78] 刘健.新老混凝土粘结的力学性能研究[D].大连理工大学,2000.
[79] 周德云,姚祖康.旧水泥混凝土路面上沥青加铺层结构的三维有限元分析[J].中国公路学报,1990(03):18-26.
[80] 廖卫东,陈拴发,刘云全.STRATA应力吸收层抗疲劳特性研究[J].武汉理工大学学报,2003(12):1-4.
[81] D Bozkurt. Three-Dimensional Finite Element Analysis to Evaluate Reflective Cracking Potential in Asphalt Concrete Overlays[D]. 2002.
[82] 武建民,伍石生.用三维有限元方法评价带接缝的旧水泥混凝土路面罩面[J].长安大学学报(自然科学版),2002(01):10-13.
[83] 毛成,邱延峻.结构层模量对路面力学响应影响的三维数值分析[J].交通运输工程学报,2003(01):35-39.
[84] 周富杰,孙立军.沥青罩面层荷载应力的三维有限元分析[J].中国公路学报,1999(04):4-9.

[85] Bondt A D ,Scarpas A . DESIGN OF (REINFORCED) ASPHALTIC OVERLAYS[C] Eighth International Conference on Asphalt Pavements. 1997.

[86] Blankenship P , Iker N , Drbohlav J . INTERLAYER AND DESIGN CONSIDERATIONS TO RETARD REFLECTIVE CRACKING [J]. Transportation Research Record Journal of the Transportation Research Board, 2004, 1896(1896):p. 177-186.

[87] 胡长顺,王秉纲. 复合式路面设计原理与施工技术[M]. 北京:人民交通出版社, 1999.

[88] 王选仓,王朝辉,张燕萍. 复合式路面层间处治技术研究与发展[J]. 筑路机械与施工机械化,2008(02):8-12+39.

[89] 于静涛. 沥青铺装与桥面板层间粘结改善技术研究[D]. 长安大学,2006.

[90] 钱振东,李智,陈春红. 钢桥面环氧沥青混凝土铺装层Ⅰ型裂缝的断裂判据[J]. 中国公路学报,2008(05):33-38.

[91] 徐鸥明,韩森,于静涛. 层间界面对混凝土桥面铺装结构性能的影响[J]. 长安大学学报(自然科学版),2009,29(05):17-20+53.

[92] West R C , Zhang J , Moore J . Evaluation of bond strength between pavement layers. 2005.

[93] 侯航舰. 沥青粘结层抗剪强度试验探析[J]. 郑州大学学报(工学版),2006(03):38-41+58.

[94] 刘细军,郝培文. 评价沥青路面粘结层粘结强度的新试验方法[J]. 中外公路,2006(01):131-134.

[95] 刘朝晖,郑健龙. CRC+AC复合式沥青路面层间界面粘结层抗剪强度试验研究[J]. 中外公路,2007(04):46-49.

[96] 王金昌,朱向荣. 面层与基层层间摩擦系数对应力强度因子影响的研究[J]. 岩石力学与工程学报,2005(15):2757-2764.

[97] 刘国清,王海军. 浅议层间结合层及其施工工艺[J]. 交通科技,2003(06):39-41.

[98] StreetsBridges. Standard specifications for road and bridge construction[J]. Rice Science, 1995, 20(1):31-38.

[99] FHWA and AASHTO Announce SHRP2 Implementation Assistance Opportunities[J]. Aashto Journal Weekly Transportation Report, 2013.

[100] 徐永丽,程培峰. 沥青混凝土芯样层间抗剪性能试验的研究[J]. 科学技术与工程,2008(06):1631-1634.

[101] 崔鹏,李宇峙,张莉,等. 采用便携式剪切仪研究超薄白色罩面的层间抗剪性能[J]. 中南公路工程,2006(03):34-37.